MYTHOS
# shanghai

Collection
Rolf Heyne

MYTHOS

# shanghai

ERICH FOLLATH KARL JOHAENTGES

COLLECTION ROLF HEYNE

# Inhalt

公司
五楼儿童天地
上海时装有限公
FASHION
FASHION

[001]

Bildinformationen zu den Doppelseiten: Siehe Bildkatalog im Anhang

*Vorwort*

# Die Faszinierende

*›30 Jahre persönliche Erlebnisse mit der Sehnsuchtsstadt‹*

*Wenn Gott*
*diese Stadt gewähren lässt,*
*schuldet er*
*Sodom und Gomorrha*
*Abbitte.*

TOYOTA
TOYOTA

5045-8888

[003]

**›Angst vor dem Verkehrskollaps‹**
Autobahn-Neubauten in der Shanghaier Innenstadt

[004]

**›Mit Lichtgeschwindigkeit in die Zukunft‹**
Neue Schnellstraßen zur Brücke über den Huangpu

[005]

**›Ein Ort für Schwindelfreie‹**
Blick in den Coffeeshop des Grand Hyatt

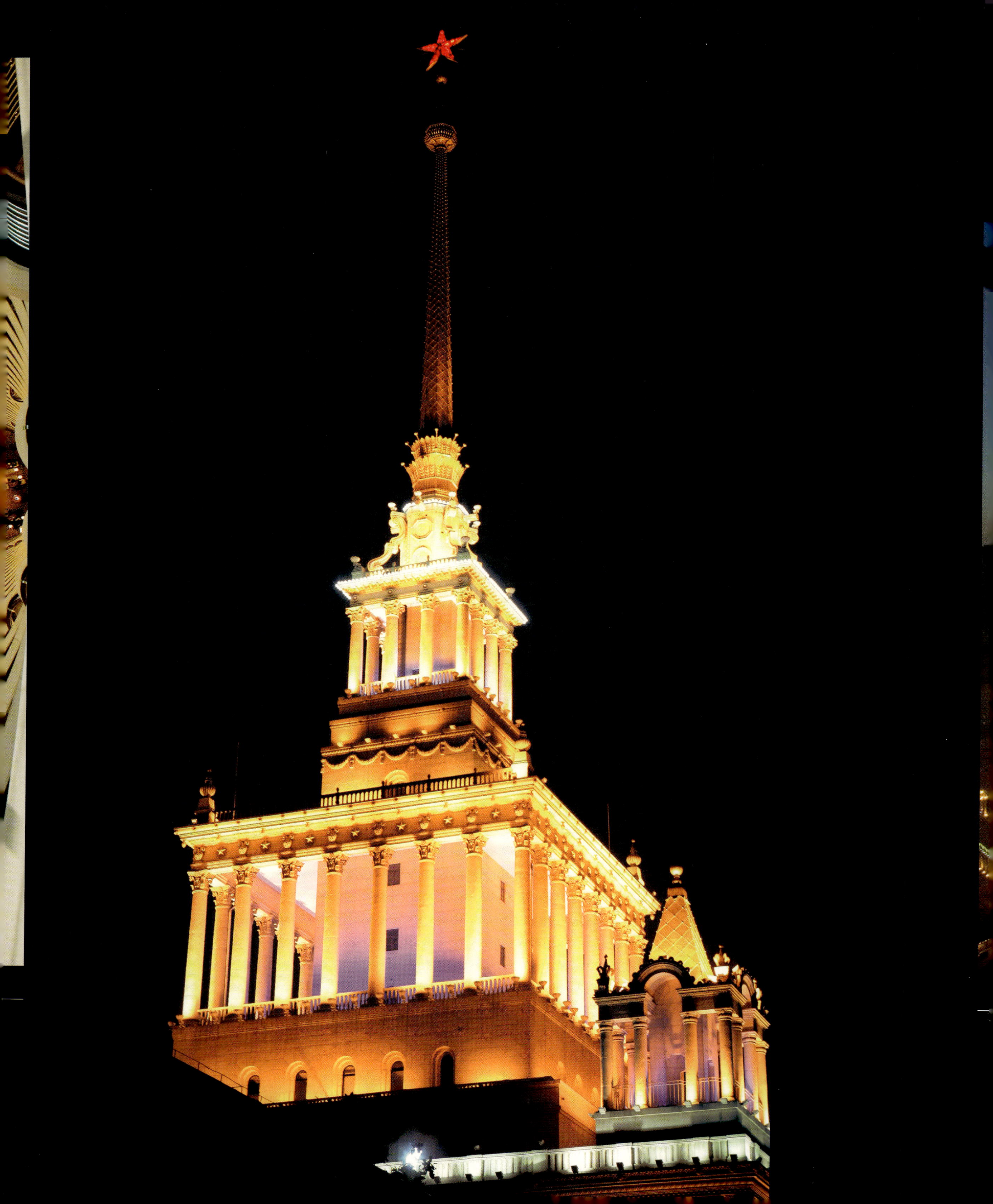

[006 & 007]

**›Ein roter Stern für die Kapitalisten‹**
Das ›Shanghai Exhibition Center‹ im stalinistischen Zuckerbäckerstil

亨達利鐘表
茂昌眼镜公司
OPTICAL
BIG ECHO
BIG ECHO
BIG ECHO
BIG ECHO

[011 & 012]

**›Der Kopf des Drachen leuchtet‹**
Nachts erstrahlt die Metropole im Neonlicht

[013]

**›Hoch, höher, Shanghai‹**
Modernes Stadtviertel Pudong mit Fernsehturm und Huangpu

AURORA

[014]

**›Zwischen Cloud Nine und Nirvana‹**
Blick aus der höchsten Bar der Welt auf Huangpu, Bund und Puxi

[015]

**›Ein Leben zwischen Kommerz und Konfuzius‹**
Der Jingan-Tempel inmitten von Einkaufszentren an einem der belebtesten Plätze der Stadt

靜安寺
願祈佛手雙垂下
諸惡莫作
眾善奉行
开始招募
4.1~5.31

[017]

**›Coole neue Welt‹**
Bar TMSK in Xintiandi, dem Vergnügungsviertel der Reichen

PEACE HOTEL

我爱你BABY

海尔 越来越
0086-532-893999

招 工

上海站
SHANGHAI RAILWAY STATION
上海站欢迎您
候车室
进站口

售票大厅
TICKET OFFICE
退票处
TICKET OFFICE
当天票
TODAY TICKET
应急售票
自觉遵

[023]

**›Räucherkerzen und Kommerz‹**
Eine alte Dame beim Gebet nach dem Einkaufsbummel

[024]

**›Würde des Wandels‹**
Ein alter Mann genießt seine Freizeit beim Drachensteigen am Bund

[025]

**›Kleine Schritte auf dem Weg in ein besseres Leben‹**
Familienvater beim Essenmachen

[026]

**›Fröhlich trotz Fron‹**
Tagelöhner auf dem Weg zu ihrer Arbeitsstätte

专通下水道
524545891

[028]

**›Easy-Rider in Shanghai‹**
Kurze Pause im Großstadtverkehr

[029]

**›Zwei Räder schlagen vier‹**
Anstatt des Autos wählen viele Shanghaier das Krad

[030]

**›Snacks, Zigarette und ein gutes Blatt‹**
Zwischen Garküchen und Kiosken machen es sich Verkäufer und Kunden bequem

[031]

**›Spülen, Putzen, Kochen‹**
Küchenalltag in einem Shanghaier Abrissviertel

虹口足球场欢迎您！

中华

[034]

**›Cool ist, wer dazugehört‹**
Jugendliche zwischen Comics und Krimskrams

[035]

**›Der neue Chic kommt aus dem Westen‹**
Mit englischen Texten dekorierter Friseursalon in der Fuzhou-Straße

BANK OF COMMUNICATIONS
OMEGA
亨達利鐘表
HENG DALI CLOCKS AND WATCHES
茂昌眼镜
ATM
TOUR
南京路步行街

广
场
adubs 同立天得广告
创想未来
企业文化
sino
招租电话：86-21-63661162
86-21-68762665
本广告位由申斯广告及同立天得联合招租
.adubs.com

[037]

**Restauriert zu alter Schönheit‹**
Die Prachtstraße Bund mit Blick auf das Peace-Hotel

EPSON
TOYOTA
TDK

[038]

**›Eine Göttin für eine Stadt von Himmel und Hölle‹**
Filmdiva Marlene Dietrich in ›Shanghai Express‹, 1931

*Vorwort*

# Die Faszinierende

*›30 Jahre persönliche Erlebnisse mit der Sehnsuchtsstadt‹*

**ES GIBT STÄDTE**, die sind steingewordene Langeweile. Nichts entzündet die Phantasie, man wandert zwischen ihren Hochhäuserfluchten und austauschbaren Glaspalästen wie sinnenbetäubt, wie leer. Und dann gibt es diese anderen, Städte, die nach Versprechen klingen, nach Abenteuern und Leidenschaft, die Sehnsüchte und Spannung bündeln wie unter einem Brennglas. Samarkand, Casablanca, Katmandu zählen zu diesen Traumstädten am Schnittpunkt von Welten und Epochen. Und für mich immer an vorderster Stelle: Shanghai.

Als Jugendlicher hatte ich ALDOUS HUXLEY gelesen, den Autor der »Schönen neuen Welt«, den Shanghai 1926 so fesselte, dass er sich *›in keiner anderen Stadt einen solchen Morast üppig verflochtenen Lebens‹* vorstellen konnte. Ich hatte die Diva MARLENE DIETRICH im Kino gesehen, wie sie 1932 mit erotisch tiefer Stimme in JOSEPH VON STERNBERGS Filmklassiker »Shanghai Express« hauchte: *›Es brauchte mehr als einen Mann, bis man mich Shanghai Lily nannte.‹* Ich hatte MICK JAGGER mit seinen ROLLING STONES gehört, wie er in seinem Song »In a Shanghai Noodle Factory« von Chinas Metropole und seinen Mädchen schwärmte – und alles, was ich weiter über Shanghai sah und las, faszinierte mich noch mehr.

»Paradies der Abenteurer«, »Prostituierte Asiens» oder »Paris des Ostens« wurde die Stadt am Huangpu im Mündungsdelta des großen Stroms Jangtsekiang genannt. In den Zwanziger- und Dreißigerjahren war sie Synonym für Sex und Sünde, für unermesslichen Reichtum wie für schier unfassbare Ausbeutung – abstoßend und anziehend zugleich. Britische Unternehmer hatten 1842 vom opiumgeschwächten Kaiserreich die Öffnung Shanghais für den internationalen Handel erzwungen, Franzosen und Amerikaner hatten wenige Jahre später ihre »Konzessionen« gebaut und die Einheimischen schließlich in einem ummauerten »Chinesenviertel« zusammengedrängt. Die Stadt wurde zu einem west-östlichen Bastard mit großartigen Bauwerken, modernen Hotels und Geschäftszentren, hunderten Tanzpalästen und Opiumhöhlen. Ein Ort mit vielen Gesichtern – eines davon trägt das Antlitz der Kommunistischen Partei. Am 23. Juli 1921 fanden sich hier, in diesem Meer des Manchester-Kapitalismus und seiner heftigen Ausschweifungen, unter MAOS Führung zwölf Revolutionäre zur Geheimsitzung in einem Hinterzimmer zusammen. Die Linken blieben zunächst nur eine verschwindende Minderheit, blutig verfolgt, während die fremden Herren und ihre chinesischen Kollaborateure prassten und herumhurten und das Land in den Bürgerkrieg trieben. Zwischen all den »Sing-Song-Girls« und »Salzwasser-Schwestern« oder wie sich die zahlreichen Dirnen sonst noch nannten, soll einst ein verzweifelter Missionar aufgestöhnt haben: *›Wenn Gott dieses Shanghai gewähren lässt, schuldet er Sodom und Gomorrha Abbitte.‹*

Gott ließ nicht. Er bediente sich, wie man weiß, ausgerechnet der Kommunisten, um Abhilfe zu schaffen. Die Truppen des Revolutionärs MAO TSE-TUNG eroberten 1948 die Shanghaier Hochburg der Dekadenz. Junge Bauernburschen, die nie einen Tanzpalast oder gar ein Bordell gesehen hatten und von denen die allermeisten nicht wussten, was eine Toilettenspülung ist, befreiten die verzweifelte Stadt von den Nationalisten TSCHIANG KAI-SCHEKS, die nach den japanischen Bombenangriffen von 1937 und der brutalen Besatzung durch die Soldaten des Tenno eine eigene Schreckensherrschaft errichtet hatten. Die Kommunisten enteigneten Geschäfte und Bars, schlossen die Opiumhöhlen und Freudenhäuser, schickten die Drogenabhängigen und Prostituierten zur Umerziehung aufs Land. Fabrikbesitzer, so sie sich nicht rechtzeitig davon gemacht hatten, ließen die neuen Herrscher exekutieren oder ins Gefängnis werfen. Shanghai hatte, wie es schien für immer, seine Tanzschuhe weggeworfen, seine Tuxedos eingemottet. Es war vom Sündenbabel zum Puritanertraum geworden, ein Exerzierfeld für MAO und dessen Idee vom gleichgeschalteten »neuen Menschen«.

Glaubten die Shanghaier an die neue Ideologie oder passten sie sich nur zwangsweise den Vorstellungen der KP an? Verachteten die mondänen Städter die Bauernrevolutionäre heimlich oder bewunderten sie deren moralischen Rigorismus? Und war es zur Durchsetzung einer gerechten Gesellschaftsordnung wirklich nötig, so viele zu exekutieren, so viele in Kerker zu werfen – gemäß dem Mao-Wort: ›*Eine Revolution ist kein Deckchensticken, kein Gastmahl, sondern erfordert Blut?*‹ Das waren Fragen, mit denen ich 1968 im meist von »SDS-Revolutionären« besetzten Politikwissenschaftsseminar an der Universität Tübingen konfrontiert war. Fast täglich waren wir in erhitzte Diskussionen zum »chinesischen Weg« verwickelt. Wieder neue Gründe, in die Volksrepublik zu fahren, besonders in die Stadt am Huangpu, von der aus damals Maos Frau und der Rest ihrer Viererbande unter Anleitung des Großen Vorsitzenden die Kulturrevolution entfacht hatten, wo sie ihr Hauptquartier aufschlugen. Ich fühlte mich zum Besuch Shanghais zwangsrekrutiert – »shanghait« sozusagen (und auch dieser Ausdruck sprach für die Stadt, welche andere hätte aus ihrem Namen ein eigenes Verb schaffen können, es als Synonym für »jemanden gewaltsam verpflichten« in die Umgangssprache zu integrieren vermocht). Ich habe dann zunächst einmal meine Doktorarbeit geschrieben, über den Vergleich von Medien und ihrer Funktion in verschiedenen Staaten der Dritten Welt. Die Kapitel 4.1. bis 4.12. waren China gewidmet und trugen so vielversprechende Überschriften wie »Die wahren Bedingungen für Massenkommunikation in der Volksrepublik«. Meine Texte über die »besondere maoistische Interpretation des Marxismus-Leninismus« füllten sechzig Seiten – bleiern schwerer Archivstoff, weder durch Selbst-Recherchiertes abgedeckt noch durch Selbst-Erlebtes aufgelockert. Als ich die Dissertation 1974 abgeschlossen hatte, tobte die Kulturrevolution mit ihren Ausläufern noch. Kaum ein Chinese wollte über seine Erfahrungen reden und eine Reise hatte sich als unmöglich erwiesen. So war ich auf ein paar Informanten in Hongkong angewiesen, die das Partei-Chinesisch von drüben wenigstens im Ansatz zu dechiffrieren verstanden, und auf Experten an verschiedenen europäischen Universitäten. Die

[039]

**›Mit Mao gegen die Konterrevolutionäre‹**
Aufgepeitschte Volksmassen während der Kulturrevolution (1966)

meisten waren begeisterte Linke. Dass sie mit ihrer MAO-Euphorie falsch liegen konnten, ahnte ich. Wie falsch sie lagen, allerdings lange nicht.

Ich habe es dann doch noch in ziemlich frühen Jahren nach Shanghai geschafft. Dass es so kam, verdanke ich ERWIN WICKERT, dem damaligen deutschen Botschafter in der Volksrepublik. Ich hatte 1976 als Journalist beim stern zu arbeiten begonnen und ihm meine Dissertation geschickt, verbunden mit der kühnen Bitte, mir einen China-Trip zu ermöglichen. Ob es Anerkennung für mein Interesse war, das den Diplomaten und profunden Kenner der chinesischen Geschichte zu seinem ungewöhnlichen Wohlwollen veranlasste, oder schlicht das Bestreben, endlich von einem lästigen Dauernachfrager aus einer Zeitschriftenredaktion in Ruhe gelassen zu werden – das habe ich bis heute nicht herausgefunden. Jedenfalls verschaffte mir WICKERT ein Visum mit Reisemöglichkeiten von Peking bis Shanghai. Als sein persönlicher Gast, mit Quasi-Diplomatenstatus, machte ich mich also auf in ein Land, das für Journalisten nach wie vor äußerst schwer zugänglich war.

Der Grandseigneur kannte Gott und die gesamte chinesische Welt und hielt regelrecht Hof in Peking. Bei seinen Botschaftsangehörigen war er wegen seiner allumfassenden Kenntnisse ebenso verehrt wie wegen seiner Ansprüche gefürchtet. Und die Chinesen liebten WICKERT nicht nur, weil er gut Mandarin sprach, sondern auch wegen seiner wissenschaftlichen Arbeiten über historisch so wichtige Einschnitte wie die Taiping-Revolution. Ich profitierte enorm von den interessanten Diskussionen, doch ich wollte mich nicht zu lange in Peking aufhalten. Ich wollte weiter: Richtung Shanghai, in die heimliche Hauptstadt, in die Stadt der angeblich permanenten Avantgarde.

Ich bekam ein Flugticket – und genoss die beste allervorstellbaren journalistischen Welten. Keiner betreute mich bei der Abfahrt von Peking, keiner erwartete mich bei der Ankunft in Shanghai. Ich war schlichtweg nicht existent, weil nicht erfasst. In meiner Erinnerung sehe ich Vorortstraßen mit großen Bergen von Kohlköpfen vor den Türen; graugekleidete Menschen mit graugewordenen Gesichtern; primitive gleichförmige Garküchen, um die sich Hungrige drängten; zigtausende Fahrräder, die im Morgennebel schemenhaft vorbeizogen. Es herrschte eine gedrückte Stimmung, die nur in wenigen Momenten aufbrach und in Lebensfreude umschlug – beispielsweise als eine Menschenmenge

[040]

**›Ahnengalerie des Kommunismus‹**
Am Anfang steht Marx, am Ende Mao – Propagandaplakat der KP

mich, den fremden »Gweilo«, den »Langnasen«, am Bund im Schutz des Abendlichts einkreiste. Sie wollten, so viel begriff ich, etwas »Typisches« aus meiner Heimat hören: Volkslieder. Erst sang ich: »Am Brunnen vor dem Tore«. Dann revanchierten sie sich: »Der Osten ist rot«. So ging es weiter, bis das Ganze in einen regelrechten Gesangswettbewerb ausartete. Und irgendwann, nach Song Nummer sechs oder sieben, war dann Schluss. Ein Polizist näherte sich, schwang drohend seinen Stock, und der Straßenchor löste sich blitzartig auf.

In der Hosentasche fand ich später einen zusammengeknüllten Zettel, die Botschaft eines Einzelnen aus der Menge. »Sagen Sie der Welt, dass uns die Partei brutal unterdrückt.« Unterschrieben war er nicht, und doch war die Aktion ein Zeichen ungewöhnlichen Mutes. Denn immer noch waren auch flüchtige Kontakte mit Ausländern anmeldepflichtig, politischen Dissidenten drohten Gefängnis und Arbeitslager. Selbst so etwas Banales wie das Singen mit einem Fremden war hochriskant: Fanatisierte Rote Garden hatten ja selbst noch Anfang der Siebzigerjahre Klavierlehrerinnen, die »dekadente« westliche Musik von Mozart oder Beethoven spielten, öffentlich die Finger gebrochen. Aber die Shanghaier, die mir im ersten Moment als gleichförmige Masse, als Ansammlung der sprichwörtlichen »grauen Ameisen« vorgekommen waren, ließen sich also offensichtlich von niemandem ganz gleichschalten und ihrer Individualität berauben. Es war, so denke ich im Nachhinein, neben all den anderen Attraktionen, den verwinkelten Gassen der Altstadt, den wundervollen Kolonialvillen am Bund, dem prächtigen Jadebuddhatempel, dem noch geheimnisvolleren Heiligtum der Drachenblume – an

[041]

**›Zwischen Idyll und Horror‹**
Baufällige Wohnhäuser im Stadtviertel Hongkou

denen allenfalls verstohlen gebetet wurde, denn auch Religion war verboten – dieser Charakterzug, der mich in den folgenden Jahren magisch in die Stadt zurückzog.

1980 wurde ich Fernost-Korrespondent des stern mit Sitz in Hongkong und konnte in dieser Funktion jedes Jahr mehrfach nach Shanghai reisen. Gleich mein erster Auftrag als Korrespondent führte mich damals in die Volksrepublik. Ich hatte mir in der britischen Kronkolonie Hongkong ein Touristenvisum ausstellen lassen, meine Frau Marieanne begleitete mich – es war auch unsere Hochzeitsreise. Einen ersten Zwischenstopp legten wir in Peking ein, wo der Prozess gegen die Viererbande um die »linksradikale« Mao-Witwe Tschiang Tsching stattfand. Es war das offenkundige Ende der Kulturrevolution, der Sieg der »Gemäßigten« um Deng Xiaoping und der Beginn einer dramatischen ökonomischen Kehrtwende. Chinas pragmatischer Napoleon, von Mao verfemt und gedemütigt, wenngleich nicht aus der Partei ausgeschlossen, hatte bei der Parteisitzung im November 1978 den Startschuss für die Wirtschaftsreformen gegeben – gut zwei Jahre nach dem Tod des Übervaters der Nation.

[042]

**›Platz machen für die neuen Reichen‹**
Vom Abriss bedrohte Straße in Hongkou

**ÜBER DEN STRAFPROZESS** »Chinesisches Volk contra Viererbande« ließ sich nicht nach westlichen Vorstellungen berichten. Wir wenigen Journalisten aus Europa und den USA waren auf Erzählungen unserer Gewährsleute aus dem Gerichtssaal angewiesen. Um die Informanten nicht zu gefährden, trafen wir sie nur nachts, tagsüber absolvierten wir das übliche offizielle Besichtigungsprogramm für Touristen. Am Ende wurde die Viererbande zum Tod beziehungsweise zu langen Gefängnisstrafen verurteilt, Wandzeitungen der KP hetzten gegen die »Linksabweichler« und stellten sie als monströse Putschisten dar, die den Großen Vorsitzenden hintergangen hatten; MAO, der wahre Hauptschuldige für die Exzesse, blieb auch posthum ein Gott mit allenfalls kleinen Fehlern.

MARIEANNE und ich konnten uns nach Prozessende auf eigene Faust Richtung Shanghai absetzen. Es sollte ein Trip mit vielen Hindernissen werden: Die Maschine der staatlichen CAAC kam gegen elf Uhr abends an – und es gab am Flughafen weit und breit kein Taxi. Nach langem Warten versuchten wir es dann auf der Hauptstraße Richtung Innenstadt per Anhalter. Schließlich tuckerte ein Traktor heran, der Fahrer lud uns auf seinen Anhänger und brachte uns auf halber Strecke bis zum Zentrum in ein Regierungsgästehaus, wo wir nach einigen Diskussionen von kopfschüttelnden, aber mitleidigen Parteikadern aufgenommen wurden. Am nächsten Tag schafften wir es dann ins Hotel Shanghai im Zentrum, das einzige, das damals überhaupt zur Aufnahme nichtoffizieller ausländischer Gäste berechtigt war. Das Zimmer war in Ordnung, allerdings weckte uns nachts ein Rascheln aus dem Papierkorb: Eine Ratte hatte sich über unsere Keksreste hergemacht. Aber was störte das schon, wir waren wieder in Shanghai!

Damals war der Bund noch weitgehend unbeleuchtet, die Hauptstraße Nanjing Lu weitgehend frei von Restaurants und Geschäften (abgesehen vom »Kaufhaus Nummer eins«). In der Nähe des Jinjiang-Hotels, in dem sich einst der Große Vorsitzende MAO TSE-TUNG mit dem US-Präsidenten RICHARD NIXON getroffen und die Aufnahme der bilateralen Beziehungen arrangiert hatte, ließ sich weiterhin die gespenstische Villa der Viererbande besichtigen, Zimmer wie Ballsäle und ein 25-Meter-Indoor-Swimmingpool. Und nach Pudong, auf die andere Seite des Flusses, fuhr von der Haltestelle am Bund nur alle Stunde eine verrostete Fähre – wer wollte schon etwas »dort drüben«, wo das Brachland begann und allenfalls ein paar baufällige Arbeiterhäuschen standen. Aber die Stadt hatte sich seit 1976 verändert, war nicht mehr maoistisch mausgrau. Die Babys immerhin durften 1980 schon Farben tragen, Selbstgestricktes, Selbstgehäkeltes – eine kleine rosarot-hellblaue Revolution.

›*Nach dem Sturm erhebt sich der gebeugte Bambus*‹, sagt ein chinesisches Sprichwort, und so war es auch mit Shanghai. Jahr für Jahr, bei jeder meiner Reisen, wurden mehr dramatische Veränderungen sichtbar. Die ersten privaten Fahrradreparaturwerkstätten entstanden und auf den ersten freien Märkten boten Bauern aus dem Umland ihre auf eigene Faust angebauten Nebenprodukte an – nach Jahrzehnten gab es in Shanghai wieder einmal Erdbeeren. Was kam dann als nächstes? Die Hochzeitsgeschäfte, die den Bräuten für den schönsten Tag des Lebens kostbare Brautkleider ausliehen? Die Fotostudios, die eben diese Szene oder den stolz herausgeputzten Baby-Sohn für das Familienalbum festhielten? Die Privatfriseure, die Privatschlachter? Die ersten westlichen Luxushotels, die in ihrer Nähe privat geführte Bars mit verheißungsvoll klingenden Namen wie »Manhattan« oder »Fortune« entstehen ließen und in denen wir, die Pionierleistung würdigend, für jeden Whisky ein kleines Vermögen bezahlten?

Shanghai stand bis Ende der Achtziger nicht gerade hoch in der Gunst der Partei, wurde von ihr ganz im Gegenteil so misstrauisch beäugt wie ein notorisch gefährdeter und Lastern wie Luxus und Sünde verfallener Delinquent. Die Stadt entwickelte sich, aber weniger rasend wie die südliche Metropole Guangzhou (Kanton) oder Wenzhou, DENGS Experimentierort an der Küste, 400 Kilometer südlich des Yangtze-Deltas. Immerhin konnten wir bei mehreren Besuchen Mitte und Ende der Achtzigerjahre feststellen, dass viele Shanghaier ziemlich ungezwungen Kontakte mit Ausländern aufzunehmen wagten. Am Bund sprachen uns Schüler an, praktizierten mit unserem Sohn ihr neuerworbenes Englisch, bestanden darauf, uns zu einem Softeis einzuladen – das war damals der letzte Schrei. Vor allem das helle Haar meiner Frau hatte es ihnen angetan, sie musste auf jedes Foto der ersten chinesischen Kamerabesitzer. »Ah, Sie kommen aus Hamburg, aus unserer Partnerstadt«, sagten einige beim Small Talk stolz. Sie wussten, dass sich ihr Shanghai mit der deutschen Hansestadt 1986 »verschwestert« hatte. Ja, die Atmosphäre hatte sich wirklich entspannt.

Dann gab es einen furchtbaren politischen Rückschlag: Die Partei ließ am 4. Juni 1989 auf dem Pekinger Platz des Himmlischen Friedens Panzer auffahren und die Demonstranten zusammenschießen. Auch in Shanghai setzten die Funktionäre die

Waffen ein, ließen Protestierende verprügeln und verhaften. Das ganze Land war wie gelähmt, eine solch brutale Machtdemonstration der Staatsgewalt hatten die meisten offensichtlich nicht mehr für möglich gehalten.

Doch so rigoros die KP auch in den kommenden Monaten jede grundsätzliche politische Opposition unterdrückte, so wenig konnte und wollte sie die wirtschaftliche Öffnung zurücknehmen. Als Deng Xiaoping Anfang 1992 bei seiner Reise in den Süden dem Wirtschaftsstandort Shanghai schließlich seinen endgültigen Segen gab (*›Mein Fehler, dass wir hier mit den Reformen zu lange zu zögerlich waren‹*), steigerte sich der ökonomische Fortschritt der Stadt in einen Rausch. Vor allem mit der »Neuen Wirtschaftszone Pudong« auf der anderen Seite des Bunds ging es nun atemberaubend schnell aufwärts. Shanghai legte sich ein anderes, ein zweites, futuristisches Gesicht, zu. Ein ganzer Spargelwald von Hochhäusern schoss um den pompösen Fernsehturm und das Jinmao-Gebäude mit dem Grand Hyatt, dem höchsten Hotel der Welt, in den Himmel. Auch wer alle sechs Monate wiederkam, hatte nun ernsthafte Schwierigkeiten, dieses Pudong wiederzuerkennen.

Während sich Shanghai rasant wandelte, arbeitete ich an anderen China-Reportagen für den »Stern« und später dann für den »Spiegel«, zu dem ich 1995 gewechselt war. Ich schipperte den Yangtze hinunter, fuhr durch die Wüsten der Inneren Mongolei zu Dschingis Khan-Erinnerungsstätten und in die Weiten des Wilden Westens Xinjiang zu den alten Orten der Seidenstraße, kletterte in die Berge Tibets zu den durch die Kulturrevolution halbzerstörten Klöster der Lamas. Ich besuchte Qufu, den Heimatort des wiederentdeckten Weisen Konfuzius und Chaozhou, die Geburtsstadt seines Fans, des heimattreuen Hongkong-Milliardärs Li Kashing. Ich durfte den Bruder des letzten Kaisers in Peking interviewen, seinen früheren Lieblingseunuchen aus der Verbotenen Stadt kennen lernen. Und einmal – bei einem der wenigen offiziell beantragten Termine – stand mir mit dem ebenso klugen wie vorsichtigen Qian Qichen auch ein Außenminister Rede und Antwort. Er ist übrigens, wie zwischenzeitlich so viele in der Führungsspitze der Kommunistischen Partei, gebürtiger Shanghaier und hat sich in der Stadt seine allerersten politischen Sporen verdient.

Auch wenn die Metropole einmal nicht im Zentrum meiner Arbeit stand, musste ich bei all diesen China-Reisen einfach einen Abstecher an den Huangpu machen – und wenn es nur ein kurzer war. Um mit Alteingesessenen und Neuankömmlingen zu reden, mit Gewinnern der Reformen, und solchen, die sich von ihnen übergangen und weggespült fühlten. Um »antike« Teehäuser aufzusuchen und neue Starbucks-Cafés, Mao-Memorabilienhändler und McDonald's-Schnellrestaurants. Um zu sehen, ob das alte jüdische Viertel mit der Synagoge weiter dezimiert wird, zu Gunsten noch einer Hochstraße, noch eines Einkaufszentrums. Um zu erleben, wie die verschüttete alte Religion zurükkgekehrt ist, nicht nur am Jadebuddhatempel, sondern auch an den privaten Hausschreinen – und wie die neue Religion machtvoll um sich greift, diese inbrünstige Anbetung von Konsum und Kommerz. Shanghai ist heute eine Stadt wie auf Speed, unsentimental bis zur Selbstverleugnung und süchtig nach Superlativen, die Vorreiterin für das angeblich schon angebrochene »chinesische Jahrhundert«. Shanghai ist in den Augen der Welt längst nicht mehr das zwielichtige, verruchte »Paris des Ostens«, obwohl die Sünde mit schäbigen Massagesalons und Edelbordellen vielfältig zurückgekehrt ist. Shanghai ist das neue Manhattan mit einigen der international interessantesten Museen, Galerien und Jazzclubs; die vielzitierte »Baustelle der Welt« mit mehr Kränen als an jedem anderen Ort; Chinas »Kopf des Drachen«, der für den Rest der Nation vordenken und die Nation in die richtigen Bahnen lenken soll: Von Shanghai lernen, heißt nun schon seit einigen Jahren die neue Partei-Devise, in der kosmopolitischen Metropole zu leben so etwas wie der kollektive Traum aller Chinesen.

**SHANGHAI IST EINE STADT** der Gegensätze, der Parallelwelten und manchmal des Déjà-vu: Multimillionäre begegnen Tagelöhnern und wechseln indigniert die Straßenseite, wie indische Brahmanen einer Oberkaste, die sich vor der schmutzigen Unberührbaren schützen wollen. Ferrari eröffnet einen Showroom und lässt dazu, nebst parteigenehmigtem Polizeigeleit, eine ganze Armada der 200 000-Euro-Sportwagen durch die Innenstadt rollen, während nur wenige Meter von den Schaulustigen entfernt alte Männer betteln. Neben diesen Extremen aber entsteht in der reichsten Stadt der Volksrepublik – in den letzten 15 Jahren im Schnitt jeweils sensationelle 15 Prozent Wirtschaftswachstum – auch eine Mittelschicht. Es sind keine »neuen Menschen« im Sinne MAOS, sondern Menschen, die sich ab und zu etwas Neues leisten wollen und das auch können – vom Farbfernseher über den Kleinwagen bis zur (allerdings weit außerhalb des Zentrums liegenden) eigenen Wohnung. Sie arbeiten für eine aufstrebende einheimische Firma wie etwa Shanghai Automotive, die bald mit ihren Wagen auf dem Weltmarkt angreifen will. Oder für eines der westlichen Unternehmen von Siemens bis Volkswagen. Allein aus Deutschland haben sich schon 850 Firmen hier engagiert.

Dass dieses Shanghai wieder zu einer Weltstadt geworden ist, bestätigen auch die ehrfürchtig-euphorischen Urteile des Westens. ›*Wir sehen hier die Metropole von gestern, heute, morgen*‹, schwärmt der Sprecher der Partnerstadt Hamburg. ›*Shanghai ist die derzeit aufregendste Stadt des Planeten*‹, attestiert die »Washington Post«. ›*Avantgardistischer als New York und Tokio*‹, preist »Le Monde«. ›*Das Unternehmer-Paradies der Welt*‹, konstatiert das US-Wirtschaftsmagazin »Forbes«. Spätestens seit im Jahr 2004 die

[043]

**›Stadt der Gewinner, Stadt der Verlierer‹**
Junge Shanghaierin mit neuer Kamera, alte Shanghaierin beim Betteln

neue 250-Millionen-Euro-Rennstrecke eingeweiht wurde und nun auch die Formel-Eins-Fahrer hier ihre Runden drehen, seit Shanghai den Zuschlag für die Weltausstellung 2010 bekommen hat, ist die Metropole in aller Munde. ›*Warum Sie nach Shanghai fahren sollen?*‹, fragt die »New York Times« – und gibt gleich die Antwort: ›*Ganz einfach. Weil es alle anderen auch tun. Und weil sie dabei in unsere Zukunft blicken können.*‹

Nun also wandere ich, in den ersten Monaten des Jahres 2005, für dieses Buch gemeinsam mit meiner Frau Marieanne und meinem Fotografen-Freund Karl Johaentges (der die Stadt auch schon seit Ende der Siebzigerjahre kennt) durch die mit westlichen Werbeplakaten zugepflanzte Nanjing Lu und die nahen, fast unverfälschten Märkte mit vorwiegend lokalen Produkten. Ich habe, vom Flughafen Pudong kommend, die Magnetschwebebahn in die Stadt genommen, Tempo 430, bin dann mit der U-Bahn und einem der zigtausend Taxis Shanghais weitergefahren – keine Spur mehr von Mangel an Transportmitteln wie noch vor 25 Jahren. Ich mietete zur Wiederentdeckung der Langsamkeit für einige Tage ein Fahrrad und gab es angesichts des rasend rücksichtslosen Verkehrs schnell wieder zurück. Wir kombinieren Gegensätze auf andere Weise, bei der Wahl unserer Übernachtungen: Wir wechseln zwischen den geschichtsträchtigen historischen Hotels der Dreißigerjahre wie dem Astor und dem Peace; und den prächtigen der Neuzeit, dem Hilton (Eröffnung: 1989), dem Grand Hyatt (1999) und dem Four Seasons (2003). Aber noch immer gibt es nichts Interessanteres, als einfach zu Fuß loszuziehen und sich die Stadt zu erwandern.

Während vor mir in der Abbruchgegend des alten Viertels Hongkou drei weißhaarige Greise mit ihren Mahjongg-Steinen klappern und wie seit Urzeiten in traditionelle Blechnäpfe ausspucken, malen gigantische Laserfinger Schriftzeichen in den Nachthimmel – vermutlich ist am Ausgangspunkt des Lichts wieder eine neue Nobeldiscothek oder ein Luxusrestaurant eröffnet worden. Am sorgfältig restaurierten Bund, mit dem Blick hinüber ins futuristische Pudong, verkaufen Straßenhändler als allerletzten Schrei phosphorizierende Turnschuhe. Die letzten Kunden des Starbucks am Yu-Garden versuchen von ihren Stühlen am Glasfenster aus die gegenüberliegende Zickzackbrücke mit dem Huxinting-Teehaus in Blitzlichtaufnahmen einzufangen, andere halten mit ihren Videokameras einfach mal hinein in die verwinkelten Chinatown-Gassen. Der nahe Fuxing-Park, den einst die Franzosen planten und auf dem die verhassten Japaner im Stechschritt exerzierten, wurde von einigen rüstigen Chinesen zum Tai Chi okkupiert; die jungen einheimischen Wilden in einer anderen Ecke der Grünanlage preisen ihre abstrakten Malereien und tauschen Tipps für neue Galerien und Discos.

Menschen wie sie machen Shanghai aus, bewahren es, verändern es, gestalten es – in einer permanenten nichtmaoistischen Revolution. Menschen, wie wir sie in diesen Shanghai-Tagen treffen und sicher nur hier kennen lernen können: Der Multimillionär, der einst Rotgardist war und jetzt seinen Firmensitz originalgetreu dem US-Kapitol nachgebaut hat. Die junge, ebenso erfolgreiche wie bindungslos verlorene Schriftstellerin, die im Partyrausch des Hier-und-jetzt die Nächte durchmacht. Der Parteisekretär und Manager, der in »seinem« Hotel einst die Viererbande beherbergt hat und heute – nichts gegen Trinkgelder – Touristentruppen betreut. Der Wanderarbeiter aus dem verarmten Bauernland Henan, der in einer baufälligen Bretterbude haust, 14 Stunden am Tag schuftet und seinen Job dennoch als Chance begreift. Die Börsenmaklerin, die aus den USA in ihre Geburtsstadt zurückgekommen ist, weil man in Shanghai mehr Geld machen und besser leben kann als in New York oder London.

Shanghai ist ein Mythos, der sich fortschreibt, ein Klischee als Perpetuum Mobile: vorwärts in die Vergangenheit, zurück in die Zukunft. Shanghai ist das erklärte Modell der Kommunistischen Partei Chinas wie der zahlreichen heimischen Unternehmer – und mancher westlichen Manager auch, die hier die Flexibilität der Arbeitskräfte rühmen, die Can-Do-Mentalität der Macher, den weit verbreiteten Glauben an ein besseres Morgen. Wofür aber steht dieses Modell? Wohin entwickelt sich dieses Shanghai, Stadt der Sehnsüchte und Superlative, der Magiere und Mythen?

[044]

**›Kleine Kirche, große Kräne‹**
Der Shanghaier Hafen – bald die Nummer eins der Welt?

LEOPOLD STAFF

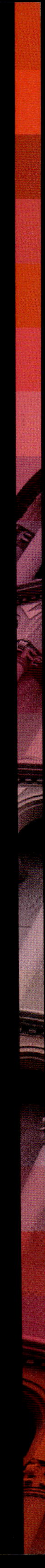

NEC

*Kapitel 1*

# SHANGHAI GESTERN | DIE SUMPFBLÜTE

*›Wenn Gott diese Stadt gewähren lässt, schuldet er Sodom und Gomorrha Abbitte‹*

· FRAU ROSENROT UND DIE GIGOLOS · ANGST VOR PIRATEN · »WIR BRAUCHEN NICHTS AUSLÄNDISCHES«, SAGT CHINAS KAISER · »RATTE EISENKOPF« UND DIE OPIUM-MILLIONEN · DER TAG, AN DEM KEIN HUND ZU BELLEN WAGT · EIN BUND VOLLER WUNDER · DIE HITLISTE DER PROSTITUIERTEN · GLAMOUR IM PEACE HOTEL · ES REGNET BOMBEN · DIE SCHRECKEN DER VIERERBANDE · EINE RENTNERBAND AUF »SENTIMENTAL JOURNEY« ·

*Weil die Ausländer aktiv sind, sind wir passiv. Weil sie die Wissenschaft pflegen, sind wir abergläubisch. Weil sie kurze Kleider tragen, tragen wir lange Gewänder. Weil sie auf Hygiene achten, essen wir Fliegen …*
*Nur das Kind, das mit gesenktem Blick zu allem nickt, gilt als brav. Bei einem Kind, das lebhaft und gesund ist, einen eigenen Willen hat und den Kopf hoch trägt, schüttelt man bedenklich das Haupt über solche ›ausländische Manieren‹.*

LU XUN
*(Aus:* »Die Methode, wilde Tiere abzurichten«, *1934)*

[046]

**›Eine Metropole zwischen Glanz und Chaos‹**
Der Bund mit dem pyramidengekrönten Cathay (Peace-Hotel), 1930

[047]

**›Frauenfron und Kinderarbeit‹**
Baumwollspinnerin um 1870

[048]

**›Schuften für den Weltmarkt‹**
In der deutschen Ingenieursschule in Shanghai wird an modernen Maschinen für die Textilherstellung gearbeitet

[049]

**›Rikschas für die Reichen‹**
Transportwesen in der Xinbeimen-Straße, 1890

[050]

**›Schwere Last zum Hungerlohn‹**
Während Shanghai boomt, scheint auf dem Land die Zeit stillzustehen

[051]

**›Bund in frühem Glanz‹**
Die Prachtstraße der Banken am Huangpu in den Dreißigerjahren

[052]

**›Einkaufsparadies der Reichen‹**
Die Nanjing-Straße im Zentrum von Shanghai

[053 & 054]

**›Glanz, Glamour und Gier‹**
Shanghai in den Dreißigerjahren – ein Paradies für Gangster und Geschäftsleute

[055]

**›Markt der Moderne‹**
Der neue Stil der Dreißigerjahre in der Fuzhou-Straße

[056]

**›Als die Revolution noch Hoffnung weckte‹**
Aufmarsch am ersten Gründungsfeiertag der Volksrepublik, 1950

[057]

**›Als Maos Griff eisern wurde‹**
Zwangslesestunde aus dem »Roten Buch« des Großen Vorsitzenden, 1967

[058]

**›Gott, Kaiser, Revolutionär‹**
Mao Tse-tung gab sich gern als Landesvater

[059]

**›Soldaten, Arbeiter und Bauern für die KP‹**
Maoistisches Kampfplakat, 1974

[060]

**›Der neue Glanz der Vergangenheit‹**
Angestrahlte Prachtbauten am Bund

[061]

**›Sehnsucht nach dem Glanz der Vergangenheit‹**
Tanzpaare im restaurierten Vergnügungspalast Paramount

[062]

**›Rückkehr einer Legende‹**
Frau Rosenrot und ihr Gigolo Tin Sun

[063]

**›Der Triumph einer Überlebenskünstlerin‹**
Tang Weihong im Dritten Frühling

*Kapitel 1*

# Die Sumpfblüte

*›Wenn Gott diese Stadt gewähren lässt, schuldet er Sodom und Gomorrha Abbitte‹*

**EINEN TANGO NOCH**, einen letzten. FRAU ROSENROT tupft das Rouge auf den Wangen zurecht, prüft im Handspiegel den Sitz der angeklebten Wimpern, streicht über das rosa Seidenkleid. Sie lächelt zufrieden. Alles passt. Dann strafft sie ihren schlanken Körper, dem man die über achtzig Jahre kaum ansieht und beugt sich hinüber zu ihrem Partner. Der Gigolo TIN SUN, großgewachsen, pomadenschwarzes Haar und gerade mal Anfang zwanzig, greift um die schmale Hüfte der Frau. Eine Bewegung, die von Vertrautheit zeugt, von Leidenschaft für den Tanz.

Dann setzt die Musik wieder ein, und die beiden schweben über das Parkett des Paramount in der Shanghaier Innenstadt, Yuyuan-Straße 218, ganz in der Nähe des Jingan-Tempels, als seien die Gesetze der Schwerkraft für einen Moment aufgehoben. Sie scheinen ihre Umgebung vergessen zu haben, alles um sie herum: die Band in Schwarz-Weiß, das plüschige Interieur im Stil der Dreißiger mit der schummrigen Beleuchtung, das sorgfältig wiederhergestellte Art déco, die anderen Gäste, Männer im Frack und junge Damen mit tiefem Schlitz im Kleid. Er zieht sie an sich, beugt sich über sie, als verzehre er sich vor Leidenschaft nach einem Kuss; sie wirft kokett den Kopf in den Nacken und entzieht sich ihm mit theatralischer Geste. Und im nächsten Moment, und für den ganzen Rest des Tanzes und der ganzen Nacht bis drei Uhr früh, dreht sich TANG WEIHONG alias FRAU ROSENROT. Immer wieder, immer weiter, und um sie dreht sich die ganze Welt. Ihre Welt, ihr Shanghai.

Die Zeiten gleiten, verschwimmen, gehen ineinander über, und das liegt nicht nur an der Musik und dem Champagner – was vor drei Generationen eine Weltstadt mit einem berühmten Nachtclub war, ist als Weltstadt mit dem restaurierten Establishment an der gleichen Stelle wieder auferstanden. FRAU TANG tanzt dort, wo sie schon vor fast 65 Jahren als Debütantin über das Parkett wirbelte. Das Paramount von damals ist das Paramount von heute, so täuschend ähnlich in Pracht und Plüsch, als hätte es keinen Krieg, keine kommunistische Machtübernahme, keine grausame Kulturrevolution gegeben, sondern nichts als Kontinuität: Nicht nur für die Tänzerin ROSENROT hat sich da, im Kreise drehend, ein ganz erstaunlicher Kreis geschlossen.

Sie erzählt, noch ganz außer Atem. Vom Vater, der ein wichtiger Mann in der Stadt gewesen ist, weil er als erster Chinese in Edinburgh studiert hat, einen Hauch von britischem Lebensstil nach Shanghai importierte und später als Arzt der Reichen und Mächtigen traditionelle chinesische Heilkunst mit westlicher Medizin zu verbinden wusste. Von der Mutter, die immer ein wenig unter dem Playboy-Image ihres Mannes litt, und unter seinen Extravaganzen. Am Tag vor der Geburt seines Kindes hatte er von einem blühenden Rosengarten geträumt, deshalb der ungewöhnliche Name für die Kleine: »WEIHONG« – ROSENROT. Sie hatte Ende der Zwanziger eine privilegierte Kindheit, erinnert sich an fürsorgliches Personal, an seidene Betten, an einen chromblitzenden Ford mit einem geschniegelten Chauffeur. Sechzehn ist ROSENROT, als die Eltern ihr einen Begleiter verordnen, einen Mann vom Zoll in höherer Position. Sie findet ihn zuerst alt und wenig attraktiv, aber dieser YAO ZHIAO erobert bald ihr Herz. Und das gelingt ihm mit Rumba und anderen Rhythmen: Jeden Freitag führt er sie aus ins Paramount, wo sich die High Society trifft, die schönsten Mädchen der Stadt mit ihren Gönnern, den Drogenbaronen, den Top-Unternehmern, den Politikern, und manchmal sind die Herren gleich alles drei in einem. Dorthin, wo auch schon mal Prominenz aus aller Welt gesichtet wird, beispielsweise dieser lustige Schauspieler mit dem seltsamen Gang, wie hieß er doch gleich? Richtig: CHARLIE CHAPLIN. FRAU ROSENROT interessiert sich ernsthaft aber nur für einen: Sie heiratet ihren Tänzer, mit gerade 18 Jahren.

Die japanische Besatzung und den Krieg streift sie nur in den Erinnerungen, die wie im Zeitraffer vorüberziehen: Alles schlimm, aber noch gab es das Paramount. Das ändert sich bald nach der Machtübernahme durch die Kommunisten, die den Nachtclub wie alle ähnlichen Etablissements schließen. 1954 zieht das »Rote Hauptstadt«-Theater in die verwaisten Räume ein, der Ballsaal wird zum Kino, in dem ideologisch korrekte Revolutionsstreifen laufen. Und bald ist auch Schluss mit der Firma, die sich ROSENROT mit einigen Freunden aufgebaut hat. Die »Drei-Sterne-Reißverschlussfabrik« geht in Volksbesitz über, und FRAU TANG beginnt damals dann doch zu denken, dass es am Ende vielleicht besser wäre, den Goldschmuck und die Tanzschuhe einzupacken und ins kapitalistische Hongkong oder nach Taiwan zu fliehen. Doch dazu ist es zu spät.

Wie schlimm es noch werden sollte, das hat sie sich selbst in ihren Alpträumen nicht ausmalen können: Während der Kulturrevolution Ende der Sechziger wird sie von Roten Garden in ihre ehemalige Firma gekarrt und muss als »Mitglied der Ausbeuterklasse« die Latrinen der Arbeiter putzen. Rote Garden dringen in ihr Haus ein, zerstören »bourgeoise« Familienfotos, zerschneiden Ballkleider, zertrampeln die Schallplatten mit westlicher Tanzmusik. Doch den Foxtrott, den langsamen Walzer und den Tango, die können sie nicht aus ROSENROT herausprügeln. Die liegen ihr längst im Blut.

TANG WEIHONG schüttelt sich: lieber nicht zurückdenken. Besser verdrängen. An den Wiederaufstieg denken. An den Anfang der Achtzigerjahre, als die erste Band im Peace Hotel wieder Jazz spielen darf, als sich im sechsten Stock des Hauses der Wissenschaften die Tanzbegeisterten wieder treffen können, zu ersten zaghaften Schritten, vorwärts in die Vergangenheit. An die Neunzigerjahre, als ihre Kinder ihr schreiben: ›*Genieße dein Leben*‹. Vielleicht ist auch ein bisschen schlechtes Gewissen dabei, wenn sie ihr Geld aus dem Ausland schicken, denn die drei Söhne und die Tochter haben sich so schnell es irgend ging aus China davongemacht, der Karriere wegen und um eine Familie zu gründen in den sicheren kapitalistischen Häfen der USA und Japans. TANG WEIHONG kauft sich von dem Geld in Shanghais neu eröffneten Boutiquen schicke Kleider und bald auch wieder die ersten Tanzschuhe.

Für FRAU ROSENROT ist es ein Festtag, als am 19. Januar 2002 das Paramount seine Pforten wieder öffnet. Ein taiwanischer Geschäftsmann hat das Gebäude von der Stadt gepachtet und hergerich-

[064]

**›Nostalgie mit der Rentnerband‹**
Im Peace-Hotel jazzen allabendlich Siebzigjährige

tet. Nun erstrahlt es wieder in altem Glanz – welche Gelder da an wen geflossen sind, um den Deal durchzusetzen, die alte Dame will es gar nicht wissen. Eine Woche lang traut sie sich nicht an ihre einstige Traum-Statt zurück. Doch dann siegt die Neugier über alle Zweifel – und sie ist überwältigt. ›*Alles ist wie damals*‹, schwärmt sie. Seitdem kommt Frau Rosenrot dreimal die Woche hierher. Sorgfältig geschminkt und edel gekleidet. Rosarot, hellblau und lindgrün leuchten ihre Seidenkleider. In den gleichen Regenbogenfarben, in denen das Paramount nachts angestrahlt wird.

Für den ausgebildeten »Tanzlehrer« – man legt im Paramount Wert auf diese Bezeichnung, um »Gigolo«-Missverständnisse auszuschließen – muss sie längst nicht mehr das bezahlen, was andere für einen der attraktiven Taxi-Männer oder ein Taxi-Mädchen löhnen, 400 Yuan, knapp 40 Euro für den ganzen Tanzabend. Dem geschniegelten und gegelten Tin Sun ist längst aufgefallen, dass seine Partnerin das gewisse Etwas hat, von dem auch er als Twen noch lernen kann. Dieses einmalige Rhythmusgefühl für gute wie für schlechte Zeiten. Für Shanghais Geschichte.

[065]

**›Partytime im Paramount‹**
Im restaurierten Tanzpalast kann der Kunde wieder wie früher schwofen

**AM ANFANG WAR DER SUMPF**, und der Sumpf war Fluch und Segen zugleich. Ein Fluch, weil es alles andere als einfach war, am schlammigen und immer wieder überschwemmten Ende des großen Yangtze-Flussdeltas feste Häuser zu errichten. Ein Segen, weil es hier im »yu mi zhi xiangang«, dem »Land so reich an Fisch und Reis«, alles andere als schwierig war, seinen Lebensunterhalt zu bestreiten. Manche Wissenschaftler glauben, die ersten Siedlungsspuren in der Region des heutigen Shanghai reichten bis in die legendäre Majiabang-Kultur um 4000 v. Chr. zurück, manche datieren die Ursprünge sogar ins Neolithikum um 5900 v. Chr. Das Stadtgebiet der heutigen Metropole lag damals allerdings noch mit hoher Wahrscheinlichkeit unter den Wassern des Ostchinesischen Meers, das sich dann langsam zurückzog.

Das kleine Königreich Wu aus dieser Region mischte kräftig mit beim Machtpoker der so genannten Streitenden Monarchien, die sich von 448 bis 421 v. Chr. erbitterte und blutige Auseinandersetzungen lieferten. Dann einte der Erste Kaiser QIN SHI HUANGDI China – ein Mann, der trotz seiner rücksichtslosen Brutalität, oder vielleicht gerade wegen ihr, später zum Vorbild des Revolutionärs MAO TSE-TUNG wurde und sich mit seiner ganzen Armee von Terrakotta-Kriegern begraben ließ. Das Yangtze-Delta, immer noch relativ dünn besiedelt, entwickelte sich langsam zum prosperierenden Agrarland. Im Zeitalter der »Goldenen Adelskultur« (317-589) erlebte die Region um das heutige Shanghai dann ihren ersten, allerdings noch wenig spektakulären Aufschwung. Annalen aus dem siebten Jahrhundert berichten von einem Fischerdorf Hu Tu an der Stelle der heutigen Metropole, benannt nach den kunstvoll errichteten Bambusstöcken (»hu«). Auf solchen Pfählen im Wasser sitzend, warfen die Einheimischen ihre engmaschigen Netze aus und zogen reiche Beute an Land. Manche Wissenschaftler meinen, die Fischer hätten diese besondere Technik von Polynesiern gelernt; Seefahrer aus dieser Region seien schon damals zu den fernen Inseln aufgebrochen.

Nach dem Zusammenbruch der TANG-Dynastie (618-907) wird der Osten Chinas für kurze Zeit wieder unabhängig, bis 1960 mit der Herrschaft der Song die »chinesische Renaissance« eingeläutet wird. Im Jahr 1074 erhält das prosperierende Dorf Hu Ta sein eigenes Steuerbüro und im ganzen Yangtze-Delta beginnt ein lang anhaltender Wirtschaftsboom, an dem auch viele Neuankömmlinge teilhaben. Die ökonomischen Chancen, aber auch die Furcht vor den Mongolen, hatten zu einer regelrechten Völkerwanderung aus dem Norden ins Mündungsgebiet geführt. Die Einwohnerzahl von Hu Ta wie die seiner Nachbarorte schwillt an. Im Jahr 1264 entscheiden sich die Autoritäten, zwei andere Gemeinden und Hu Ta zu einer Kreisstadt zusammenzulegen. Sie erhält einen reichlich unromantischen Namen: »Shanghai«, nach den chinesischen Schriftzeichen für »Stadt über dem Meer«.

Dass es sich um die Geburt einer Weltstadt handelt, hat damals trotz des Wirtschaftsaufschwungs niemand kommen sehen. Und doch hätte man ahnen können, dass dieses Shanghai zu Höherem berufen war. Denn bald kann diese Stadt die Vorteile ihrer Lage optimal ausspielen: Sie hat mit den von Chinesen stets besonders geschätzten Städten Suzhou und Hangzhou (»der Himmel auf Erden«) ein ideales Hinterland; sie verfügt neben reichen Fischgründen über fruchtbare Böden und ein mildes Klima, ideal für Viehzucht, Getreide- und Gemüseanbau; sie hat, kaum zwanzig Kilometer vom Großen Strom am Zusammenfluss von Huangpu und Wusong gelegen, eine ideale Anbindung an ein ausgedehntes Binnenwassernetz. Über den Yangtze und den Kaiserkanal, mit dessen Bau schon Ende des sechsten Jahrhunderts begonnen worden ist, lässt sich problemlos Kontakt mit den nördlichen und westlichen Zentren des Riesenreiches halten.

Je größer Shanghai wird, umso zahlreicher werden auch die Neider. ›*Die Stadt ist nicht gerade eine Schönheit, aber die Aussteuer stimmt. Wie die hässliche Tochter eines Kaisers muss sie sich keine Sorgen um Verehrer machen*‹, sagt der Volksmund. Und dieses Shanghai weckt bald auch bei aufmerksamen Fremden Begehrlichkeiten. Japanische Piraten fangen die reich beladenen Handelsschiffe ab, gehen mehrfach selbst im Hafen vor Anker, plündern und brandschatzen. 1553 erhält die Stadt die kaiserliche Genehmigung zum Bau einer Stadtmauer, über fünf Kilometer ist sie bald lang. Der Schutzwall hilft: Sicher vor weiteren Übergriffen entstehen Seidenspinnereien und Porzellanmanufakturen, die unter vorindustriellen, durchaus Manchester-ähnlichen Arbeitsbedingungen produzieren, aber ausschließlich den chinesischen Markt beliefern. Etwas anderes

[066]

**›Der letzte Kaiser‹**
Pu Yi und seine Familie in den Dreißigerjahren

ist auch gar nicht erwünscht: Das Reich der Mitte wähnt sich autark, es braucht nichts und will nichts vom Ausland beziehen. Es fühlt sich dem Rest der Welt nicht nur überlegen, es ist ihm überlegen, und zwar geistig-innovativ wie praktisch-wirtschaftlich: Vom Buchdruck bis zum Schießpulver, vom Eisenguss bis zum Kompass – alles hat hier seinen Ursprung. Mitte des 16. Jahrhunderts wird nach Schätzungen heutiger Historiker mindestens die Hälfte des weltweiten Bruttosozialprodukts in China erwirtschaftet und selbst 200 Jahre später dürfte es noch weit mehr als ein Drittel gewesen sein.

Erst zu Beginn des 19. Jahrhunderts erwächst dem Reich der Mitte ernst zu nehmende Konkurrenz. Im Westen setzt die industrielle Revolution ein, die mit automatisierten Webstühlen und Spinnmaschinen die Texilherstellung dramatisch vereinfacht und den Ausstoß der Fabriken explodieren lässt. Im Bergbau erleichtern neue industrielle Techniken den Abbau von Rohstoffen, die Eisenverarbeitung wird zur Massenproduktion umgestaltet, im Verkehr sorgt der Einsatz von Dampfmaschinen für eine neue, nie da gewesene Dynamik. Europäische Staaten fördern Handel und Gewerbe, bauen ihre Kriegsflotten aus, helfen ebenso einfallsreichen wie skrupellosen Unternehmern, zu expandieren und neue Märkte zu erobern. Der Westen ist erwacht und lässt die Muskeln spielen. China dagegen liegt selbstzufrieden im Dämmerschlaf. Die Staatsführung wähnt die eigene Überlegenheit auf Ewigkeit gesichert, durch göttliches Gesetz sozusagen. Schließlich gilt der Kaiser im riesigen Reich zwischen den Wüsten der Gobi, den großen Flüssen und den Ausläufern des Himalaja als Sohn des Himmels, der kraft seiner Herkunft, seines Wissens und seiner Tugend über »die zivilisierte Welt« herrscht. Für die Chinesen ist dies die einzig denkbare Fortsetzung der kosmischen Ordnung, der Regeln im Kreislauf von Sonne, Mond und Sternen. Es ist diese Haltung, die Chinas Gesellschaftsordnung Anfang des 19. Jahrhunderts verkrusten lässt.

Hierarchie und Status sind mit ihren Über- und Unterordnungen unverrückbar festgelegt, im Verhältnis des Kaisers und seiner Beamtenschaft gegenüber dem einfachen Volk ebenso wie zwischen den Chinesen und anderen Völkern. Fremde werden nach einer Art Stufensystem bewertet, und zwar je nach ihrer »Kultiviertheit«, das heißt je nachdem, wie nahe sie mit der chinesischen Kultur in Berührung geraten sind. Es gibt »leicht minderwertige« Völker, die Nachbarn im südlichen Annam (dem heutigen Vietnam) etwa, die dem Kaiser permanent Tribut zollen. Und es gibt »schwer minderwertige« Völker, die »Barbaren« in fernen, westlichen Ländern, die dem Sohn des Himmels nur gelegentlich Tribut entrichten, ja entrichten dürfen. Gleichwertige unter dem Himmel gibt es nicht.

Ein solches Selbstverständnis macht es schwer, kommende Gefahren zu erkennen oder gar auf sie einzugehen. Kaiser Qianlong etwa stellt seinen Stolz – und seine himmelschreiende Ignoranz – noch 1793 zur Schau, als er einen Abgesandten des britischen Königs Georg III. auf dessen dringende

[067]

**›Die Briten - seetüchtig und teesüchtig‹**
Tee ist, neben Opium, der Exportschlager aus dem Reich der Mitte

Bitte um Aufnahme von Handelsbeziehungen kühl abblitzen lässt: ›*Wir besitzen alles. Ich lege nicht den geringsten Wert auf fremdländische Dinge und Erfindungen, ich brauche nichts, was in Ihrem Land hergestellt wird. Unsere Wege und Eure werden sich nie begegnen.*‹ Chinesische Häfen bleiben den Briten, abgesehen von einem kleinen »Schaufenster« bei Kanton (und dem portugiesischen Macau), auch in Zukunft verschlossen.

Aber die aggressiven Kaufleute aus dem Westen lassen nicht locker. Sie wollen die kostbare Seide und den köstlichen Tee importieren, Porzellan, Gewürze und exotische Früchte wie Rhabarber aus dem Fernen Osten heranschaffen. Sie sind fest entschlossen, neues Land zu besetzen und neue Märkte zu erschließen. Abenteurer stechen mit voll beladenen Schiffen in See, sie wittern den Reichtum dort draußen jenseits der europäischen Enge, und sicherheitshalber bestücken sie ihre stolzen Fregatten mit schweren Kanonen. Wenige Jahre nach der Abfuhr durch den Kaiser schlagen die britischen Kolonialherren erste Schneisen in die chinesische Isolation, keine fünfzig Jahre später erzwingen sie die vom Himmelssohn auf ewig abgelehnte Begegnung – mit Waffengewalt. Unter Blut und Tränen sollten sich die Eroberer für ihre Pläne schließlich auch den großen Preis am Yangtze sichern: Shanghai, die blühende »Stadt über dem Meer« mit damals schon über 300 000 Einwohnern.

**DIE KÜNFTIGE METROPOLE CHINAS** hat mehr als dubiose ausländische Förderer. In anderen Zeiten wären sie wohl als Drogenhändler festgenommen und ins Gefängnis geworfen worden. Doch Anfang des 19. Jahrhunderts gelten sie in Europa nur als Männer des Erfolgs, als Meister des Im- und Exports. Sie werden zu Helden eines Empire, das Kaufen und Verkaufen jedweder Güter als sein unveräußerliches Recht ansieht – auch das Dealen mit Rauschgift. Britische »Taipans« (Bosse), ebenso seetüchtige wie teesüchtige Kaufleute ohne jede Skrupel, machen in wenigen Jahren mehr als jeden fünften Chinesen drogenabhängig und erwerben so Macht und Millionen.

Wer auf die Idee mit dem Opiumhandel gekommen ist, lässt sich nicht mehr genau feststellen. Warum die westlichen Händler aber zu der Keule mit dem Rauschgift griffen, erscheint dagegen im Nachhinein klar: Sie haben nichts zu bieten und wollen kostbare Edelmetalle sparen. Das Wort des 1799 verstorbenen Kaisers QIANLONG, man könne mit dem Westen keine Waren tauschen, weil im Westen nichts Attraktives zu erwerben sei, gilt lange. Die Schiffe, die zwischen 1810 und 1820 im Auftrag der britischen »East India Company« gen China segeln, haben noch zu neunzig Prozent Silberbarren geladen. Im Nadelöhr Kanton löschen sie ihre kostbare Fracht. Doch dann arbeiten die ersten mit Opium als Zahlungsmittel für Tee, und der Markt für das weiße Pulver wächst so rasch, dass die Lieferanten kaum nachkommen. Schon im Jahr 1820 schaffen die britischen Händler 4500 Kisten der Droge ins Reich der Mitte, 1835 sind es 22 000 Kisten; Opium hat Silber als Hauptzahlungsmittel im Chinahandel abgelöst. Um 1840 kontrollieren zwei Freunde, die Herren JARDINE und MATHESON, mehr als ein Drittel des Rauschgifthandels.

Der Schotte WILLIAM JARDINE kommt von ganz unten, aus einer Welt des Fressens und Gefressenwerdens, vielleicht sind ihm deshalb Gewissensbisse zeitlebens fremd. Er ist neun, als sein Vater stirbt, die Mutter weiß nicht, wie sie ihn und und ein halbes Dutzend weiterer Kinder durchbringen soll. Ein Aufstieg in die Londoner Elite ist einem Schottenjungen schon unter günstigsten Bedingungen kaum möglich. Ein Hungerleider aus einem Kaff wie Dumfriesshire aber hat nur eine einzige Chance: Sie besteht in der Bereitschaft zu Abenteuer und Risiko, in harter Arbeit auf Schiffen fern der Heimat. JARDINE beginnt als Gehilfe eines Schiffsarztes; er gerät unter Piraten, wird in Südafrika gefangen genommen, segelt nach Indien – und träumt schon bald von China und dessen unermesslichen Reichtümern. Er hängt den Beruf des Arztgehilfen an den Nagel und gründet bei Kanton ein kleines Handelsbüro.

Seinen chinesischen Spitznamen »EISENKÖPFIGE RATTE« verdient sich der Schotte durch Härte gegenüber sich und anderen. »Eisenköpfig«, weil sich der Dickschädel nicht einmal umdreht, als ihm ein Chinese einen Eisenhaken über den Kopf schlägt, und so dem Angreifer seine Geringschätzung zeigt. »Ratte«, weil er seine Geschäfte so rücksichtslos und eiskalt abwickelt: In seinem Büro gibt es nur einen Stuhl, und auf dem sitzt er, kein Gegenüber soll nur auf die Idee kommen, er sei ihm gleichwertig. JARDINE ermuntert seine Freunde in der Heimat brieflich, doch mit ihm in den Opiumhandel einzusteigen, ›*die sicherste und unter uns Gentlemen würdigste Spekulation, die ich kenne*‹.

Viele zögern, JARDINE verachtet sie als Weichlinge. Dagegen ist JAMES MATHESON ein Mann nach seinem Geschmack. Auch er ein ehrgeiziger Abenteurer, auch er ein Schotte, wenngleich als Sohn eines Baronets aus ungleich feinerem Haus; MATHESON, der zunächst im Kontor seines Onkels im britisch-indischen Kalkutta arbeitet, beobachtet den Mohnanbau in den Kolonien bald mit Argusaugen. Er sieht das Potenzial der Ware im China-Handel, spricht mit der »East India Company« über mögliche Deals. Und er hat richtig vermutet: Die britische Handelsgesellschaft will sich die Hände nicht schmutzig machen, vergibt aber gern Lizenzen für das lukrative Geschäft mit dem Opium. MATHESON verliert keine Zeit, verschafft sich über Beziehungen einen dänischen Diplomatenpass und gründet in Kanton gemeinsam mit JARDINE, der sich mit Schiffen bestens auskennt, ein Handelsunternehmen. Die beiden Schotten statten ihre Boote umgehend mit Kanonen aus und schicken sie die chinesischen Küsten hinauf, von Provinz zu Provinz bis zum Yangtze-Delta. Bis nach Shanghai.

Der Schutz durch Waffen ist nötig, denn Chinas Kaiser hat den Opiumhandel inzwischen verboten. Das Rauschgift ist im Reich der Mitte zwar schon Jahrhunderte bekannt, aber es war – bis die Briten zu dealen begannen – allenfalls als Luxusdroge den Reichen vorbehalten. Beamte oder gar untere Schichten kamen kaum an Opium heran, dazu waren die Preise viel zu hoch. Das ändert sich, als große Mengen Rauschgift aus britischer Kolonialproduktion das Land förmlich überschwemmen. Wahrscheinlich ist nie zuvor – und sicher niemals später – eine große Nation einem Suchtmittel so grausam und gründlich erlegen. Selbst in Kleinstädten entlang der Küste und der großen Flüsse wird das öffentliche Leben durch den Schlafmohn gelähmt, Hunderttausende leben nur noch für die nächste Opiumpfeife. Viele wachen aus ihrem Rausch nicht mehr auf, so dass die Behörden mit dem Einsammeln der Leichen kaum nachkommen.

Es muss etwas geschehen. Im Jahr 1838 ernennt der neue Kaiser DAOGUANG einen Drogenbeauftragten mit weit reichenden Vollmachten. Dieser LIN ZEXU (Spitzname: »DER KLARE HIMMEL«) ist ein aufrechter und mutiger Mann. Er schließt Opiumhöhlen, sperrt Süchtige weg, lässt chinesische Zwischenhändler ins Gefängnis werfen. Nebenher sammelt er fieberhaft Informationen über die »fan kui«, die »fremden Teufel«, und lässt sich von einem britischen Missionsarzt Nachhilfe im Völkerrecht geben. So in seinen Kenntnissen gefestigt, schreibt er zwei verzweifelte, anklagende Briefe an Königin VICTORIA. ›*Wo ist Ihr Gewissen?*‹, fragt er im ersten Schreiben nach London. ›*Ich habe gehört, dass das Rauchen von Opium in Eurem Land streng verboten ist. Warum lasst Ihr es zu, dass der Stoff weitergegeben wird zum Schaden anderer Länder? Möget Ihr, oh Königin, Eure Schurken unter Kontrolle halten, bevor sie nach China kommen …*‹

Der Appell verhallt ungehört. Außenminister LORD HENRY PALMERSTON bemerkt zynisch, es könne nicht die Aufgabe der Briten sein, über die Moral der Chinesen zu wachen. Und Großhändler JARDINE macht in London Stimmung – er wird gegen Ende seines Lebens sogar ins britische Unterhaus gewählt. Massive Kritik am Vorgehen seiner Landsleute äußert als einer der wenigen der spätere Premier WILLIAM GLADSTONE: ›*Die Chinesen haben das Recht, uns wegen dieses schändlichen Handels von ihrer Küste zu verjagen.*‹ Zu den Anständigen gehört auch BENJAMIN DISRAELI, der spätere Chef der Konservativen und Schriftsteller, der den Erfolgskaufmann JARDINE in seinem Roman »Sybil« mit bitterem Spott überzieht: ›*Ein Schotte mit einer Million an Opiumgeldern in der Tasche, verdammt die Korruption und predigt allen Ernstes den freien Handel – was für ein schrecklicher Mensch!*‹

Immer mehr Tee und Porzellan werden gegen Opium gehandelt, der chinesische Staatshaushalt blutet durch die Minusgeschäfte fast völlig aus. Dieser Sumpf ist durch Appelle und Überzeugungskraft allein nicht trockenzulegen. Eine militärische Konfrontation lässt sich nicht vermeiden. Der verbitterte Sonderkommissar LIN beschließt, in Kanton hart durchzugreifen: Er lässt einige führende britische Kaufleute festsetzen und erzwingt so die Herausgabe der Opiumvorräte. Am 3. Juni 1839 versenken die Chinesen mehr als 20 000 Kisten mit Rauschgift im Meer – eine Provokation, auf die JARDINE, MATHESON & Co. nur gewartet haben. Die EISENKÖPFIGE RATTE schart in London eine mächtige Gruppe aus Fabrikanten, Bankern und Kaufleuten um sich. Mit seinen Millionen aus dem Opiumhandel kauft er sich sogar in ein Bankhaus ein, das Außenminister PALMERSTON gehört – aus dem Sympathisanten der Kaufleute in der Regierung wird so ein abhängiger Vasall. Im Foreign Office und in den Hinterzimmern der Parlamentarier wettert JARDINE gegen die ›*chinesische Demütigung*‹, belässt es aber nicht bei Wortgefechten: Er wirbt für eine waffenklirrende Strafaktion. In einem dem Außenministerium zugespielten Arbeitspapier (»Paper of Hints«) wird JARDINE konkret: Britische Kriegsschiffe sollten Chinas Südküste blockieren, zur Not auch den Peiho-Fluss nach Peking hinauffahren, um den Kaiser zu zwingen, die Hafenstädte für den ungehinderten Handel freizugeben, ›*sagen wir Amoy, Foochow, Ningbo und Shanghai*‹.

[068]

**›Ein Land verfällt der Droge‹**
Raucher in einer Opiumhöhle, Shanghai um 1905

Die Regierung stellt genau diesen Vorschlag im Parlament zur Abstimmung – und gewinnt sie mit einer Mehrheit von fünf Stimmen. Eine Flotte von 16 Kriegsschiffen, mit 4000 Soldaten und 540 schweren Kanonen an Bord, sticht in See. Wie eng Politik und Wirtschaft bei diesem Unternehmen verflochten sind, zeigt sich allein schon daran, dass die Opiumhändler JARDINE & MATHESON die Rechnung des Quartiermeisters in London übernehmen und firmeneigene Lotsen und Übersetzer zur Verfügung stellen. Der britische Befehlshaber wohnt nach seiner Ankunft in Kanton in MATHESONS Villa. Und als es Richtung Norden die Küsten hinaufgeht, hat die Kriegsmarine die Opiumschiffe mit den Rauschgiftkisten und großen Verkaufsplakaten im Schlepptau.

Der Kaiser hört von dem fernen Donnern – und fürchtet sich. Er ersetzt seinen harten Kommissar durch den Mandarin QISHAN, einen konzilianteren Verhandlungsführer, um so die fremden Teufel milde zu stimmen. Es wird ihm am Ende wenig nützen: Die Briten erzwingen in einem ersten Abkommen die Abtretung einer kleinen Insel im Südchinesischen Meer: Hongkong. Über diesem »Duftenden Hafen« weht von Januar 1841 an der Union Jack; eine kleine Gruppe von Marinesoldaten hat ihn gehisst, gefolgt von den Vertretern der »Hongs«, der britischen Handelshäuser, die sich in Hongkong niederlassen. Der Kaiser ist empört, als er von dem Abkommen hört. QISHAN wird seines Amtes enthoben und in Ketten nach Peking gebracht, wo man ihn wegen »unbefugten Abtretens von chinesischem Territorium« erst zum Tode verurteilt, dann begnadigt und schließlich an den Amur verbannt. Aber auch der britische Außenminister ist außer sich vor Zorn, er hat nicht mit dem kleinen Hongkong, sondern mit einer Eroberung in der Größenordnung Formosas gerechnet. Die »klägliche Ausbeute« lässt die britische Regierung nicht ruhen: Sie will, neben Hongkong, in weiteren attraktiveren Städten Handelsrechte – und den Bau eigener Siedlungen – erzwingen. Am 19. Juni 1842 landen die Kriegsschiffe Ihrer Majestät in Shanghai, das die Marine-Chefs erst wieder verlassen, als sie von den reichen Bürgern der Stadt drei Millionen Silberdollar erhalten haben. Dann zieht die Armada weiter den Yangtze hinunter und die Küste hinauf.

[069]

**›Eine Flotte gegen das Festland‹**
Seit Mitte des 18. Jahrhunderts ist Hongkong ein wichtiger Stützpunkt der Briten

**DIE NIEDERLAGE** der geschwächten Chinesen ist vollkommen. Am 29. August 1842 diktieren die Briten den Verlierern das Abkommen von Nanjing – mit äußerst harten Bedingungen, weshalb in Pekinger Geschichtsbüchern bis heute von »ungleichen Verträgen« die Rede ist. Der Kaiser verpflichtet sich, 21 Millionen Silberdollar »Kriegsreparationen« zu bezahlen. Außerdem müssen die Chinesen Hongkong »für ewig« an die Krone abtreten (1860 sollten ihnen die Briten noch die Halbinsel Kowloon und 1898 eine 99-jährige Pacht für die Festland-New Territories abpressen). Peking wird darüber hinaus zwangsverpflichtet, die Städte Amoy (heute: Xiamen), Ningbo, Foochow, Guangzhou (Kanton) endgültig und uneingeschränkt für den Außenhandel zu öffnen – ganz so, wie es Opiumhändler JARDINE in London gefordert hat. Und als Sahnestück der Eroberungen: Shanghai.

An dem Tag, als die Briten ihre Kanonen auf die »Stadt über dem Meer« richteten und kurz darauf die ersten Barbaren Shanghai betraten, geschieht der Legende nach Unheimliches: Nicht ein einziger Hund bellt. ›*Als sie den Geruch der Fremden aufgenommen hatten, legten die Tiere ihre Ohren an und trollten sich mit eingezogenem Schwanz*‹, heißt es in alten Dokumenten, die Shanghai-Chronistin STELLA DONG in ihrem Standardwerk »Aufstieg und Fall einer dekadenten Stadt« zitiert. ›*Einen ganzen Tag lang wagten sich die Hunde nicht von ihren Plätzen hinter den Öfen hervor*‹, heißt es weiter. Nicht nur für die Hunde sind die ›*fremden Teufel*‹, die ›*rothaarigen Barbaren*‹, erschreckende, bizarre Kreaturen. Die Haut der Briten erscheint den Shanghaier Bürgern ›*unnatürlich bleich*‹, ihre Behaarung am ganzen Körper einschließlich der buschigen Augenbrauen erinnert sie an ›*Mandschu-Ponys und Wasserbüffel*‹; sie stoßen nach Chinesen-Meinung seltsame, gutturale Laute aus, wenn sie sich verständigen, und sie kleiden sich selbst in der feuchtesten Hitze ›*absurd*‹. THOMAS TAYLOR MEADOWS, damals weit gereister Dolmetscher im Reich der Mitte, berichtet, dass dieses Kopfschütteln über die unzivilisierten Barbaren weit über Äußerlichkeiten hinausging. ›*Die Chinesen sind immer überrascht, wenn ich Familienbeziehungen erwähne. Sie glauben nicht, dass wir zwischen Ahnen, Vätern, Brüdern unterscheiden können, dass wir sogar über Vornamen verfügen. Sie halten uns für völlige Kulturbanausen, moralisch und intellektuell unterbelichtet.*‹

Dass Barbaren clevere Geschäftsleute sind, akzeptieren die Chinesen zähneknirschend – aber ohne große Hochachtung, denn nach konfuzianischem Selbstverständnis stehen Händler in der Berufshierarchie ziemlich weit unten. ›*Die Engländer bauen ihre ganze Existenz auf Geschäftemacherei*‹, hält ein kaiserlicher Beamter Mitte des 19. Jahrhunderts fest, und man meint, sein indigniertes Kopfschütteln vor sich zu sehen, als er fortfährt: ›*Höhere und niedere Klassen wetteifern um Profit. Engagiert sich dieses Land im Ausland, hört es zuallererst auf das Kommando der Kaufleute.*‹ Und dies galt offenbar nicht nur für die Briten. Anderen Kolonialmächten war nicht verborgen geblieben, was diese in China erreicht hatten. Der Entschluss von Amerikanern und Franzosen steht nach den Verträgen von Nanjing schnell fest: Wenn in Shanghai ausländische Handelsniederlassungen gegründet werden, müssen wir auch dabei sein. Dem geschwächten Kaiser bleibt kaum mehr übrig, als in diesem grausamen Spiel eine möglichst gute Figur zu machen. Die Folge: Auch Paris und Washington erhalten Rechte auf Konzessionen. Um diese neuerliche Demütigung seinen Bürgern zu erklären, verkauft sie der Sohn des Himmels als Strategie: Man müsse ›*den Barbaren Honig um den Bart streichen, um sie so von Schlimmerem abzuhalten*‹.

Doch was könnte für die alteingesessenen Shanghaier schlimmer gewesen sein als zu beobachten, wie die Briten ab 1843 nahe ihrer ummauerten Stadt auf einem halben Quadratkilometer Uferland ihre Handelshäuser und Privatvillen hochziehen? Was demütigender, als dass die Amerikaner am nördlichen Ufer des Suzhou-Flusses die Grundsteine für ihre Bauwerke legten und keine sechs Jahre später die Franzosen auf einem lang gezogenen Landstück von 0,6 Quadratkilometern, gleich außerhalb des nördlichen Stadttores, die ihren? Und mehr noch, denn die schlauen Barbaren begnügen sich nicht mit Handelsrechten. Sie lassen sich in Zusatzverträgen mit dem Kaiserreich auch ein in englischer Kurzform »extrality« genanntes, weit reichendes weiteres Privileg zusichern: die Exterritorialität. Im Klartext heißt das, dass die Ausländer nicht dem chinesischen Recht unterworfen sind. Sie können nur nach westlicher Gesetzsprechung und von einem ihrer eigenen Konsuln zur Verantwortung gezogen werden. Die Konzessionen der Ausländer sind mithin ein Staat im Staat, in dem China nicht mehr das Geringste zu sagen hat. Shanghais Teilung ist damit besiegelt. Diese neue Situation bringt nicht nur für den Opiumhandel handfeste Vorteile, sondern auch für Waffengeschäfte. Und in dieser Branche sind sowohl MONSIEUR DE MONTIGNY, erster französischer Konsul, wie sein amerikanischen Kollege GRISWOLD bald sehr aktiv. GRISWOLDS Nachfolger CUNNINGHAM spielt dann nach 1850 eine besonders dubiose Rolle, als er auf Anfrage aus Peking sowohl das Kaiserhaus militärisch berät als auch den aufständischen Taiping-Rebellen Waffen zukommen lässt.

Die Kolonialherren tun wieder einmal alles, um die Einheimischen gegeneinander auszuspielen. Und dazu ist reichliche Gelegenheit, denn das Land stürzt ins Chaos. China erlebt eine Revolution, die zu den merkwürdigsten, grausamsten und folgenschwersten der Geschichte gehört. Ausgelöst wird sie durch innerchinesische Verwerfungen: Mitte des 19. Jahrhunderts ist Chinas Bevölkerung enorm gewachsen, Ackerland so knapp geworden, dass die Bauern kaum noch von ihren Erträgen leben können. Die mandschurische QING-Dynastie wird nun überwiegend als Regierung von Außenseitern empfunden, die Mandschus aus dem Norden des Landes zählen nicht zum Mehrheitsvolk der Han. Der Sohn des Himmels hat die Dinge nicht mehr im Griff, und sein Versagen gegenüber den Barbaren ist dafür nur ein Symptom: Überschwemmungen zerstören weite Landesteile, weil die unterbezahlten, zunehmend korrupten Beamten das Geld für die Arbeiten an den Dämmen und Flussbetten in die eigene Tasche stecken. Die Staatsmacht bröckelt, ebenso das Gefühl der Solidarität. Jeder achtet nur noch auf den eigenen Vorteil – im Kampf um die Karriere.

Die einzige Chance für einen armen Bauernjungen wie HONG XIUQUAN scheint in dieser Situation nur darin zu bestehen, es durch gute Prüfungsergebnisse selbst zum Staatsdiener mit Anspruch auf »Sonderzahlungen« zu bringen. Doch der junge Mann aus Südchina, Dorfschullehrer, scheitert zweimal hintereinander bei den Examina im südchinesischen Guangzhou. Aus der Stadt bringt er nur deprimierende Nachrichten mit – und ein seltsames Buch, das ein britischer Missionar verteilen ließ: die Bibel mit ihren Geschichten von Gottvater und Gottessohn. Ein chinesischer Konvertit hat das Heilige Buch bei der Übersetzung auch inhaltlich »sinisiert«; von den Zehn Geboten etwa sind vier gestrichen, zum Beispiel das mit dem Ehebruch. Ein Gebot ist neu dazugekommen. Es heißt: Du sollst nicht Opium rauchen.

Als der Bauernsohn zum dritten Mal scheitert, suchen ihn im Fiebertraum Visionen heim. 1837 erzählt Hong den verblüfften Eltern und den Freunden, seine »schmutzigen Organe« seien über Nacht durch eine himmlische Kraft ausgewechselt worden. Er habe einen goldbärtigen Mann in einer drachenbestickten Robe getroffen, der sich Gottvater nannte und mit ihm wie mit Jesus vertrauliche Dinge besprach. Die Erleuchtung trifft ihn wie ein Blitz: Er selbst muss also auch ein Gottessohn sein, ein Berufener. HONG hält sich für auserkoren, den Chinesen das Christentum zu bringen, die Mandschu-Dynastie mit ihrem Konfuzianismus und all den taoistischen Göttern hinwegzufegen – mit Argumenten, aber auch mit dem Flammenschwert.

HONG muss eine charismatische Persönlichkeit gewesen sein, die Verzweiflung im Land so groß, dass die Menschen zu einem Strohhalm griffen: 1849 zählen die langhaarigen »Taiping«-Gotteskrieger schon 10 000 Mann, ein Jahr später beginnen sie ihren Marsch gen Norden. In den eroberten Gebieten rufen sie ein »Himmlisches Königreich des Höchsten Friedens« aus. Eigentum existiert fortan nicht mehr, Frauen sind gleichberechtigt, jeder soll gleich viel bekommen. Die Parallelen zur kommunistischen Revolution ein Jahrhundert später sind verblüffend: MAO wie HONG sind Bauernsöhne, ideologische wie militärische Führer, die von einer asketischen, egalitären »Glaubensgemeinschaft« in China träumen. Der »Lange Marsch« der Taiping-Krieger führt zunächst bis Nanjing, das auch erobert wird – und erreicht im Jahr 1853 Shanghai. Die »Gesellschaft der Kleinen Schwerter«, eine Abspaltung der HONG-Rebellen, übernimmt für 18 Monate die Macht im ummauerten chinesischen Teil der Hafenstadt.

Fasziniert und entsetzt zugleich versuchen Shanghais Ausländer vorsichtig Kontakt mit dem seltsamen Heiligen aufzunehmen. Sie suchen ihn in seinem Nanjinger Hauptquartier auf, bieten Hilfe an: Einerseits sind sie an einer weiteren Schwächung der Pekinger Macht interessiert, andererseits fürchten sie den Aufstieg eines neuen starken Mannes, der ihnen das Leben womöglich erschweren könnte. Aus Nanjing kommt nur eine Nachfrage, ob die Fremden wüssten, welche Größe und welches Gewicht Gott denn genau habe, welche Farbe sein Bart. HONG, so erfahren die Händler, habe sich daran gemacht, die Bibel umzuschreiben oder mindestens zu präzisieren. Der Erleuchtete zeigt sich bald nicht mehr außerhalb seines Palastes, tyrannisiert mit exzentrischen Wünschen seine 88 Konkubinen, während er von seinen Anhängern puritanische Lebensweise einfordert. Mit Sündern macht der selbst ernannte »Himmlische König« kurzen Prozess, lässt sie »zu Ehren Gottes« mit Öl übergießen und bei lebendigem Leib anzünden.

In Shanghais Chinesenstadt bricht die öffentliche Ordnung zusammen. Die Reichen zuerst, dann strömen fast alle, die etwas zu verlieren haben, in die ausländischen Konzessionen. Wieder machen die Kolonialherren riesige Profite: Sie ziehen im Sumpfgebiet neben ihren Villen schnell billige, zweistöckige Häuser hoch und verkaufen sie um ein Vielfaches an alle diejenigen, die verzweifelt Sicherheit suchen und sich die neuen Bleiben leisten können. Chinesische Gangster infiltrieren in der Chinatown die mächtige Bande der »Kleinen Schwerter«; bald prügeln sich die rivalisierenden Gangs. Es kommt auch zum Kampf um das Zollamt. Der britische Konsul nutzt das Machtvakuum, übernimmt zunächst kommissarisch, dann endgültig die gesamte Zollhoheit für Shanghai. Die Machtverteilung verschiebt sich immer mehr Richtung Ausländer, und die nutzen gegenüber Peking einmal mehr die Gunst der Stunde: Mit dem Vertrag von Tianjin 1858 und einer nachfolgenden Konvention von 1860 vergrößern sie ihre Konzessionen erheblich. Die Franzosen erweitern ihr Gebiet auf zehn Quadratkilometer, während die Engländer und Amerikaner 1863 ihre Gebiete noch mehr ausdehnen und zum International Settlement von 22 Quadratkilometern zusammenlegen.

Ein Jahr später endet der Taiping-Spuk. Die Armeen des Kaisers raufen sich zusammen und belagern das von Terror und Misswirtschaft geschwächte Nanjing. HONG XIUQUAN verliert jeden Realitätsbezug: Er beschäftigt sich nur noch mit einer Neufassung der Johannes-Offenbarung und rät seinen Anhängern und der unterdrückten, hungernden Stadtbevölkerung, doch »Manna zu essen«. Anfang Juni kommt der seltsame Prophet unter bis heute ungeklärten Umständen ums Leben, vielleicht wurde er vergiftet, vielleicht wählte er den Freitod. Aber das Wort »Tod« ist für seine Jünger immer noch tabu – sie glauben, er sei in den Himmel aufgefahren. Fast 20 Millionen Menschenleben dürfte die Taiping-Rebellion gekostet haben.

Sie wird 1864 auch in Shanghai – unter Beteiligung ausländischer Kräfte – niedergeschlagen. Die Chinesenstadt ist verarmt und nun zum reinen Anhängsel der prosperierenden internationalen Zonen geworden. Das ganze Yangtze-Tal bis hin zur Provinz Zhejiang ist verwüstet und wirtschaftlich zerstört. Im Chaos gibt es nur einen Gewinner: das neue Shanghai. Der zehnjährige Aufstand hat das Antlitz, ja den Charakter der »Stadt über dem Meer« für immer verändert. Mehr als 200 000 Newcomer, viele davon in Panik geflüchtete Chinesen, haben die Konzession zu der am schnellsten wachsenden Stadt der Welt gemacht, noch dynamischer als Chicago, San Francisco oder Melbourne, damals die anderen Boomstädte. Kein Wunder, dass die Quadratmeterpreise des hafennahen Sumpflands innerhalb eines Jahrzehnts von fünfzig britischen Pfund auf über 20 000 britische Pfund steigen.

[070]

**›Mal Ort der Zuflucht, mal Ort der Sehnsucht‹**
Immer wieder suchen Chinesen Schutz in der Französischen Konzession, so 1864, so 1937 nach der Eroberung durch die Japaner

Shanghais Sinn und Seele, seine Ratio und Religion heißen Geschäft, heißen Erfolg. Ob durch Grundstücksspekulation, Opiumhandel, Waffendeals, Seiden- und Porzellantransporte, bleibt sich gleich. Für Sentimentalitäten ist in dieser Welt kein Platz. ›*Es ist mein Ziel, in geringstmöglicher Zeit das größtmögliche Vermögen zu machen*‹, schreibt ein westlicher Taipan an seine britischen Freunde zu Hause. ›*In zwei bis höchstens drei Jahren sollte ich es geschafft haben, und dann werde ich abhauen. Was kümmert's mich, ob Shanghai dann von der Weltkarte verschwindet, ob es von Feuer verschlungen wird oder von einer Riesenwelle überspült?*‹

Zur Absicherung der Verhältnisse haben die cleveren Kapitalisten schon im Jahr 1854, noch inmitten der Taiping-Wirren, den Shanghai Municipal Council gegründet. Im SMC schließen sich die einflussreichsten Briten, Amerikaner und zunächst auch Franzosen zu einer Art Stadtregierung zusammen (1862 ziehen sich die Franzosen aus dem gemeinsamen Club zurück und verwalten ihre Konzession nur mehr über den von Paris entsandten Generalkonsul). Weder die Regierungen der westlichen Länder, ein internationales Gremium oder gar der chinesische Staat haben den SMC legitimiert. Das hindert den Rat nicht daran, Gesetze zu erlassen, Steuern zu erheben, eine eigene Polizei zu gründen und in einem »Mixed Court« Gericht zu sitzen. Der SMC setzt sich aus neun gewählten Mitgliedern zusammen. Wählen dürfen in diesem anarcho-plutokratischen System allerdings nur die über Grundbesitz ausgewiesenen ausländischen Geschäftsleute. Die Chinesen, die im International Settlement gegen Ende des 19. Jahrhunderts schon mehr als vier Fünftel der Bevölkerung stellen, haben keinen politischen Einfluss.

International gerät das Reich der Mitte mehr und mehr unter Druck – der große Rivale heißt Nippon, und er scheut auch nicht vor einem Waffengang zurück. Als China 1895 den Krieg gegen Japan verliert, kommen erstmals Japaner in größerer Zahl nach Shanghai. Sie helfen dabei, die Stadt zu einem Zentrum der internationalen Textilindustrie werden zu lassen. Vier Jahre später krallt sich der britische Löwe dann noch einmal ein kleines Stück aus dem chinesischen Drachen an der Huangpu-Mündung: Die Internationale Konzession erreicht ihre historisch größte Ausdehnung. Der Zuzug hält an, so dass Shanghai um die Jahrhundertwende zur Millionenstadt wird. Und rasch verbreitet sich auch der technische Fortschritt; nachdem ab 1864 Gaslaternen nachts die wichtigen Straßen erleuchten und die Sänften um 1875 den aus Japan importierten Rikschas weichen, nachdem das elektrische Licht (1882) und die ersten Kraftwagen ihren Siegeszug (1895) antreten, rattert bald auch die neue öffentliche Straßenbahn, eröffnet ein Lichtspielhaus (beides 1908). Weit strahlen die Lichter der Großstadt, weit lockt ihr Ruf. Abenteurer und Ausbeuter, Verfemte und Verschworene, Misanthropen und Missionare brechen aus ihren fernen Heimatländern auf und machen sich daran, die »hässliche Tochter« Chinas zu erobern. Oder ihr wenigstens lukrativ und lustvoll zu erliegen – und die Begehrte dabei nach eigenem Gutdünken zu verschönern.

**SHANGHAI ZU BEGINN** des 20. Jahrhunderts: Die Stadt ist zu Chinas führendem Industriezentrum avanciert und kann sich des sechstgrößten Hafens der Welt rühmen. Wie eine Krake umschlingen die westlichen Konzessionen inzwischen die alten Chinesenviertel, stellen es mit ihren Straßen und Bauwerken längst in den Schatten. ›*Jedes der drei Stadtgebiete hatte seinen typischen Charakter*‹, schreibt die Historikerin Brunhild Staiger in ihrem Artikel über die historische Perspektive Shanghais. ›*Das Chinesenviertel bestand aus einem Gewirr enger Gassen mit unzähligen kleinen Geschäften und buntem Treiben. Die Französische Konzession zeichnete sich durch schöne baumbestandene Straßen mit vielen großartigen Villen aus, während das International Settlement das eigentliche Geschäftsviertel mit Handels- und Bankhäusern, Büros und Verwaltungsgebäuden, Hotels und Clubs war.*‹ Zwischen Geschäfts- und Wohnviertel wird der Race Course angelegt (auf dem Gelände befindet sich heute der Volkspark). Die Pferderennen sind bald wichtigstes soziales Ereignis der Stadt – während der jeweils zehntägigen Frühlings- und Herbst-Wettbewerbe schließen sogar die Banken schon um elf Uhr morgens. Südlich des Race Course entsteht nach der Jahrhundertwende zu beiden Seiten der Fuzhou Lu Shanghais erstes großes Amüsierviertel. Es ist der Platz, an dem sich West-Menschen und Einheimische noch am ehesten treffen – außer ihren Hausbediensteten kennen Engländer und Franzosen kaum Chinesen. Sex führt zusammen, wenngleich nur flüchtig: Die Bordelle werden schnell so populär, dass ihre Besitzerinnen oft schon früh am Abend die roten Laternen abhängen müssen: Ein Zeichen dafür, dass alle »Sing-Song-Mädchen« oder »Salzwasserschwestern« beschäftigt sind.

Am spektakulärsten aber verändert sich Shanghai am Ufer des Huangpu. Schon Mitte des 19. Jahrhunderts haben die Ausländer das sumpfige Gelände aufgeschüttet, die ganze Gegend drainiert. Die Uferstraße Bund (nach der anglo-indischen

Bezeichnung für »Kaimauer«; der heutige offizielle Name lautet »Zhong Shan Lu«) wird bald zur neuen Prachtallee. Hier versuchen die Reichen der Reichsten mit architektonisch besonders eindrucksvollen Zeugnissen ihres Erfolgs zu konkurrieren. Vorneweg bei der »Million-Dollar-Skyline« ist der Shanghai Club. Mit dem extravaganten vierstöckigen Gebäude im klassizistischen Stil, den zwei Türmchen an den Ecken, den sechs ionischen Säulen an den oberen Stockwerken, dem vornehm schwarzen Foyer und der mahagonigetäfelten Bar von stolzen 33 Metern Rekordlänge schafft sich die gehobene Geschäftswelt in der Aufsteigerstadt einen adäquaten Platz, um sich selbst zu feiern. Nach einem ungeschriebenen Gesetz sind die Plätze an den großen Fenstern zum Fluss den Taipanen vorbehalten, die Aufsteiger müssen sich von der Raummitte Richtung Aussicht vorarbeiten.

Am Bund werden für die Filetstücke unter den Grundstücken bald höhere Quadratmeterpreise bezahlt als an New Yorks Fifth Avenue oder den Pariser Champs-Élysées. Es kommt nach den Worten des Hamburger Städtebau-Experten Hermann Muthesius Anfang des 20. Jahrhunderts zu einem »architektonischen Völkerwettstreit«. Auch die Deutschen sind beteiligt, durch den Club Concordia, den erfolgreiche Berliner »Shanghai-Gastarbeiter« beim Stararchitekten Heinrich Becker im Jahr 1904 in Auftrag gegeben haben. Das Bauwerk im Neo-Renaissance-Stil bleibt bis in die Zwanzigerjahre eines der eindrucksvollsten am Bund. Als die deutschen Geschäftsleute im Zuge des Ersten Weltkriegs Shanghai verlassen und nach der Niederlage nur in geringer Zahl zurückkommen, übernimmt die Bank of China den Club und lässt ihn später abreißen. Zu Gunsten eines Neubaus, noch schöner, noch kostbarer.

Shanghai hat das Fortschritts-Gen, trägt und tradiert es selbstbewusst. Die Stadt bleibt gegenüber den Wirren um sie herum fast immun, eine exterritoriale Insel im innerchinesischen Chaos. Der Boxeraufstand von 1900, bei Peking blutig niedergeschlagen, streift die Metropole am Huangpu nur. Der Tod der Kaiserinwitwe und das durch Geheimbünde mitverursachte Ende der Qing-Dynastie im Jahr 1911 stürzt China dann in den Bürgerkrieg, reißt es zunächst in Reiche von Warlords auseinander. Shanghai aber bleibt relativ stabil, eine Insel im Sturm. Nur die Mauer in der Chinatown wird geschleift und durch eine Ringstraße ersetzt, ansonsten heißt es weitgehend: business as usual. Und der Erste Weltkrieg gibt der Stadt als Industriestandort sogar noch einen weiteren Schub.

Doch so kosmopolitisch Shanghai auch auf den ersten und zweiten Blick wirkt, es ist eine überwiegend von Chinesen bewohnte Stadt. Eine Volkszählung von 1915 zeigt, dass nun eineinhalb Millionen Menschen in der Metropole leben: 638 920 im International Settlement, davon 620 401 Chinesen und 18 519 Ausländer; 149 000 in der Französischen Konzession, davon 146 595 Chinesen und 2405 Ausländer. Insgesamt machen die wirtschaftlich und politisch so dominierenden Langnasen also nicht einmal Eineinhalb Prozent der Gesamtbevölkerung aus, wobei die Japaner unter den Expatriates knapp vor den Briten und deutlich vor den Portugiesen, Amerikanern und Deutschen liegen. Die überwiegende Anzahl der Einheimischen führt dagegen ein untergeordnetes Leben in Armut. Nur gelegentlich kommen nun auch chinesische Unternehmer zum Zug. Sie gründen Fabriken für Mehl und Fischverarbeitung und sind so in Bereichen tätig, die von den fremden Herren links liegen gelassen werden. In Shanghai sind sie trotzdem Avantgarde: Vorreiter eines chinesischen Kapitalismus.

Die Leiden der ausgepressten Bevölkerung und die relative Freiheit der Meinungsäußerung schüren in Shanghai einen revolutionären Geist. Nicht mehr nur wirtschaftlich, auch intellektuell und kulturell wird die Stadt am Huangpu zu Chinas Metropole Nummer eins. 1905 gründet der Jesuit Ma Xiangbo die Fudan-Universität. 1907 ruft der deutsche Arzt Erich Paulun die »Deutsche Medizinhochschule für Chinesen« ins Leben, die fünf Jahre später um Fachbereiche für Maschinenbau und Elektrotechnik ergänzt wird; mit großzügiger finanzieller Hilfe von Carl Baedecker entsteht die Tongji-Universität. 1915 beginnt der Politiker und Publizist Chen Cuxiu mit der Herausgabe der Zeitschrift »Xin Qingnian« (»Neue Jugend«), die mit ihren liberalen, aufklärerischen Ideen zur führenden Zeitschrift des Landes wird. Auch unter den jungen Dichtern bricht Shanghai-Fieber aus: Wer in der Welt der Literatur gehört werden will, muss sich erst in dieser Stadt durchsetzen. Neue Maßstäbe setzen dabei vor allem Lu Xun (1881-1936) und Mao Dun (1896-1981), die beiden berühmtesten chinesischen Schriftsteller des frühen 20. Jahrhunderts. Sie schreiben in einfacher, aber poetischer Sprache über Alltagsprobleme. Sie versuchen, ihre Landsleute aufzurütteln, indem sie ihnen in Büchern wie »Die wahre Geschichte der Ah Q« beziehungsweise »Shanghai im Zwielicht« den Spiegel vorhalten.

Es sind turbulente Zeiten, in denen der Republikgründer SUN YAT-SEN von Shanghai aus versucht, die Revolution neu zu entfachen. Sein Triumph als Führer der Anti-Mandschu-Bewegung hat nur kurz gewährt, seine Stellung als provisorischer Präsident des neuen China kann der Intellektuelle nach seiner feierlichen Amtseinführung vom 1. Januar 1912 nur 44 Tage halten. Dann muss der Mann aus Kanton zu Gunsten des ehemaligen kaiserlichen MARSCHALL YUAN SHIKAI abtreten. Der neue starke Mann aus dem Norden lässt bald erkennen, dass er die Monarchie restaurieren und die Zeit zurückdrehen will. SUN YAT-SEN gründet die Guomindang (GMD), die »Nationale Volkspartei« und versucht, in Guangzhou eine Gegenregierung aufzubauen. Er scheitert und lässt sich 1918 schließlich mit seiner reichen jungen Frau in deren Familienvilla in der Französischen Konzession von Shanghai nieder. Dort schreibt er einige seiner wichtigsten politischen Schriften.

Es gibt ermutigende politische Zeichen, die immer lauter werden. Die Stimmen derer, die nicht zurückwollen in das imperiale Gestern, die zunehmende internationale Demütigungen unerträglich finden. Im Versailler Vertrag werden die ehemaligen deutschen Besitzungen einfach auf Japan übertragen, statt, wie versprochen, an China zurückgegeben. Das entfacht vor allem unter den jungen Intellektuellen Shanghais ein starkes Nationalbewusstsein. Radikalen Studenten gelingt es, sich mit den Arbeitern zusammenzuschließen und im Frühjahr 1919 machtvolle Streiks zu organisieren. An manchen Tagen wird das gesamte öffentliche Leben Shanghais lahm gelegt. SUN YAT-SEN sieht die Entwicklung mit Befriedigung – und klammheimlicher Sorge: Er will nicht, dass seine Guomindang von Kommunisten unterwandert, geschweige denn dominiert wird.

[071]

**›Ein ungleiches Paar für ein neues China‹**
Republikgründer Sun Yat-Sen mit seiner Geliebten Chingling, um 1920

Am 23. Juli 1921 gründet sich die Kommunistische Partei China in einem Hinterzimmer – ein von Moskau entsandter Komintern-Agent und zwölf Chinesen unterzeichnen die Papiere, schwören sich größte Geheimhaltung. Zu den im Untergrund agierenden und agitierenden einheimischen Delegierten gehört auch der Bauernsohn, Ex-Volksschullehrer und Jungrevolutionär MAO TSE-TUNG. Er zieht 1924 mit seiner ersten Frau YANG KAIHUI und den beiden Kleinkindern für einige Monate nach Shanghai. Die Guomindang und die KP haben nur eine Chance, China zu revolutionieren, wenn sie zusammenarbeiten – so jedenfalls sieht es Moskau, das finanziellen und organisatorischen Beistand verspricht, so akzeptiert es schließlich auch SUN YAT-SEN. Sun führt die Reorganisation seiner nationalistischen Partei mit Hilfe sowjetischer Berater durch; Chinas Kommunisten billigen auf Weisung Moskaus im Gegenzug, dass alle ihre Mitglieder gleichzeitig Mitglieder der GMD werden.

An Shanghais Universitäten erhält die gemeinsame Bewegung rasch großen Zulauf, hervorgerufen auch durch die Schikanen und die Brutalität britischer, vor allem aber japanischer Fabrikbesitzer. Arbeiter und Studenten gehen im Februar 1925 gemeinsam auf die Straße. »Nieder mit den Imperialisten!«, rufen die von der KP geschickt dirigierten Aufständischen, und »Shanghai den Shanghaiern!«. Die Polizeikräfte des Shanghai Municipal Council schlagen brutal zu, acht Demonstranten sterben am 30. Mai 1925, als ein Inspektor in die Menge schießen lässt. Zur ganz großen Konfrontation kommt es nicht, noch nicht – weil die Fremden, die schon 22 Kriegsschiffe im Hafen zusammengezogen haben, zurückzucken. Die Aufständischen erreichen den Rücktritt des Polizeipräsidenten, die Zollautonomie kommt wieder in heimische Hände, der »weiße« SMC muss künftig drei Sitze Chinesen einräumen.

Doch der plötzliche Tod von SUN YAT-SEN überschattet bald diese Verhandlungserfolge. Der konservative TSCHIANG KAI-SCHEK steigt zum mächtigsten Guomindang-Führer auf. Dem ebenso ehrgeizigen wie skrupellosen General ist die von Moskau verordnete Einheitsfront mit den Kommunisten von Anfang an ein Dorn im Auge. Er will die Macht nicht teilen. Aber noch braucht er die ungeliebten »Roten«. 1926 bricht TSCHIANG mit 100 000 kommunistischen und nationalistischen Soldaten Richtung Norden auf, um die mächtigen Warlords zu vertreiben und China wieder zu einen. Die »linken« Kräfte schickt der General Richtung Wuhan, mit seinen eigenen Einheiten zieht er Richtung Nanjing und Shanghai. TSCHIANG spielt falsch. Er plant in einer Aktion von »atemberaubender Perfidie« (so der Historiker JONATHAN SPENCE) die Ausschaltung seines kommunistischen Bündnispartners. Dafür ist er auch bereit, einen Pakt mit dem Teufel einzugehen – mit dem fremden ebenso wie mit dem einheimischen.

Die internationale Shanghaier Geschäftswelt hat den gemeinsamen Vormarsch der GMD-KP-Truppen zunächst mit großer Nervosität beobachtet. Doch als sie über Mittelsmänner beim starken Mann TSCHIANG vorfühlen lässt, ob man sich in Shanghai nicht irgendwie arrangieren könne, stößt sie auf erstaunliches Entgegenkommen: Die Ausländer erfahren, dass es dem General vor allem darum geht, mit der in Shanghai so besonders erstarkten KP aufzuräumen. Die Ausländer erkennen: Da ist einer bereit zu dealen – es bedarf nur eines einheimischen Mittelsmanns. Der ist schon bald gefunden, denn TSCHIANG und die Kolonialherren haben einen gemeinsamen Geschäftspartner, dem sie beide trotz dessen negativen Rufs vertrauen: DU YUESHENG, den Chef der »Grünen Bande«.

In der Welt der chinesischen Triaden von Shanghai gab es auch andere führende Gangster. POCKENNARBEN-HUANG beispielsweise, der in der Französischen Konzession von den Ausländern zwischenzeitlich sogar zu ihrem Polizei- und Geheimdienstchef gemacht wurde. Oder CASSA MIA, die »Königin der nächtlichen Erde«, die bis in die frühen Morgenstunden von ihren Leuten Exkremente aller Art vom Boden kratzen, zusammensammeln und anliefern ließ, um sie anschließend den Kolonialisten als Düngemittel zu verkaufen – und als Zugabe noch ab und zu ein paar Edelprostituierte. Der unumstrittene Boss aller Gangsterbosse, ein Shanghaier AL CAPONE hoch zwei, aber ist ab Mitte der Zwanzigerjahre DU YUESHENG. Von denen, die es wagen, wird er wegen seiner eigenwilligen Gesichtszüge auch »RIESENOHR-DU« genannt.

Er ist ein Aufsteiger aus den Slums, aus Pudong, der (damals noch) falschen Seite der Stadt. Der Sohn eines stets verschuldeten kleinen Reishändlers wurde bereits mit neun Jahren zum Waisen. Er schlug sich danach auf der Straße durch, stahl, erpresste, handelte mit Mädchen. Wer sich ihm in den Weg stellte, wurde weggeschossen. Bald schon kontrollierte DU YUESHENG einen Großteil des Opiumhandels in der Stadt – eine Position, die ihm Einfluss gab auch bei den weißen Herren, von denen sich mancher der Sucht hingibt. Auf Umwegen beschaffte sich der Gangsterboss einen portugiesischen Pass, schlug so die Ausländer mit ihren eigenen Mitteln: Er ist nun Teil der Exterritorialen und den chinesischen Gesetzen nicht mehr unterworfen. Viel zu befürchten hat er ohnehin nicht: Die drei existierenden Polizeiverwaltungen konkurrieren miteinander, und alle hat er mit eigenen Leuten unterwandert. RIESENOHR-DU ist mit anderen Worten genau der »respektable« Mann, der heimlich und ganz im Sinn der Shanghaier Bourgeoisie dem General TSCHIANG bei seinem Kampf gegen die Kommunisten helfen kann. Über den Gangster lässt man dem General Hunderte Lastwagen und Zigtausende Gewehre zukommen – und nimmt ihm das Versprechen ab, den Ausländern kein Haar zu krümmen, die Fabriken in Frieden zu lassen.

Die Ereignisse überstürzen sich. Ende Februar 1927 stürmen Zehntausende demonstrierende Arbeiter Polizeiwachen und Telefonzentralen, am 22. März gerät dann praktisch die ganze Stadt unter die Kontrolle der von der KP koordinierten Streikenden. TSCHIANG KAI-SCHEK trifft noch am selben Tag auf einem Kanonenboot in Shanghai ein. Britische und japanische Streitkräfte liefern ihm hundert »Streikführer« aus, die umgehend hingerichtet werden. Danach durchkämmen TSCHIANGS Eliteeinheiten die Stadt, systematisch, Straße für Straße. Das große Schlachten wird später als »Shanghai-Massaker« in die Geschichtsbücher eingehen. ›*Köpfe rollten durch die Rinnen der Straßen wie reife Pflaumen*‹, berichtet angewidert ein Zeitzeuge. Wer nicht enthauptet wird, fällt im Maschinengewehrfeuer.

Und um Munition zu sparen, schaufeln die grausamen TSCHIANG-Schergen am Südbahnhof aneinandergefesselte Streikführer in die Kessel der Lokomotiven. Zwischen 5000 und 10 000 Menschen sterben, die meisten von ihnen Kommunisten. Die KP ist entscheidend dezimiert, der Parteiführer (und spätere Ministerpräsident) TSCHOU EN-LAI bläst zum Rückzug. MAO fasst in diesen Tagen wohl endgültig den Entschluss, seine große Revolution nicht in den Städten, sondern vom weiten Bauernland aus zu starten. Da TSCHIANG KAI-SCHEK beim Shanghai-Massaker auch gleich so gut wie alle linksgerichteten Guomindang-Mitglieder niedermetzeln ließ, ist sein Führungsanspruch innerhalb der Bewegung nun absolut. Er kann ihm hörige GMD-Vertreter in die Verwaltung Shanghais einschleusen, auch die Interessenvertretung der chinesischen Geschäftsleute Shanghais in seine Macht bringen. Gangster RIESENOHR-DU profitiert ebenfalls von der Nacht der langen Messer: Generalissimo TSCHIANG KAI-SCHEK persönlich dekoriert ihn in Nanjing zum »Generalmajor« der Nationalisten. Es ist ein Posten ohne reale Macht, aber er bringt etwas mit sich, das dem Mann aus der Unterwelt am meisten gefehlt hat: Anerkennung und Respektabilität.

[072]

**›Sehnsucht nach der großen Welt‹**
Generalissimo Tschiang Kai-schek, 1928

Der Gangster diversifiziert seine Geschäfte. Er kauft sich in Banken ein, stiftet Hospitäler und Schulen, wird zum lokalen Chef des Roten Kreuzes – ein Mafioso als guter Mensch von Shanghai. Nur gelegentlich fällt DU YUESHENG noch in alte Gewohnheiten zurück, vor allem dann, wenn er sich verraten fühlt, wie im Fall des französischen Generalkonsuls KOECHLIN. Den lädt er unter einem Vorwand zum Essen ein, der Gast stirbt anschließend qualvoll an einer Magenvergiftung. Nach diesem Vorfall will RIESENOHR-DU keiner mehr ans Leder; im Gegenteil, er wird einige Jahre später sogar feierlich zum Mitglied des Councils der Französischen Konzession ernannt.

Shanghais AL CAPONE hat es in die höchsten Kreise geschafft. Die Geschäfte blühen nun künftig noch ungestörter, noch harmonischer. Auch weil DU YUESHENG in seinem Apartmenthaus mit dem vielsagenden Namen »The Happy Times« anderen Polit- und Wirtschaftsgrößen unentgeltlich exquisite Dienstleistungen bietet: Die hübschesten Chinesinnen der Stadt lesen den Gästen jeden Wunsch von den Lippen ab, Champagner und Whisky sind vom Feinsten und fließen reichlich auf Kosten des Hauses. Für Schöngeister gibt es auch eine exquisite Bibliothek; Du selbst dürfte sie nicht genutzt haben, er drehte lieber endlose Kreise durch die Straßen, im Fond seiner schwarzen, schusssicheren Limousine und beschützt von Bodyguards: Der Mann aus den Slums hat erst mit vierzig Jahren etwas Lesen und Schreiben gelernt.

**SHANGHAI ENDE DER ZWANZIGERJAHRE**, Anfang der Dreißiger – das ist eine Stadt wie ein Vulkan, brodelnd und faszinierend, bedrohlich und vielversprechend, bigott und vergnügungssüchtig. Keiner anderen Metropole vergleichbar in ihrem permanenten Rausch, von Berlin vielleicht abgesehen; eine Kapitalisten-Kapitale mit geradezu unmenschlichen Gegensätzen von Arm und Reich, ein Eldorado der Dekadenz, zerfressen von Sucht und Gier, zügellos in dem ewigen Versprechen der Sünde. Abgrundtief abstoßend und alarmierend anziehend zugleich: ›*Die Blinden und die Leprösen, die den Kern der Menge bildeten, waren in eine Art Trance verfallen, schenkten weder ihm noch seinen Fäusten Aufmerksamkeit. Sie tanzten schreiend um die Frau herum, drückten ihre Stümpfe und schwärenden Wunden in ihr Gesicht, zerrten an ihrem Kleid, während Fliegenschwärme die nasenlosen Gesichter der Syphilitischen umschwirrten … Mit einem Schwall von Flüchen schaffte er es endlich, die Frau aus dem Würgegriff der Bettler zu befreien. Sie zogen sich zurück, eine Alte machte einen Scherz, der auf den hinteren Rängen mit Gelächter quittiert wurde. Und dann stand Frank mit der weißen Frau plötzlich alleine da. ›Alles in Ordnung?‹, fragte er, noch ganz atemlos. ›Ja, vielen Dank‹, antwortete sie. ›Es war ziemlich amüsant – vom Gestank einmal abgesehen.*‹ So beschreibt VICKI BAUM damals eine Szene am Bund, Shanghais Boulevard der Dämmerung, wo sich die unterschiedlichen Welten treffen.

Die Arbeiter schuften in fensterlosen Fabriken, oft 14 Stunden am Tag, oft ohne jede Sicherheitsvorkehrung. Auch Kinder stehen an den Maschinen. Manche sterben an giftigen Dämpfen, andere raffen Krankheiten und Erschöpfung dahin. Die durchschnittliche Lebenserwartung chinesischer Fabrikarbeiter liegt bei 27 Jahren. Die Bosse,

[073]

**›Gefangen in der Shanghaier Halbwelt‹**
Unbekannte Kurtisane, 1930

die am Bund entlang flanieren, verfügen dagegen über jeden damals erdenklichen Luxus. Sie trinken importierten Portwein und speisen Foie gras. Sie halten sich spottbillige Haushaltshilfen, Köchinnen, Gärtner und natürlich Nannys, die ihre Kinder beim Spaziergang über den Prachtboulevard begleiten. Manchmal haben sie sogar einige Kulis (abgeleitet vom chinesischen »kwei-li«, »bittere Stärke«), die sie in Rikschas zur Uferstraße kutschieren. Und wer keinen eigenen Fahrer hat, findet unterwegs schnell einen: Kulis gibt es im Überangebot, 150 000-fache Shanghaier »Verfügungsmasse« in Strohsandalen, zerschlissenen blauen Hosen, alten grauen Jacketts über ausgemergelten Körpern – eher als Ware betrachtet denn als Mensch. Das Betreten des Parks nahe dem Bund ist ihnen nachweislich untersagt, ob es freilich das provozierende Schild jemals gegeben hat, von dem Gerüchte wissen wollen, lässt sich nicht belegen: »Für Hunde und Chinesen verboten!«

In jenen Shanghaier Glanz-und-Elend-Tagen strömen auch wohlhabende amerikanische und europäische Touristen, deren Luxusliner im Hafen liegen, in die Stadt, in der alles geht. Gemeinsam mit Matrosen aus aller Welt blicken sie den seidenbekleideten reichen Chinesinnen-Großmüttern nach, mit ihren zur »Schönheit« verkrüppelten Füßen. Und bestaunen die mittellosen russischen Emigranten, oft zaristische Adlige oder Künstler, die nach den Wirren der Revolution hierher geflohen sind und jetzt am Bund Musik machen. Oder sie spielen Schach gegen die anderen Einwanderer, die jetzt aus Deutschland nach Shanghai fliehen: Vorhut der Nazi-Vertriebenen, deren Anzahl bis Ende der Dreißigerjahre auf 20 000 anschwellen sollte. Bei all ihren Nachteilen hat die Stadt auch einen großen Vorteil: Hier fragt keiner nach Pässen, und insofern ist sie ein ideales Refugium – ein Hafen der letzten Hoffnung. Allerdings am ehesten für diejenigen, die über handwerkliche oder sonstige »verwertbare« Kenntnisse verfügen. Künstler haben es dagegen schwer. Besonders unter den russischen Poeten und Prinzessinnen ist die Arbeitslosenrate sehr hoch und die Verzweiflung bald besonders groß. Von den schicken jungen Damen landen viele in dubiosen Tanz-Etablissements oder gar gleich in den »Weißlilien-Häusern« der Avenue Joffre. 668 Bordelle zählt Shanghai zu Beginn der Dreißigerjahre, was die Metropole zu der mit der größten Dirnen-Dichte der Welt macht: In Berlin prostituiert sich damals jede 580ste Frau, in Chicago eine von 430 – und in Shanghai eine von 130. Der Umfang des Drogenkonsums wird wegen der großen Dunkelziffer nie genau erfasst. Vermutlich ist die Metropole am Huangpu damals auch die Welthauptstadt der Abhängigen. Zeitweise können die Süchtigen unter 1500 Opiumhöhlen wählen, den so genannten Schwalbennestern.

Die meisten Shanghaier Hotels haben einen Room Service, der die Opiumpfeife fast so selbstverständlich aufs Zimmer bringt wie den Nachmittagstee mit Keksen. Erstes Haus am Platz ist damals das Astor, in seiner ursprünglichen Form schon 1846 eingeweiht und nach seinem ersten Eigentümer, einem amerikanischen Schiffskapitän, »Richard Hotel« genannt. 1879 nächtigte hier der amerikanische Ex-Präsident Ulysses S. Grant, 1920 der britische Philosoph Bertrand Russell, 1922 das Wissenschafts-Genie Albert Einstein. Das Astor

[074]

**›Room Service für Süchtige‹**
Einige Hotels bringen auf Wunsch sogar Opiumpfeifen aufs Zimmer

kann sich brüsten, Vorreiter bei einigen Shanghaier Errungenschaften gewesen zu sein: Es ist das erste Hotel mit elektrischem Licht, später sogar mit Telefon, und in seinem von Pfauenornamenten gekrönten Ballsaal fällt eine soziale Schranke: Zum ersten Mal werden dort auch Frauen zu gesellschaftlichen Ereignissen zugelassen. Aber internationale First Class ist in den Zwanzigerjahren dann doch etwas anderes: Es mangelt Shanghai an einer wirklichen Luxusherberge, an einem Weltklassehotel. ELLICE VICTOR SASSOON ist der Visionär mit der Phantasie – und dem nötigen Kleingeld –, das zu ändern: Neben dem Gangster DU YUESHENG avanciert er zum zweiten großen Paten des modernen Shanghai.

VICTOR SASSOON, der Erbe eines riesigen Vermögens, das seine jüdischen Vorfahren aus Bagdad vor allem mit dem Opiumhandel gemacht haben, will der Stadt seinen Stempel aufdrücken und das »beste Hotel östlich von Suez« bauen. Als Standort kommt natürlich nur der Bund in Frage: Dort, wo die großen Banken und Handelshäuser versuchen, einander auszustechen, wo immer neue Kuppeln und Türmchen, Säulen und Skulpturen, Balkone und Baldachine entstehen – allesamt Manifestionen der Macht in Marmor und Stein, in Stilen vom Maurischen über die italienische Neorenaissance bis zum Chicago-Tudor. SASSOON muss ein merkwürdiger Kauz gewesen sein. Ein Spieler, ein skrupelloser Drogenhändler und gleichzeitig ein tiefgläubiger Jude, der jeden Sabbat zur Synagoge ging. Einer, der es verstand, sich selbstironisch über die eigene Person wie über seine Glaubensbrüder lustig zu machen. ›*There is only one race greater than the Jews, and that's the Derby*‹, soll er einmal gesagt haben. Wenn er nicht an seine geliebten Pferde (und natürlich an die nächsten auf sie abzuschließenden Wetten) dachte, dann entwarf er große Pläne zur Zukunft Shanghais: ›*Es wird mit meiner Hilfe zur wunderbarsten Stadt der Welt werden.*‹

Eine besondere intellektuelle Leuchte war der Mann wohl nicht, anders als SIR ELLIS KADOORIE, der andere sephardische Jude, der als Geschäftsmann in Shanghai reüssiert (und später unter anderem das Astor erworben hat). »SIR VICTOR«, wie sich SASSOON später gern nennen lässt, schafft mit Ach und Krach ein Geschichtsstudium am Trinity College in Cambridge, kämpft dann im Ersten Weltkrieg für die Engländer. Nach einem Unfall zieht er das linke Bein so nach, dass er nur mit einem Stock gehen kann. Er schwankt zwischen Großmannssucht und Realitätssinn. Ist davon überzeugt, dass er jede ins Bett kriegen kann. Aber er ist sich gleichzeitig sicher, dass ihn Frauen ausschließlich wegen seines Vermögens lieben könnten. VICTOR SASSOON schwört deshalb vor Freunden, ein Leben lang nicht zu heiraten (und bricht seinen Eid erst kurz vor seinem Tod, als er 75-jährig seine Krankenschwester ehelicht). Schon vor seiner Ankunft in der Stadt im Jahr 1923 hat der weitsichtige Tycoon begonnen, wichtige Grundstücke aufzukaufen – das Sahnestück war ein riesiger unbebauter Block zwischen Nanjing Lu und Jinkee Lu, direkt am Bund. Ideal für ein Hotel, für ein Wahrzeichen, mit dem man der Stadt seinen Stempel aufdrücken kann.

Im Jahr 1926 beginnen die Arbeiten am Cathay, dem späteren (und heutigen) Peace-Hotel. SASSOON lässt die für damalige Verhältnisse ungeheure Summe von einer Million Pfund verbauen. Dafür entsteht ein Haus mit jedem erdenklichen Luxus: in allen Zimmern Klimaanlage; in den marmornen Bädern aus Silberhähnen fließendes Mineralwasser, gepumpt aus den Bubbling Well Springs im Shanghaier Vorland; an den Wänden rote Samt- und Seiden-Tapeten, eingebaute Mahagonischränke. SASSOON selbst sichert sich die Penthouse-Suite mit einem Rundblick über die ganze Stadt. Ganz mit dunkler Eiche getäfelt sind die Privaträume, die Lampen kommen aus der Werkstatt des französischen Künstlers RENÉ LALIQUE und sind kostbar verziert mit Blattgold. Von seinem riesigen Balkon aus muss sich SIR VICTOR wie der König der Welt vorkommen: unter ihm die brodelnde Stadt, über ihm nur der Himmel – und diese merkwürdige grüne Pyramide auf dem Dach, die ihm die Architekten aufgeschwatzt haben.

[075]

**›Schillerndes Wahrzeichen‹**
Das alte Cathay, die legendäre Luxusherberge am Bund

214 luxuriöse Zimmer und neun Suiten sind für die Öffentlichkeit Ende 1929 bezugsfertig: Selbst die verwöhntesten europäischen und amerikanischen Gäste kommen aus dem Staunen kaum heraus. Bewundern die Art-déco-Lobby mit ihrem rosagrauen Marmor und den dunklen Säulen, die gewölbte Eingangshalle im Tudor-Stil, von der aus eine glamouröse Hollywood-Treppe aus schwarzem Marmor zum vergitterten Aufzug führt. 24 Stunden am Tag warten an der Rezeption unter einem in Kupferfarbe bemalten Kronleuchter zwei chinesische Butler im Frack und gestreiften Hosen auf Anweisungen der Gäste. Zimmermädchen, Kellner und das Personal in der Wäscherei sind zu jeder Tages- und Nachtzeit per Haustelefon zu erreichen – eine damals im Westen noch kaum verbreitete Extravaganz. Prominenz aus aller Welt weiß Anfang der Dreißigerjahre den Shanghai-Chic des Cathay zu schätzen: CHARLIE CHAPLIN und GEORGE BERNARD SHAW, MARY PICKFORD, DOUGLAS FAIRBANKS und JOSEF VON STERNBERG tragen sich in die Gästeliste ein. Der Dramatiker EUGENE O'NEILL hat im Hotel einen seiner berüchtigten Nervenzusammenbrüche. Der Satiriker NOEL COWARD lauscht jede Nacht den neuesten Schlagern, die auf dem Grammophon erklingen – Teil seiner in 27 Koffern mitgebrachten »Grundausstattung auf Reisen« –, und verblüfft das Personal durch seine Schminkleidenschaft. Und so ganz nebenbei schreibt er in seiner Suite »Private Lifes« (»Intimitäten«), eine seiner amüsantesten Komödien.

Das Cathay wird zum Symbol von Shanghai, jedenfalls des glücklichen, sorgenfreien, dekadenten Teils der geteilten Stadt. Wer hier Rang und Namen hat, ist auf jeden Fall schon einmal durch die Drehtür des Hotels gekommen, heißt bald ein geflügeltes Wort. Und der Hausherr tut alles, um die Berühmtheit seines Hauses durch ganz besondere Partys zu steigern. Nichts kann SIR VICTOR dabei exzentrisch oder frivol genug sein. Beim »Fest der Wracks« müssen die Gäste in Kostümen kommen, die eine Flucht vom sinkenden Schiff in Rettungsboote symbolisieren sollen. Der erste Preis geht an ein Paar, das sich in einen durchsichtigen Duschvorhang drapiert. Bei der »Zirkus-Party« verkleiden sich die Reichen und Schönen auf Befehl des Bosses als Clowns und Jongleure, Akrobaten und Dompteure, die Frauen in knappsten Kleidchen als Nummerngirls. Die Rolle des Zirkusdirektors bleibt natürlich SIR VICTOR vorbehalten: Er hat sich einen violetten Umhang umgeworfen, trägt Zylinder und schwingt die Peitsche. Besonders gern zieht er den hübschen Mädchen eins über, bis die kreischend davonlaufen – und oft, bei entsprechender Vergütung, den Weg ins Penthouse finden. Der Tycoon hat zu diesem Zweck im Büro einen Extrafonds eingerichtet: *›Für vorübergehende Mitglieder des Sekretärinnen-Pools‹*, wie es so schön heißt.

Unter die reichen Geschäftsleute und ausländischen Literaten mischen sich im Cathay auch allerlei dubiose Gestalten. In der Horse-and-Hounds-Hotelbar im Erdgeschoss, im Grill Room wie in dem mit Hyazinthendüften besprühten Restaurant Rooftop beansprucht neben VICTOR SASSOON auch RIESENOHR-DU seinen Stammplatz, der andere Pate Shanghais. Die Gesellschaft akzeptiert beide; den Gangster, weil er großzügig für kommunale Einrichtungen stiftet, den Geschäftsmann, weil er es nicht nötig hat, für kommunale Einrichtungen zu stiften.

Gelegentlich allerdings machen sich auch im weltoffenen Shanghai Dünkel gegenüber Männern nahöstlicher Herkunft bemerkbar. Als VICTOR SASSOON bei einer Tischgesellschaft in seinem Hotel einmal erwähnt, dass er England als seine eigentliche Heimat betrachte, räuspern sich einige britische Lords vernehmlich. Und bei der anschließenden Diskussion, mit welchem Verkehrsmittel man London denn am besten erreiche, sagt einer der Snobs zum Hotelier: *›Sie haben's ja leicht. Sie reiten da vermutlich immer mit dem Kamel ein.‹* Statt eines Kommentars schüttet SIR VICTOR der Gattin des Unverschämten eine halbe Flasche Champagner in den Ausschnitt. SASSOON reagiert auch bei anderen Kränkungen empfindlich. Er bestraft den vornehmen britischen Nachtclub, der ihm – vielleicht wegen seiner Herkunft, vielleicht aber auch nur wirklich ausgebucht – einmal keinen Tisch reservieren will, durch den Bau eines eigenen, noch luxuriöseren Clubs nebenan.

**DIE GROSSE DEPRESSION** hat in Shanghai, anders als in den USA und Europa, kaum Spuren hinterlassen. Bedrohlicher sind da die Aggressionsgelüste der Japaner. 1932 nutzt Tokio antijapanische Demonstrationen in Shanghai als Vorwand, um den Zhapei-Distrikt zu bombardieren; Hunderte sterben, mehr als 10 000 Zivilisten fliehen in die Sicherheit des Internationalen Settlements. Aber noch bis 1937 genießen die Reichen das ›*beste Hotel und das aufregendste Nachtleben der Welt*‹ (so ein damaliger Reiseführer) relativ ungestört, durch letzte Fluchtbewegungen weißrussischer und jüdischer Emigranten erfahren Theater, Bars, Kaffeehäuser sogar noch einmal einen Aufschwung. Shanghai gehört nun zu den fünf größten Städten, in China ist die Metropole am Huangpu sowieso unbestritten die Nummer eins. Quaker-Cornflakes, Colgate-Zahnpasta und Kodak-Filme werden in chinesischen Zeitschriften beworben; westliche Blätter zeigen chinesische Modelle in eng anliegenden, hochgeschlitzten »Qipaos«, jenen ganz besonderen chinesischen Seidenkleidern. Zwei Kulturen prallen aufeinander – und leben nebeneinander her. ›*Anders als in New York oder Berlin gibt es hier höchstens oberflächliche Vermischungen*‹, beobachtet der amerikanische Journalist und spätere MAO-Biograf EDGAR SNOW. ›*Letztlich bleiben etwa Briten immer zu hundert Prozent Briten.*‹

Der Krieg macht dann aber auch vor Shanghai nicht mehr Halt. Am 2. August 1937 stampft unter Führung des Kreuzers »Idzumo« eine Flottille von 26 Kriegsschiffen den Huangpu hinunter zum Bund. Die Gäste in der Rooftop-Bar des Luxushotels halten den Atem an. Noch fällt kein Schuss. Aber zwei Tage später bricht die Welt des alten Shanghai schon endgültig zusammen. Kampfflugzeuge kreisen über der Uferpromenade, unmittelbar vor dem Hoteleingang des Cathay wie auf dem Dach des gegenüberliegenden Palace – ein vier Sterne Hotel, gleichfalls im SASSOON-Besitz – schlagen Bomben ein. Augenzeugen erinnern sich später, wie sie in Trance durch die Stadt getaumelt sind, überall zerfetzte Körper und Blut. 729 Menschen sterben. Feuerwehr und Rettungskräfte kommen nicht. Und dann detoniert noch ein Sprengsatz aus der Luft: 1011 Tote – die höchste Zahl an zivilen Opfern, die bis dahin wohl jemals ein Kriegstag gefordert hat.

Es sind wohl keine japanischen Bomben, die Teile Shanghais in Schutt und Asche legen. Haben die Piloten des Generalissimo TSCHIANG in Panik gehandelt oder war der verheerende Angriff gar grausames Kalkül, um westliche Mächte nach diesem »Blutigen Sonntag« zum Eingreifen an nationalchinesischer Seite zu bewegen? Die Historiker sind bis heute uneins. Fest steht, dass viele Ausländer in den nachfolgenden Wochen und Monaten der Stadt fluchtartig den Rücken kehren – Shanghai ist ihnen keine Herzensangelegenheit, sie kämpfen nicht, wie sie das vielleicht für eine Kolonie getan hätten. Die Japaner besetzen Chinatown, und mit ihrem stillschweigenden Einverständnis übernehmen Verbrecherbanden 1939 ganze Viertel in den »Badlands« des westlichen Distrikts. Der Hafen muss nun öfter gesperrt werden. Die Wirtschaftsleistung sinkt binnen eines Jahres um 55 Prozent.

Kurz nach Pearl Harbor im Herbst 1941 übernehmen die Japaner auch die Internationale Niederlassung. Britische und amerikanische Militärs ziehen sich zurück. Die zwischenzeitliche Allianz von Guomindang und Kommunisten im Kampf gegen die Japaner ist zerbrochen, der Konflikt stürzt weite Teile Chinas in einen Bürgerkrieg. Im Januar 1943 verzichten die ausländischen Mächte endgültig auf ihre Ansprüche in der Stadt am Huangpu, treten sie formal an TSCHIANG KAI-SCHEK ab. Damit hat die genau hundert Jahre dauernde Vorherrschaft der Westler über Shanghai ein Ende – freilich auf eine andere Weise, als sich die Chinesen das gedacht und gewünscht haben.

Die Japaner führen in der Stadt ein viel grausameres Regiment, als es Briten, Franzosen und Amerikaner je taten. Dafür ist die Zeit ihrer Fremdherrschaft entscheidend kürzer. Anfang September haben sich die Machtverhältnisse im Zweiten Weltkrieg so verschoben, dass die Soldaten des Tenno abziehen müssen. Die Guomindang verschmilzt die chinesische Stadt mit den früheren Konzessionen zu einer Metropole der »Nationalen Administration«. TSCHIANG KAI-SCHEK nutzt die Gewinne aus den wieder eröffneten Fabriken zur Finanzierung des Bürgerkriegs gegen seinen erstarkten Rivalen MAO TSE-TUNG. In der Stadt herrschen Willkür und Grausamkeit, die Inflationsrate steigt auf 1100 Prozent. Auch SIR VICTOR SASSOON erkennt, dass es Zeit ist zu gehen. Er verkauft 1948 seine Shanghaier Besitzungen einschließlich des Cathay zu niedrigen Preisen und verlegt seinen Firmensitz auf die Bahamas. ›*China hat mich aufgegeben, und ich habe China aufgegeben*‹, sagt der Geschäftsmann zum Abschied. Er stirbt 13 Jahre später in Nassau, als Multimillionär, aber mit gebrochenem Herzen – ohne sein Cathay noch einmal wiedergesehen zu haben. Auch der andere Pate des alten Shanghai hat da der Stadt am Huangpu längst den Rücken gekehrt. Gangster Du Yuesheng flieht 1949 nach Hongkong, wo er sich weiterhin als Wohltäter hervortut und 1951 als hoch angesehener Mann zu Grabe getragen wird.

In ihren letzten Tagen haben die Nationalisten Shanghai noch einmal mit Mord und Totschlag überzogen. Als Tschiang Kai-schek und seine verbliebenen Getreuen merken, dass die Niederlage nicht mehr abzuwenden ist und sich Hunderttausende ob der Korruption und Grausamkeit von der Guomindang abwenden und den Kommunisten anschließen, packen sich die Verlierer im Februar 1949 die Taschen voller Gold und fliehen übers Meer nach Formosa.

Am 24. Mai 1949 ziehen die Truppen Maos dann endgültig in die Stadt ein – meist Bauernjungen, die eine Metropole wie Shanghai, dekadent, mächtig, grandios selbst in ihrem Niedergang, noch nie gesehen haben. Schwer zu ermessen, wer in diesen ersten Stunden der Machtübernahme wen misstrauischer beäugte: die Eroberer die Eroberten, oder umgekehrt. Die kommunistischen Krieger weigern sich, von den neugierigen, aber durchaus positiv gestimmten Städtern auch nur eine Tasse Tee anzunehmen; sie tragen in ihren zerschlissenen Rucksäcken nur ihre eisernen Vorräte: Wasser und etwas getrocknete Heuschrecken. Fürchten sie, vergiftet zu werden? Genieren sie sich angesichts ihrer Lumpenkleidung vor den Seidengewandeten? Und die weltläufigen Shanghai-Großstädter auf der anderen Seite: Belächeln sie insgeheim die schlichten Dörfler, hoffen sie oder überwiegt die Angst vor der Rache an der »dekadenten Bourgeoisie«?

Innerhalb weniger Monate verwandelt sich die Sodom-Town in eine Sozialisten-Stadt: Die neuen Herren setzen ihre Kampagne gegen »alte Übel und Ausschweifungen« mit brutaler Härte durch: Alle Opiumhöhlen, Bordelle und Bars werden geschlossen, die Prostituierten in Heime zur Umerziehung eingewiesen, die Süchtigen auf Entzug gesetzt; Unternehmer werden enteignet, Fabrikbesitzer vor Gericht gestellt und oft ohne auch nur eine Chance auf Verteidigung zum Tode verurteilt. Die Pferderennbahn wird geschleift und das Grundstück zum »Volkspark« umgewandelt. Immerhin erhalten auch die Ärmsten eine medizinische Versorgung und selbst die Kinder der Rikschafahrer und Hilfsarbeiter in den Fabriken erhalten eine, ideologisch freilich stark gefärbte, Schulbildung.

Die koloniale Erinnerung wird getilgt: Straßen werden umbenannt, die Avenue Joffe wird zur Huaihai Lu, die Bubbling Well Road zur Nanjing Lu. Die Prachtbauten am Bund werden neuen Bestimmungen übergeben: In das Gebäude der Hongkong und Shanghai Bank zieht die kommunistische Stadtverwaltung ein, aus dem Cathay wird erst

[076]

**›Tyrannen im Namen des Tenno‹**
Japanische Soldaten nach der Einnahme Shanghais im November des Jahres 1937

ein Parteigebäude, dann ab 1953 das Kader-Hotel Heping (Peace). ›*Die Welt hat das alte Shanghai verloren, und niemand sollte denken, das sei ein Grund zur Klage*‹, schreibt, revolutionsbegeistert wie manche im Westen, der Journalist RALPH SHAW. ›*Denn das alte Shanghai war ein grausamer Beleg für Unterdrückung und unverzeihliche Diskriminierung. Die Geister der Fremden, die den Ort ihrer Schande verlassen haben, werden wohl immer noch auf der Suche nach den verschwundenen Ausschweifungen sein. Vergeblich, denn die marxistisch-leninistischen Vorstellungen des Vorsitzenden Mao haben all das schwirrende Geflüster von hundert Jahren Sinnlichkeit hinweggefegt.*‹

Es gibt Gründe zum Optimismus, zunächst auch in der Literaten-Szene: Der Schriftsteller MAO DUN, der in seinem Roman »Shanghai im Zwielicht« wie kein anderer die dekadente Stadt porträtiert hat und dann vor den Bürgerkriegswirren 1938 nach Hongkong geflohen ist, kehrt nach Ausrufung der Volksrepublik zurück – und wird in Peking Kulturminister. Doch er schreibt zeitlebens nicht mehr, und wäre ohne seine persönliche Freundschaft mit dem Großen Vorsitzenden während der diversen Kampagnen der Partei sicher ins Gefängnis gewandert. (Sein Shanghai-Roman, einst von der Guomindang verboten, kommt während der Kulturrevolution wieder auf den Index.) Die Partei ermuntert in der »Hundert-Blumen-Bewegung« 1954 Intellektuelle zur Kritik an der Partei, doch sperrt die Kritiker anschließend als »Rechtsabweichler« ins Gefängnis oder verbannt sie zur Zwangsarbeit aufs Land. MAOS »Großer Sprung nach vorn« von 1957/58 stürzt mit seiner irrwitzigen Politik, selbst das Kochgeschirr zu Stahlklumpen zu schmelzen und die Äcker brachliegen zu lassen, das ganze Land in Armut und Chaos. Die Kulturrevolution von 1966 bis 1976 zerstört dann weitere Millionen Leben und schafft eine »verlorene Generation«.

Shanghai spielt dabei für die Partei eine besondere Rolle. Zum einen misstrauen die meist bäuerlichen Spitzengenossen, vom weiten Land geprägt, der ehemals so dekadenten, kapitalistischen Großstadt. Zum anderen unterhält MAO TSE-TUNG selbst besondere Beziehungen zu dieser Metropole, nicht nur, weil er hier die KP mit ins Leben gerufen hat. Einer seiner engsten Mitarbeiter ist der linksradikale ZHANG CHUNQIAO, der seit Anfang der Sechzigerjahre als Chef der Propagandaabteilung im Shanghaier Parteikomitee wirkt. Und in der Stadt hat auch seine Frau und politische Weggefährtin TSCHIANG TSCHING, die sich hier als Schauspielerin nach oben arbeitete, beste Kontakte.

Als nach dem katastrophalen Scheitern des »Großen Sprungs« gemäßigtere Wirtschaftsfachleute die Oberhand gewinnen, ist Chefideologe MAO in Peking politisch fast schon kaltgestellt. Er muss das Feuer der Revolution neue entfachen, nur so kann er sich Hoffnungen machen, seine innenpolitische Opposition auszuschalten. Als Ausgangspunkt für seinen Gegenangriff wählt er Shanghai. Er lässt über seinen Propagandistenfreund einen scharfen, literarisch verbrämten Angriff gegen seine Hauptkritiker um Marschall PENG DEHUAI veröffentlichen. Und dann begibt sich MAO in der zweiten Novemberhälfte 1965 selbst nach Shanghai, kommandiert und kontrolliert bald eine Viererbande, zu der neben seiner Frau und dem Shanghaier Propagandachef auch noch der Arbeiterführer WANG HONGWEN und der Intellektuelle YAO WENYUAN gehören.

Bis Januar 1967 tobt in Shanghai ein Machtkampf, denn die vier sind durchaus nicht unumstritten. Doch dann gelingt es ihnen, das örtliche Partei-Establishment auszuschalten und den Bürgermeister aus dem Amt zu jagen. Shanghai soll nun nach dem Modell der Pariser Volkskommune regiert werden. Die Kulturrevolutionäre lassen Hunderttausende protestierend durch die Straßen ziehen, Fabriken und Universitäten schließen; aufgestachelte Schüler schließen sich mit der Ermunterung durch die Viererbande zu Roten Garden zusammen, zwingen ihre Lehrer, Schandkappen überzuziehen und wegen »Revisionismus« Selbstkritik zu üben. Der Bund wird zwischenzeitlich zum Revolutions-Boulevard umgetauft; erst im letzten Moment wird ein revolutionärer Plan aufgegeben, das Rot der Verkehrsampeln zum Zeichen der Vorfahrt zu machen.

Auch bei der zwangsweisen Umsiedlung der Stadtjugend aufs Land tut sich Shanghai besonders hervor: 1,5 Millionen Kinder zwischen zwölf und 18 müssen in die entlegensten Provinzen zur Feldarbeit, um ohne intellektuelle Verweichlichung zu lernen, wie die Bauern zu leben – ein Anteil, der mit über 15 Prozent fast doppelt so hoch ist wie der in Peking. So viel maoistisches Revolutionsfieber bleibt nicht ohne Belohnung: Auf dem IX. Parteitag im Jahr 1969 rücken die Viererbanditen ZHANG, WEN und YAO ins Politbüro auf – keine anderen Regionalpolitiker üben während der Kulturrevolution dort auch nur einen annähernd so großen Einfluss aus wie die Shanghaier. Von einer in Peking tonangebenden »Shanghai-Clique« sollte man auch später, und viel positiver, sprechen. Spitzenpolitiker mit Shanghai-Hintergrund wie der langjährige Bürgermeister und Ministerpräsident ZHU RONGJI gewinnen entscheidenden Einfluss – diesmal als wirtschaftliche Reformer. Regierungspositionen in der Stadt am Huangpu werden zum Karrieresprungbrett: Auch der langjährige Parteivorsitzende und Staatspräsident JIANG ZEMIN hat seiner Karriere als Shanghai-Bürgermeister (1987–1988) einen ordentlichen Schub gegeben.

Doch in den Kulturrevolutionszeiten ist an derlei Reformen noch nicht zu denken. Der Kampf gegen »Grundübel wie altes Denken, alte Sitte und Gebräuche sowie die alte Kultur« führt im ganzen Land zur Zerstörung unersetzlicher Schätze. Auch in Shanghai werden Gebäude wie die Sankt-Ignazius-Kathedrale und die Orthodoxe Russische Kirche entweiht und teilweise zerstört. Nur weil Premier TSCHOU EN-LAI einige historische Gebäude und kulturelle Kostbarkeiten unter seinen besonderen Schutz stellt, können sie gerettet werden. Obwohl die schlimmsten Übergriffe um 1970 nachlassen, markiert erst der Tod des Großen Vorsitzenden im September 1976 die Wende. Die anschließende Verhaftung der Viererbande sowie deren Prozess in Peking 1980 beschließen die furchtbaren Tage der Großen Proletarischen Kulturrevolution. MAO-Witwe TSCHIANG zeigt auch vor Gericht wenig Reue und beschimpft die Juristen als Konterrevolutionäre; sie sei MAO TSE-TUNGS »Hund« gewesen, sagt sie – nicht ohne Berechtigung –, und habe ›*nur denjenigen gebissen, den mir der Vorsitzende zu beißen auftrug*‹. Zunächst zum Tode verurteilt, dann zu einer lebenslangen Haftstrafe begnadigt, begeht TSCHIANG 1991 in ihrer Zelle Selbstmord.

Shanghai macht in den Achtzigerjahren Fortschritte, aber verglichen mit anderen Küstenstädten wie Kanton, Shenzhen oder Wenzhou ist es für die Stadt am Huangpu ein eher lahmes Jahrzehnt. Chinas entscheidender Politiker und Wirtschaftsreformer DENG XIAOPING hat die Stadt auch nach der von ihm propagierten Öffnung des Landes lange links liegen gelassen, ob aus Ärger über die maoistische Radikalität in Kulturrevolutionszeiten (unter denen auch er, zweimal verfemt und verspottet, schlimm leiden musste), ob aus Misstrauen, dass die Dinge in der einst so manchesterkapitalistischen Metropole zu schnell aus dem Ruder und in Richtung westliche Demokratie laufen könnten – keiner weiß es. Aber fest steht, dass DENG seine zögerliche Haltung bereut hat. Im Jahr 1990 erlaubt er die Gründung der Sonderwirtschaftszone Pudong, die schnell zu einem großen Erfolg wird. Ab 1993 wächst Shanghais Wirtschaft im Durchschnitt um 17 Prozent – und wird dank westlicher Investitionen und chinesischem Fleiß wieder zu einem glänzenden Aushängeschild, gemeinsam mit dem Hongkong gegenüberliegenden Shenzhen die reichste Stadt der Volksrepublik China.

Und weit mehr noch: Shanghai ist dabei, wieder zu einer kosmopolitischen Metropole zu werden. Zu einer Welt-Hauptstadt, die ›*es mit dem Chic von Paris, der Sophistication von New York und den futuristischen Schwingungen von Tokio aufnimmt*‹, wie das sonst so nüchterne britische Wochenmagazin »Economist« im März 2005 euphorisch schreibt.

[077]

›**Chinese Glamour in the Thirties**‹
Ball in der französischen Konzession

**»SENTIMENTAL JOURNEY« ZUERST**, dann den Klassiker »Slow boat to China«, und als Zugabe »As time goes by«. Die Klänge vibrieren an der holzgetäfelten Bar im Erdgeschoss des Peace Hotels am Bund, stürmischer Beifall brandet auf. *›Er spielt sich heute wieder mal die Seele aus dem Leib‹*, sagt MA YONGZHANG, der Public-Relations-Chef des Peace, und zeigt, stolz, als präsentiere er seinen eigenen Vater, auf den Trompeter ZHOU WANRONG. Der alte Herr ist Chef der hauseigenen Rentnerband, die sich ganz dem Jazz verschrieben hat und allabendlich, auch in diesem Frühjahr 2005, in- und ausländische Fans begeistert.

HERR MA, Anfang sechzig, von den vielen Banketten verwöhnt und mit Bauchansatz versehen, sowie HERR ZHOU, Mitte achtzig, immer noch durchtrainiert und atemstark, sind für das Peace heute das, was FRAU ROSENROT fürs Paramount ist: nicht wegzudenkende Originale, Markenzeichen. Zeitzeugen der Historie dieser geschichtsträchtigen Paläste, und damit Zeitzeugen auch der Geschichte Shanghais. »Ich erinnere mich noch, als das Peace Hotel eröffnet wurde, es war das Tagesgespräch in der Stadt«, erzählt der rüstige alte Musiker beim Gespräch nach einem seiner nächtlichen Auftritte mit den anderen Veteranen von der Old Jazz Band. *›Ich schlich mich dann später mehrfach ins Peace und versuchte, bei den Live-Konzerten im Foyer zu lauschen.‹* Sorgfältig, als handle es sich um ein kostbares Schmuckstück, packt HERR ZHOU sein Instrument ein. Musik ist sein Leben, war es immer »trotz der langen Unterbrechungen wegen der politischen Lage«. Damals, Ende der Dreißiger, war er zum Cheftrompeter des Shanghaier Symphonie-Orchesters ernannt worden. Die Berufung erfüllt ihn heute noch so mit Stolz, dass er sich den Titel auf seine Visitenkarte drucken ließ. Die Demütigungen der kommunistischen Zeit, das Verbot, westliche Musik zu spielen, einschließlich der erzwungenen Selbstkritik, die Selbstmorde der Kollegen, die damit nicht fertig wurden, die eigenen Zweifel, ob sich das Weiterleben lohnt – ZHOU WANRONG will das alles verdrängen. *›Mit zunehmendem Alter wird es leichter, die Erinnerungen vernebeln sich ohnehin‹*, sagt er, als sei das Vergessen die größte aller denkbaren Gnaden.

Der Musiker hofft, dass es ein selektives Vergessen gibt, eines, das ihm die Erinnerung an Triumphe belässt. Beispielsweise das kostbare Gedenken an den ersten Auftritt nach den schlimmen Jahren der Kulturrevolution, nach der verlorenen Zeit. Damals, 1980, als die Alten ihre Combo wieder formieren durften, Jazz ohne die von den Kommunisten zerstörten Noten zelebrierten und zum ersten Mal im Peace Hotel stürmisch umjubelt wurden – war ihr Durchschnittsalter weit über sechzig Jahre. Nicht missen mag ZHOU auch die weiteren Erfolge seiner Band bei Reisen nach Taiwan und Hongkong, nach Japan und in die USA. Die Honorare von diesen Auslandstrips und die Anteile an den im Peace-Hotel verkauften CDs haben ZHOU und seinen Freunden ein zumindest finanziell ziemlich sorgenfreies Leben ermöglicht. »Aber Geld ist zweitrangig«, sagt er, der mit seiner Truppe noch immer sieben Tage die Woche in der Teak-Bar am Ende der Lobby auftritt. *›Wichtig ist, dass wir unsere Freiheiten behalten. Und dass dieses Hotel nicht in falsche Hände gerät. Das Peace ist mir ans Herz gewachsen, es darf nicht abgerissen oder kaputtsaniert werden.‹* Dann versucht der alte Herr, dem so oft – *›grundlos‹*, wie er sagt – die Tränen in die Augen treten, wenn er von früher spricht, noch einen Scherz. Er nutzt einen der wenigen Sätze in Englisch, die ihm problemlos über die Lippen gehen. *›Hat das nicht schon John Lennon gefordert: Give Peace a chance?‹*

Wenn der Nachtclub Paramount in Shanghais Stadtzentrum für taiwanische und westliche Investoren ein Magnet, ein Objekt ihrer Investitions-Begierden war, so galt das für das Hotel am Bund stets noch viel mehr: ideale Lage, großartige Bausubstanz mit viel Art déco, und in Sachen Nostalgie ohnehin ein Traum. Als PR-Chef MA YONGZHANG vor über vierzig Jahren als Liftboy in den Dienst des Peace trat, waren Kontakte mit dem Westen nicht nur verpönt, sondern lebensgefährlich. Das Hotel blieb, bis auf den einen oder anderen hohen Gast aus sozialistischen Bruderländern, den Parteikadern vorbehalten. Genosse MA bediente im

Aufzug die Kurbel, dann fuhr man handgetrieben nach oben; sein Freund und späterer langjähriger Peace-Generaldirektor YE GUANCHEN fing fast zeitgleich als Kellner an, ebenfalls noch ein Teenager. Die Herren MA und YE sahen zu Beginn der Kulturrevolution alle Parteigrößen im Hotel – und fanden sie, was ihren eigenen Lebensstil betraf, weit weniger frugal als jenen, den sie von anderen forderten. Vor allem die Mitglieder der Viererbande fielen durch fast schon dekadente Extravaganzen auf. »Der Arbeiterführer WANG HUNGWEN war oft im Peace-Restaurant und ließ sich feinstes Krebsfleisch servieren«, sagt MA. Er glaubt, dass die Parteibonzen, die im Hotel den Beschluss fassten, den alten Jiangan-Tempel zu zerstören und die Xujiahui-Kathedrale in eine Müllhalde zu verwandeln, durchaus Freude am Prunk hatten. ›*Jedenfalls wurden im Hotel keine Lalique-Lampe und kein Art-déco-Möbelstück zerstört*‹, erzählt der heutige Peace-PR-Chef. ›*Und doch kontrollierte nicht einmal die Viererbande alles, wir hatten mit der Verteidigung des Hotels vor den Roten Garden viel zu tun, verbarrikadierten mehrfach die Eingänge, um die Anstürmenden aufzuhalten.*‹

Das Peace hat fast unbeschadet überlebt. Doch als in den späten Achtzigerjahren die Hiltons, die Sheratons und Shangri-Las einen neuen Hotelstandard nach Shanghai brachten, kam die alte Dame am Bund außer Tritt: Die Internationalen ließen die kommunistische Schöne old-fashioned und runzlig erscheinen. Das Hotel am Bund ist in Sachen Modernität bis heute nicht auf dem neuesten Stand. Öffentlichkeitsarbeiter MA, immerhin nicht mehr im dunkelblauen MAO-Drillich, sondern im grauen Anzug, führt durch das Hotel mit seinen »renovierten« Zimmern. Dunkle Gänge, schwere, muffige Teppiche; verstaubte Topfpflanzen und ewigsozialistischer Bohnerwachsgeruch. Da hilft auch nicht viel, dass in den riesigen Räumen die Bäder erneuert und die alten TV-Geräte durch moderne Fernseher ersetzt wurden.

Von seinen Bossen der staatlichen Jinjiang-Hotelgruppe erfährt Herr MA wenig. ›*Haben Sie gehört, ob das Peace-Hotel von einer westlichen Gruppe übernommen wird?*‹, fragt der alte Parteigenosse, eher neugierig denn besorgt. Angst um seinen Job hat er nicht mehr, in zwei Jahren steht ohnehin die Pensionierung an. Und zwischenzeitlich kann er immer noch gut an Trinkgeldern von Hochzeitsveranstaltern dazuverdienen, die den prächtigen Ballsaal im obersten Stockwerk reservieren oder Bankette im Rooftop-Restaurant mit seiner Traumaussicht auf Bund und Pudong veranstalten wollen. ›*Aber das Hotel ist eben doch ein Stück von mir.*‹

Angeblich sind die Mandarin Oriental-Gruppe und ein französisches Hotelunternehmen am Peace interessiert. ›*Man müsste es allerdings weitgehend entkernen, um den Sozialismus heraus- und eine internationale Klientel hineinzukriegen*‹, sagt ein wenig herzlos der Repräsentant einer westlichen Kette, der den Bau am Bund gut kennt. Allerdings hat die Stadt das Gebäude mit der grünen Pyramide inzwischen als Kulturgut geschützt, eine Totalrenovierung wäre sicherlich mit teuren Auflagen verbunden. Jazztrompeter ZHOU WANRONG und Altkommunist MA YONGZHANG graut es vor einer Übernahme durch einen westlichen Konzern – sie schwärmen von dem, was sie ›*die einmalige Atmosphäre dieses Platzes*‹ nennen. ›*Nicht noch eine revolutionäre Umwälzung in unserem Leben*‹, sagen sie wie aus einem Mund.

Letztlich aber – und das wissen die beiden aus Erfahrung – ist alles eine Frage des Geldes, auch für das »berühmteste Hotel der Welt« (so lautet die Peace-Eigenwerbung): ob Bewahrung, Anpassung, Neuorientierung. Ob ein leichtes Lifting oder eine Rundum-Schönheitsoperation. Einer der populärsten Shanghaier Songs aus den späten Zwanzigerjahren, den Peace-Gründerzeiten, hat das Lebensgefühl dieser Stadt vielleicht am besten auf den Punkt gebracht. Illusionslos und merkantil, zynisch und zukunftsorientiert heißt es da von einer Schönen und ihren Ansichten über die Verehrer: ›*Me no worry, me no care. Me going to marry a millionaire. And if he die, me no cry. Me going to marry another guy.*‹

PEACE HOTEL

Kapitel 2

# SHANGHAI HEUTE | DIE SUPERLATIVSÜCHTIGE

*›Chic wie Paris, sophisticated wie New York, futuristisch wie Tokio‹*

· WO, BITTE, GEHTS ZUM KOMMUNISMUS? · TREFFPUNKT »BAR ROUGE« · DAS HÖCHSTE HOTEL, DAS GRÖSSTE RIESENRAD, DER BEDEUTENDSTE HAFEN · ALTE PRACHT AM NEUEN BUND · DIE KINDER VON MAO, MCDONALD'S UND MICROSOFT · HERR WANG WEISS ALLES ÜBER JUDEN · DER WANDERARBEITER-BLUES · EIN MULTIMILLIONÄR LÄSST DAS US-KAPITOL NACHBAUEN · KLEINE KAISER · DEN VOGEL AM SCHWANZ PACKEN ·

*Die Vergangenheit ist immer in mir und ich vergesse nichts von damals … ›Wollen Sie jetzt endlich gestehen?‹, fragten sie. Ich war zu müde, um zu antworten, zu krank, mir war schon alles gleichgültig. Die Wärter schauten über meine Schultern auf das kleine Fenster hinter dem Gefangenenstuhl. Dann standen sie auf. ›Schafft sie weg hier, endlich weg! Lasst diese Frau mit dem Granitschädel Gott sehen!‹, schrie der eine. Es klingt merkwürdig, dass ein Wärter in einem kommunistischen Gefängnis von Gott sprach, aber der Mann gebrauchte ein Zitat von Mao. Politische Indoktrination und Arbeitslager sollten Maos Meinung nach die hauptsächlichen Mittel sein, das Denken von oppositionellen Intellektuellen zu ändern: Die Partei wollte ihre Feinde lieber reformieren, als sie auslöschen. Der Große Vorsitzende fügte aber hinzu: ›Wenn einige dennoch Gott sehen wollen mit ihren Granitschädeln, macht es auch nichts aus.‹*

Nien Cheng
*(Aus:* »Leben und Tod in Shanghai«, *1986)*

宜家家居
IKEA

[081 – 083]

**›Gipfel der Baukunst‹**
Der Jinmao-Tower in Pudong ist Shanghais höchstes Gebäude

[084 & 085]

**›Hoch, höher, Hyatt‹**
Das Grand Hyatt in Pudong ist das höchste Hotel der Welt

震旦
AURORA

[086 & 087]

**›Im Gleichklang Richtung Himmel‹**
Neue Wolkenkratzer mit genormten Apartments in einem Shanghaier Vorort

[088]

**›Mit dem Hammer für den Fortschritt‹**
Tagelöhner am Bund auf der Suche nach einem Job für die nächsten 24 Stunden

[089 & 090]

**›Was zählt, sind Karriere und Konsum‹**
Werbeplakat in der Geschäftsstraße Huahei; neues Kaufhaus Yaohan

[091]

**›Die Milch des**
Riesige Cola-
Werbegag

[092]

**›Der Reiz der Formel 1‹**
Präsentierdamen an der neuen Shanghaier Rennstrecke

AURORA

[095]

**›Wer nicht wirbt, der stirbt‹**
Schilderwälder aus Leuchtreklamen zieren Shanghais Straßen

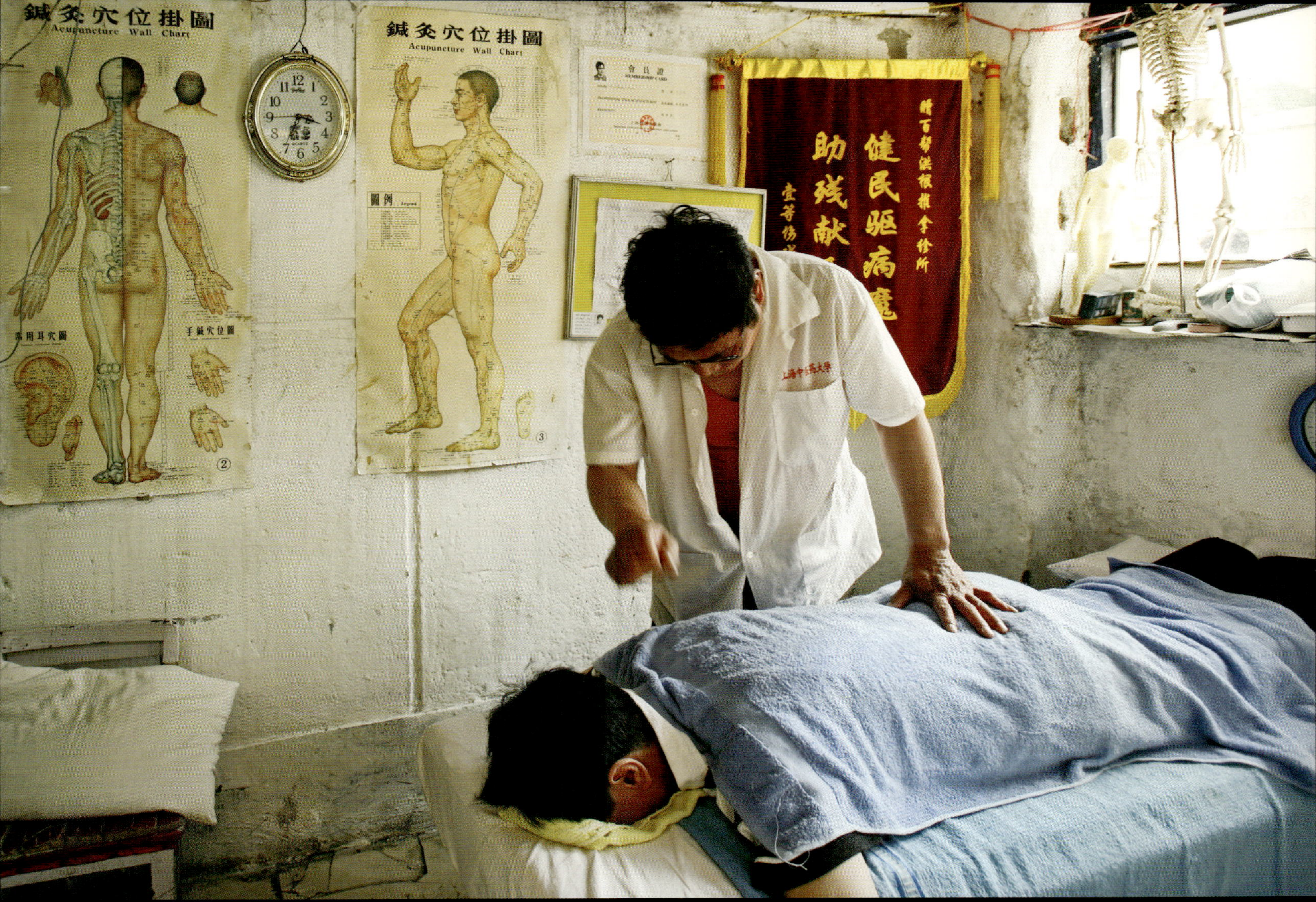
鍼灸穴位掛圖
Acupuncture Wall Chart
鍼灸穴位掛圖
Acupuncture Wall Chart

[097]

**›Ente gut, alles gut‹**
Geflügelbraterei in einem Hinterhof

[098]

**›Sammlerstolz Singvögel‹**
Hobby-Ornitologen präsentieren ihre Prachtstücke

[100]

**›Die Kinder von Nike, Nokia und Mc Donald's‹**
Shanghais Jugendliche beim Shoppen – westliche Marken sind ein Muss

*Kapitel 2*

# Die Superlativ-süchtige

*›Chic wie Paris, sophisticated wie New York, futuristisch wie Tokio‹*

**DIE JUNGS SIND ABGEHAUEN.** Ausgebüxt. Haben sich weggeschlichen von ihrer Schulklasse, in einem Moment, als ihr Lehrer bei seinem Rundgang durch das Gründungsgebäude der Kommunistischen Partei Chinas gerade mal nicht aufpasste. Als er von einer der unzähligen Schautafeln eine der unzähligen Heldentaten dieses 23. Juli 1921 verlas. Als er sich gerade hinüberzuwenden begann Richtung »Heiliger Raum«, wo ein Wachsfiguren-MAO in einer angeblich historisch präzise nachgestellten Szene über die anderen Revolutionäre im Hinterzimmer präsidiert, beschwörend auf sie einwirkt – der Augenblick, in dem die kommunistische Geschichte Chinas ihren Anfang nahm.

Die Ausreißer FU, ZHENG und ZHAODI, die bereitwillig, wenn auch etwas atemlos von ihrem Abenteuer erzählen, drücken sich anderswo die Nasen platt: an den Schaufenstern des Ferrari-Showrooms. Nach längerem Zögern trauen sie sich schließlich, den Laden in der Taicang Lu zu betreten. Sie fahren erschrocken zusammen, als sie das »vroom, vroom, vroom« hochgezüchteter Motoren hören, das – durch eine Lichtschranke ausgelöst – jeden potenziellen Kunden so lautstark begrüßt, als stünde er an der Boxengasse einer Rennstrecke. Dann lachen sie erleichtert. *›Wie viel PS hat der denn?‹*, wagt einer der Jungs zu fragen und versucht den Boliden in der Mitte des Showroom mit seinem ausgestreckten Zeigefinger zu berühren. Keine Antwort, eine unwirsche Handbewegung, erhobene Stimmen. Einer der Angestellten, wie alle hier sehr proper in Knallrot gekleidet, komplimentiert die zwölfjährigen Jungs hinaus.

Schnell schauen die drei noch in das Geschäft nebenan, den Ferrari-Andenkenladen. Sie diskutieren, ob sie sich einen Schlüsselanhänger leisten können. Das Geld reicht nicht. Auch nicht für eine Cola im schicken Ferrari-Cafe, das sich als dritter Ableger der italienischen Prestigemarke anschließt. FU, ZHENG und ZHAODI haben es plötzlich sehr eilig, sie sprinten zurück zu den anderen Klassenkameraden – Richtung KP. Sie haben es Gott sei Dank nicht weit; nur einmal über die Straße, dann fünfzig Meter links zur Gedenkstätte. Sie winken zum Abschied. Sie können nur hoffen, dass ihr Klassenlehrer sich gebührend lange bei der Revolution aufgehalten und den kurzen »Ausflug« dreier seiner Zöglinge übersehen hat.

Der Showroom mit dem Kapitalistenflitzer und das Gedenkzimmer der Kommunistischen Partei liegen am Rande von Xintiandi (»Land unter dem neuen Himmel«), dem heute beliebtesten Vergnügungsviertel von Shanghai in der ehemaligen Französischen Konzession. Dort, wo »Starbucks« seinen doppelten Espresso anpreist (in einer von 28 Shanghai-Filialen, die amerikanische Kette will im nächsten Jahr schon mehr Geschäfte in der Volksrepublik China haben als in den USA). Dort, wo bei französischer Küche das »La Maison« Gästen von einem Balkon aus den perfekten Blick auf eine Bühne mit leicht bekleideten Showgirls freigibt. Dort, wo im »Paulaner« bei Würstchen und deutschem Bier die attraktiven einheimischen Mädchen sitzen und flirten, in Hotpants oder Minis, gelegentlich ist auch mal eine dabei mit einem Schlitz im langen Traditionskleid. Dort, wo vor wenigen Monaten noch die Bar »Che« unter dem Bild des kubanischen KP-Idols mit einer »neuen Revolution« warb (*›Wir senken die Cocktail-Preise zur Happy Hour um dreißig Prozent‹*) und offensichtlich durch dieses großzügige Angebot Pleite ging – so funktioniert eben der Markt. Und wo jetzt eine No-Name-Discothek auf einem Schild verkündet: *›Willkommen zu unserer Eröffnung im luxuriösen Ambiente. Es ist so weit: Die Dekadenz kehrt zurück nach Shanghai!‹*

Allabendlich herrscht hier in Xintiandi überschäumende Lebensfreude. Einheimische Geschäftsleute krempeln ihre Ärmel hoch und versuchen sich im Schunkeln. Touristen werfen gestylten und ständig am Handy hängenden lokalen Schönheiten heiße Blicke zu. Fast jede Woche eröffnet eine neue Bar, eine neue Boutique; freitags ist Modenschau-Nacht, gefolgt vom Saturday-Night-

Fever der Discos. Auf den autofreien Xintiandi-Wegen und Xintiandi-Plätzen spielen Straßenmusikanten, jonglieren Akrobaten; MICHAEL-JACKSON-Imitatoren halten den Schaulustigen nach dem Moonwalk den Hut hin. Wie ein Fremdkörper wirkt da Zhonggong Yidahuizhi, das rotgraue Steinhaus der Revolution, wie ein Relikt aus einer vergangenen Zeit. Für Nostalgie-Freaks. Politisch Mondsüchtige.

Die Partei tut alles, um das Museum im Bewusstsein von allen Shanghaiern und ihren Gästen zu verankern. Große Verkehrsschilder in allen Sprachen weisen zum »Ort des Ersten Nationalkongresses der KP Chinas«, eines hängt unmittelbar beim Ferrari-Showroom quer über der Straße. Die Erinnerungsstätte ist sorgfältig wiederhergestellt. Wie die Restaurierung fast aller anderen Shikumen-Backsteinhäuser in diesem historischen Arbeiterviertel wurde sie vom Hongkong-Unternehmer VINCENT LO finanziert, der in das Vergnügungsviertel 170 Millionen US-Dollar steckte. Der Eintritt zur KP kostet nicht einmal ein Zehntel dessen, was man für ein Eis im »Café Venezia« oder einen Schlüsselanhänger des italienischen Sportwagen-Herstellers bezahlen müsste. Und wer den Revolutionsdurchgang beendet hat, kann sich bei einem Softdrink aus dem Pepsi-Automaten in einem der KP-Stätte angeschlossenen Andenkenladen eine MAO-Münze zum Mitnehmen drucken oder auch eine private Botschaft stanzen lassen: *I love you.*

Alle parteinahen Zeitungen propagieren im Frühjahr 2005 eine »Rote Route« zu mehreren Gedenkstätten der Shanghaier Revolutionsvergangenheit, empfehlen die Besuchstour mit einem geradezu verzweifelten Enthusiasmus. Doch wenn nicht gerade Schulklassen zwangsverpflichtet werden, liegt das KP-Gründungsgebäude von Xintiandi beinahe ebenso verwaist da wie die Residenz des ehemaligen kommunistischen Ministerpräsidenten TSCHOU EN-LAI in der Sinan Lu oder das Wohnhaus der früheren KP-Vizepräsidentin SOONG QINGLING in der Huaihai Zhonglu. Von dem bedürfnislosen »neuen Menschen«, den MAO schaffen wollte und dem er ein revolutionäres Pflichtprogramm verordnete, von den gleichgeschalteten »Ameisen« ist in Shanghai nichts mehr zu sehen; vie[l] jedoch von Menschen, die öfter mal etwas Neue[s] kaufen wollen. Die ihre kleinen Konsumträum[e] voller Elan und Lust verwirklichen und sich a[n] großen Träumen wie dem vom Luxussportwage[n] festhalten. Und die sich nicht mehr gängeln lasse[n] wollen, schon gleich gar nicht von der Partei. Si[e] wollen sich auch nicht zu etwas hergeben, das s[o] sinnvoll und anregend sein kann wie die Pflege eine[s] revolutionären Erbes.

[101]

**›Der Osten ist rot – Ferrari-rot‹**
Schumacher-Bild und Bolide in Shanghais Ferrari-Shop

Kein Zweifel, der Osten ist rot. Nur anders, als sich die Maoisten das erträumt hatten: Ferrari-rot. Shanghai – *›Chic wie Paris, sophisticated wie New York, futuristisch wie Tokio‹* (»The Economist«), *›the most happening City on Earth‹* (»Time Magazine«) – also kaum mehr chinesisch, gar nicht mehr kommunistisch? Eine Stadt, die ihre Seele an Konsum und Kommerz verkauft, oder die beste aller Welten geschaffen hat? Wird sich Paris bald danach sehnen, das »Shanghai des Westens« genannt zu werden?

In dieser Mixed-Blood-Metropole aus Orient und Okzident, berühmt als Paradies der Abenteurer, berüchtigt als verschärfte Version von Sodom und Gomorrha, geht jedenfalls schon fast wieder alles – so denn gut gezahlt wird. Am 5. Juni 2004 ließen Shanghais Stadtchefs, wie es heißt, gegen eine »großzügige Spende«, ganze Straßenzüge für den Ferrari-Einzug sperren: Achtzig Luxuswagen, keiner unter einer Viertelmillion Dollar zu haben, rollten die Nanjing Lu hinunter, von Polizeiwagen mit Blaulicht eskortiert. Und als Cartier und Zegna dann im November 2004 ihre neuen Geschäfte im alten Gebäude der Chartered Bank of India, Australia and China, Bund Nummer 18, eröffneten, da erstrahlte die Stadt wieder in ihrer Lieblingsfarbe. Gefeiert wurde nämlich in der neuen »Bar Rouge«, im obersten Stockwerk. Und seitdem ist diese Location der angesagteste Treffpunkt der Reichen und Schönen.

Die Gäste müssen im Erdgeschoss an den Designer-Boutiquen vorbei, dann durch das ehemalige Bank-Foyer, das bis zur letzten Täfelung aus venezianischem Servazze-Marmor aufwändig restauriert ist. Diesmal kommt das Geld dafür allerdings nicht aus Hongkong, sondern aus Taiwan; wie bei so vielen Projekten ehemals ausgewanderter Familien, die jetzt zu ihren Ursprüngen zurückgekehrt sind. *›Shanghai ist heute wieder Boom-Town, ein eklektischer Ort, in dem Ost und West fusionieren: Dieses besondere Erbe wollten wir im Auftrag unserer Financiers bewahren‹*, sagt die für die Restaurierung zuständige italienische Architektin ANDRE DESTEFANIS. Sie klingt dabei wie eine selbst ernannte Shanghai-Adoptivtochter.

Nach der Fahrt im Aufzug am Bund Nummer 18 müssen alle die letzten Stufen zu Fuß gehen, hinein in einen blutigen Himmel, den karmesingetönte Scheiben und Lichteffekte am Eingang erzeugen. Die Bar selbst gibt sich durchdesignt und cool in ihren Rottönen von Kirsch bis Purpur, weltstadtmäßig. Chinesische und westliche Models mit stark geschminkten Lippen strahlen von riesigen Postern; chinesische und westliche Gäste, gestylt wie aus einem Model-Katalog, nippen an Camparis und Manhattans. Die Aussicht von der Terrasse ist einmalig: Unter der riesigen roten Nationalflagge der Volksrepublik taucht links das ehrwürdige Partei-Hotel Peace mit seinem grünen Pyramidendach auf; rechts geht der Blick über die geschwungene Uferstraße mit ihrer breiten Promenade zu den anderen restaurierten Prachtbauten, Banken und Konsulaten, bis zu den konkurrierenden Terrassenlokalen, dem »M on the Bund« mit der »Glamour Bar« und dem spektakulären neuen »Three on the Bund« mit seinen Luxusgeschäften, Galerien und diversen Gourmet-Tempeln. *›Sie müssen unbedingt in die In-Restaurants dieser In-Stadt gehen‹*, schreibt die »New York Times«.

An der Uferpromenade, die den Gästen der neuen, sündhaft teuren Etablissements zu Füßen liegt, tummeln sich zu jeder Tages- und Nachtzeit Tausende: »normale« Shanghaier, deren gesamter Monatslohn nicht einmal für ein Dinner ohne Getränke im Whampoa reichen dürfte. Sie kaufen billige Limonade, feilschen um plüschige Pandas, Plastikblumen oder Postkarten. Mit ihren nachgemachten Porsche-Brillen und Prada-Imitationen sind die meisten besser angezogen als die Westtouristen, denen allgegenwärtige fliegende Händler Rolex-Uhren und Louis-Vuitton-Taschen anzudrehen versuchen. Manche der Kleindealer tragen ihr Sortiment gar nicht mehr bei sich, sondern präsentieren in Katalogen das Angebot; der Kunde kann das entsprechende Modell ankreuzen und wird in wenigen Minuten diskret bedient. Die Polizisten scheinen an den Geschäften beteiligt – keiner greift bei den offensichtlichen Schwarzmarktgeschäften ein, so wenig wie bei dem überall betriebenen schwunghaften Handel mit DVDs der neuesten Hollywoodfilme. Und auch die Bettler, barfuß und mit zerschlissenen Hosen, lässt man gewähren, wenn nicht gerade die Bund-Visite eines hochrangigen ausländischen Politikers ansteht. Sie sind traurige Zeugen dafür, dass Shanghais Fortschritt auch viele Verlierer schafft – auf Chinas weitem Land und in den kleinen Städten der westlichen Armen-Provinzen noch sehr viel mehr als hier.

Manche der Shanghaier Mittelklasse-Eltern zeigen ihren Kleinen stolz die grandiose alte Hongkong and Shanghai Bank auf der anderen Straßenseite – ein Programmpunkt, der nichts kostet. Dieses schönste aller Bauwerke am Bund schmücken diverse Mosaiken, unter anderem von Weltstädten, mit denen das Geldhaus verbunden war: New York, London, Paris, Kalkutta. Nachdem zwischenzeitlich die Stadtverwaltung hier eingezogen war, hat jetzt die Pudong Development Bank in den Hallen ihr Domizil – symptomatisch, denn das neue Wirtschaftszentrum Pudong beherrscht heute den Shanghaier Blick. Das ist von der Partei so gewollt. Bei allem Stolz auf das Erbe: Pudong ist die Zukunft, das selbst deklarierte »Manhattan des Ostens«.

Pudongs Skyline prägt auch die meisten Shanghai-Fotos. Die Schulklassen, die Großfamilien, die Liebespaare, die sich an die Brüstung des Geländers über den Huangpu lehnen: Sie alle haben nur einen Hintergrund für ihre Bilder: Pudongs Glitzer-Skyline. Den gewaltigen Fernsehturm »Perle des Orients«, der mit seinen Betonwürsten und der rotgrauen Kugel aussieht, als hätten durchgedrehte Esoteriker einen Landeplatz für Außerirdische bauen wollen. Dazu den architektonisch eindrucksvolleren Jinmao-Wolkenkratzer, das im letzten Jahr eröffnete Super-Kaufhaus; etwas versteckt dahinter »das Spielcasino der Bonzen«, die klotzige neue, als Triumphbogen gestaltete Wert-

[102]

**›Der Bund fürs Leben‹**
Brautpaar auf dem Dach des Peace-Hotels mit Blick auf die Uferstraße

papier-Börse. Über deren Vorläuferin hat der rasende Reporter EGON ERWIN KISCH schon 1933 geschrieben, was man heute wieder schreiben möchte: *›Das Gekreisch der Börsianer in anderen Großstädten ist im Vergleich dazu eine stille Andacht.‹*

In westlichen Augen ist die Ansammlung von Pudong-Wolkenkratzern – in einem Jahrzehnt entstanden zweihundert über hundert Meter hohe Gebäude – nur eine staunenswerte Statistik mit wenig Appeal, vielleicht sogar ästhetisch eher abschreckend. Anders für die meisten Shanghaier: Sie sind stolz auf diese Stadt-aus-dem-Nichts, auf die Science-Fiction-Silhouette. Vielleicht, weil die Einrichtung der Sonderwirtschaftszone auf dem Brachland jenseits des Flusses so etwas wie ein Startzeichen für Shanghai gewesen ist, der Beginn der Goldgräber-Zeiten. Und weil sie den Platz dieser Stadt im chinesischen Gefüge neu definiert hat. *›Vom Kopf ausstrahlend, wird der Fortschritt den ganzen langen Rumpf des Drachen erfassen‹*, hieß 1990 die entsprechende Parteidirektive.

Der »Kopf« Chinas, das lange Zeit von der Partei geschmähte und gefürchtete Shanghai, ist mit Hilfe seines wirtschaftlichen Zukunftsviertels wieder zurück an dem Platz, den seine Bewohner stets für den natürlichen erachteten. Zurück an der Spitze. Steht dem irgendetwas im Wege, beispielsweise ein altes Stadtviertel, wird es rücksichtslos abgerissen, eingeebnet, neu bebaut. Und will man dann doch einmal ein Gebäude retten, wie die alte Konzerthalle aus dem Jahr 1930 mit ihrer wunderbaren Akustik – dann nimmt man einfach das ganze Bauwerk und verschiebt es mit allem Drum und Dran. Im Fall der Konzerthalle geschah das im Jahr 2003. Gut 5600 Tonnen »wanderten« Stein um Stein 66 Meter; weg von der neuen Straßenkreuzung an der Yanan Donglu, hinein in eine ruhigere Parklandschaft.

Willkommen im Superlativ! Es gibt keine Höchstleistung, die diese Stadt nicht gierig in Anspruch nähme. Das höchstgelegene Hotel (das Grand Hyatt in Pudong, dessen Lobby im 54. Stock beginnt, mit der Bar »Cloud Nine« in Etage 87). Die schnellste und bisher einzige kommerziell genutzte Magnetschwebebahn, vom Flughafen bis an den Rand Pudongs (431 Stundenkilometer, Siemens-Thyssen-Produktion; angeblich wird demnächst eine neue Strecke bis nach Hangzhou in Angriff genommen). Die teuerste neue Rennstrecke in der von Deutschen geplanten Auto-Vorstadt Anting (320 Millionen US-Dollar, im September 2004 nach nicht einmal 18-monatiger Bauzeit mit einem Grand Prix der Formel 1 eingeweiht). Das höchste Riesenrad der Welt, das einen Schwindel erregenden Blick auf Teile des Weltausstellungsgeländes von 2010 ermöglicht.

Das World Financial Center in Pudong, dessen Baubeginn sich Shanghai-uncharakteristisch verzögert hat, wird aller Voraussicht nach in wenigen Jahren sämtliche anderen Hoch-Bauten der Welt übertrumpfen. Leider erst die Nummer zwei ist Shanghai bei den Frachthäfen dieser Welt. Die Stadt konnte im letzten Jahr aber immerhin erstmals Rotterdam an Tonnage hinter sich lassen – Singapur, der bisherige Spitzenreiter, dürfte demnächst überholt werden.

*›Das soll uns mal jemand nachmachen‹*, sagt denn auch nicht ohne Stolz Bürgermeister HAN ZHENG. Und rasselt auf seiner Pressekonferenz die Fakten zum Jahr 2004 herunter: 6,5 Milliarden Dollar neue Direktinvestitionen aus dem Ausland in zwölf Monaten, Rekord; Wirtschaftswachstum der Stadt in diesem Jahr: 13,5 Prozent, auf umgerechnet 90 Milliarden Dollar. 4,9 Millionen ausländische Touristen, unfassliche 85 Millionen innerchinesische Besucher, natürlich ist auch diese Zahl »noch nie da gewesen«. Der Bürgermeister, sonst ein eher nüchterner Technokrat und sicher keiner mit nationalen Ambitionen wie die stolze Amtsvorgänger-Riege mit JIANG ZEMIN (später Parteichef) oder ZHU RONGJI (später Premier) – er bekommt bei seinem Vortrag glänzende Augen, gestikuliert wild, ein Zahlenakrobat, der fast wie auf Speed wirkt. Und was er da zu verkaufen hat, kommt ja in gewisser Weise einer selbst verordneten Droge gleich: Shanghai die Schnellste, Shanghai die Beste, Shanghai die Superlativste.

Auch in Sachen Ruhelosigkeit und Rücksichtslosigkeit dürfte die Metropole an der Mündung des Yangtze ungefährdet Weltmeister sein. Denn im Schwindel des Fortschritts zählt nur Tempo, und nochmals Tempo. Die Stadt hat innerhalb weniger Jahre ein komplettes innerstädtisches Autobahnnetz aus dem Boden gestampft. Auf Stelzen abgestützte vier- und sechsspurige Bahnen winden sich wie Krakenarme durchs Zentrum, oftmals dicht vorbei an Balkonen mit flatternder Babywäsche, an winzigen Zimmern mit laufenden Fernsehern. Drei gigantische Brücken über den Fluss Huangpu, U-Bahn-Linien, sowie der neue Flugplatz wurden im letzten Jahrzehnt erbaut. Auch jetzt noch, in Zeiten der von oben zur »Abkühlung« verordneten konjunkturellen Abschwächung, sind Bulldozer und Baukräne 24 Stunden im Einsatz, sieben Tage die Woche. Riesige Docks in der Freihandelszone Waigoqiao entstehen, gigantische Tiefseehafenanlagen in der Hangzhou-Bucht, nicht zu vergessen die 32 Kilometer lange Donghai-Superbrücke: Nachts gleißen ganze Shanghai-Viertel im permanenten Scheinwerferlicht – ein einziges Hämmern, Bohren und Schweißen, um Shanghai noch mobiler und hochhausintensiver zu machen, egal, ob nun ein Drittel oder gar die Hälfte aller Baukräne weltweit hier im Einsatz sind (wie die Weltpresse abwechselnd schreibt).

Shanghai schläft nicht. Die Stadt glaubt offensichtlich, sich Ruhe und Rast nicht leisten zu können. Aber es ist dann doch kein souveränes Die-Nächte-Durchmachen wie in Berlin und New York. Shanghai wirkt, als lebe es in fiebriger Angst, etwas zu versäumen, als müsse die Metropole sich durch permanente Anstrengung ihre Zukunftsfähigkeit ständig neu beweisen. Die Stadt, die in der Kulturrevolution zu einem Zwangsschlaf gezwungen wurde, hat offensichtlich Nachholbedarf im Wachsein. Ihre Bewohner benehmen sich, als wollten sie alltäglich, allnächtlich alles ausschöpfen, was geht – weil sie, zumindest im Unterbewusstsein, nicht so ganz sicher sind, wie lange es noch geht.

Laserlichter, die in den Nachthimmel strahlen, Discogirls, die auf Showbühnen tanzen, um die Gäste anzuheizen: 24 Stunden sind manche Bars und Restaurants offen; wer als Jugendlicher vor fünf Uhr morgens einen der Tanzpaläste an der Maoming Lu verlässt, gilt schnell als Außenseiter. One-Night-Stands sind üblich, Sex kann in dieser Welt der Instant-Gratifikation so wenig warten wie alles andere. Und diese Ungeduld gilt allgemein als Tugend – außer, natürlich, wenn es um Politisches geht, um entscheidende Veränderungen Richtung Demokratisierung und Mehrparteienstaat, da spielen viele den Bremser.

Ob aus Protest gegen diese politische Lähmung oder als Flucht vor der einsetzenden Wohlstands-Langeweile – viele stürzen sich in den Rausch der Geschwindigkeit. Zum Beispiel die »Shanghai Hellrider«. Allnächtlich jagen die jungen Männer mit ihren frisierten Motorrädern zur Verfolgungsjagd über die Highways, das Ferrari-Abziehbild mit der galoppierenden Stute vorne auf dem Kühler. Seltener sind die Porsche-Maserati-Sportwagenrennen der neuen Superreichen, aber auch so etwas kommt vor. Fahrradrennen dagegen sind out. Die Fahrräder sind überhaupt die großen Verlierer im Shanghaier Verkehr: Die Stadt hat die meisten größeren Straßen ganz für die Drahtesel gesperrt, als schämte sie sich für deren auf Vor-Boom-Zeiten deutende Existenz. Wo Fahrradfahrer aber noch im Einsatz sind, versuchen sie, es mit den halsbrecherischen Aktivitäten der anderen Verkehrsteilnehmern aufzunehmen und hinterlassen hilflos auseinander stiebende und fluchende Passanten.

*›Verkehrsregeln sind die Freunde des Lebens‹*, steht auf großen Plakaten. In Shanghai aber kümmert das wenige. Da gilt immer das Recht des Stärkeren – sorgfältig abgestuft nach unten. Die KP-Chefs lässt das Rowdytum auf den Straßen dagegen

[103]

**›Eine Stadt ohne Ruhe und Rast‹**
Lasten-Taxi im Stau auf der Huahei-Straße

nicht ruhen. Sie haben mit Blick auf die Weltausstellung 2010 und den internationalen Ruf ihrer Stadt jetzt eine Höflichkeits-Kampagne initiiert und ihr ein Motto gegeben: »Wie ich ein liebenswerter Shanghai-Bürger werde«. Die Einwohner sollen demnach künftig an Ampeln auf Grün warten, mehr lächeln, an der Bushaltestelle auf ausgefahrene Ellenbogen verzichten, in den Parks keinen Müll wegwerfen und keinesfalls auf den Boden spucken. Wie die Autoritäten der neu gegründeten »Kommission für den ethischen Fortschritt« die gut gemeinten Appelle in dieser Ellenbogenstadt durchsetzen wollen, haben sie bisher allerdings verschwiegen. Und ob die Geldstrafen für Rempler am Taxistand wirklich eine abschreckende Wirkung haben (das Denunzieren von Übeltätern ist übrigens erwünscht, die Polizei bittet allerdings um Beilegen von Zeugenaussagen oder Beweisvideos), scheint äußerst fraglich. Nicht viele Shanghaier machen nämlich den Eindruck, als betrachteten sie bei Benimmfragen die Partei als Autorität.

Immerhin haben die Stadtverordneten fest versprochen, ein zum Himmel stinkendes Übel Shanghais abzuschaffen: Sie wollen sich um saubere öffentliche Klos kümmern. Im Mai 2005 wurde die »World Toilet Expo« in die Stadt geholt, *›um über fortschrittliche Toiletten-Technologien und Klo-Kulturen‹* (»Shanghai Daily«) zu diskutieren. Mag diese Veranstaltung auch nicht ganz so glamourös sein wie all die anderen internationalen Auto-Shows, Software-Expos und Yachten-Ausstellungen, mit denen sich die Metropole sonst schmückt, sie hat über mögliche Fortschritte im Bereich der erst 3900 öffentlichen Häuschen hinaus für alle Superlativ-Süchtigen noch einen Vorteil: Sie ist, ein weiterer Guinness-Eintrag winkt, *›die größte ihrer Art‹*.

Größer, weiter, höher, schneller: Diese We-are-the-Champions-Mentalität bewirkt einiges Positive. Weil sich Shanghai mit dem Zweitbesten nicht zufrieden gibt und manche Projekte auch international ausschreibt, ist im alten Central District herausragende neuere Architektur entstanden. Der Renming Guangchang, der Platz des Volkes, ist ein geglücktes Ensemble einen Kilometer »landeinwärts« von der klassischen Vorzeigemeile Bund entfernt. Da imponieren drei Gebäude, alle innerhalb der letzten 15 Jahre entstanden: das schwungvolle Shanghai Museum, einem 5000 Jahre alten traditionellen chinesischen Gefäß nachempfunden und mit den besten archäologischen Stücken des Landes ausgestattet; das schwebende Grand Theatre, in dem die berühmte Choreografin JIN XING, vor der Geschlechtsumwandlung Offizier der Volksbefreiungsarmee, gegen bornierte Bürokraten ihre Avantgardeproduktionen durchzusetzen versucht; das luftige Ausstellungszentrum für Stadtentwicklung, in dem die Planer mit phantastischen Architektur-Modellen zeigen, was noch alles kommen wird.

Der Volksplatz ist ein Treffpunkt für Touristen wie Shanghaier, vor dem Springbrunnen spritzen sich die Kinder nass, Liebespaare küssen sich. Alte Männer spielen Mahjong und einige üben sich auch in einer merkwürdigen Sportart, die so gar nicht zu dieser Stadt zu passen scheint: dem konzentrierten Rückwärtslaufen.

Viele Shanghaier zieht es von diesem Platz weiter die Nanjing-Straße hinauf, ins kommerzielle Herz der Stadt. Mit seinem Gewirr von Parallelgassen bis zur Huaihai Lu hinüber wirkt es wie ein ständig aktives Spinngewebe. Hier gibt es nichts, was es nicht zu kaufen gäbe: MAO-Wecker, die den Großen Vorsitzenden sekündlich mit der Hand winken oder den Kopf schütteln lassen, exotische Schlangenfrüchte, Dildos (natürlich nur im Geschäft für »Erwachsenen-Hygiene«). Und immer wieder locken Geschäfte für Hochzeitskleider, umschwärmt von Dutzenden kichernder junger Damen. Alles strahlt in Weiß, manche der Träume in Tüll und Seide dürfen auch ausgeliehen werden, zum Termin im angeschlossenen Fotostudio.

Im edelsten Kaufhaus »Plaza 66« wird allerdings nichts zum Ausleihen angeboten. Hier muss man sich die Chanel-Gucci-Givenchy-Welt schon leisten können. Oder sich mit einem teuren Kaffee im Atrium begnügen, wobei wechselnde Musiker der Shanghaier Philharmonie zwölf Stunden am Tag verkaufsfördernde klassische Melodien als Zugabe liefern – von »Freude schöner Götterfunken« bis zu Vivaldis »Vier Jahreszeiten«. Im Penthouse des Prestigegebäudes hat sich Herr LI QINFU mit seiner Erfolgsfirma Matsuoka eingerichtet. Er ist einer der reichsten Männer der Stadt und geprägt von einer dieser typischen, unfassbaren Shanghai-Lebensgeschichten.

Um den Blick aus seinem Büro und um das extrem attraktive Sekretariat würde den Mann wohl sogar DONALD TRUMP beneiden. Seine Chefsekretärin, fließend in vier Sprachen, sieht in ihrem knappen Chanel-Kostüm so aus, als hätte sie gerade die

Miss-China-Wahlen gewonnen. Der Chef, gerade erst Anfang vierzig, erinnert mit seinen schwarzen vollen Haaren und dem runden Gesicht dagegen eher an die Vergangenheit – er ähnelt dem Großen Vorsitzenden in dessen Blütejahren. Li Qinfu sagt: *›In China Unternehmer sein, das heißt auch heute noch sich mit der Regierung gut stellen. Kaum etwas geht ohne offizielle Genehmigungen. Und die kriegt man nur mit den richtigen Verbindungen.‹*

Diese »guanxi« müssen in seinem Fall ideal gewesen sein, betrachtet man die steile Karriere des Herrn Li. Der Bauernsohn aus dem Shanghaier Umland, eines von fünf Kindern, hat während der Schulzeit noch Bajonettangriffe gegen den kapitalistischen Feind geprobt und als junger Rotgardist während der Kulturrevolution seine Lehrer an den Pranger gestellt. Später flog er als Arbeiter wegen »marktwirtschaftlicher Umtriebe« aus einem Staatsbetrieb – und machte dann im aufziehenden chinesischen Wirtschaftsfrühling mit Unterstützung lokaler Parteibosse und ungeheurem Fleiß eine alte Textilfirma wieder flott. Er fand einen Joint-Venture-Partner und stellte Firmenuniformen für den japanischen Markt her. Mit den ersten Profiten stieg er ins Druckerei-Geschäft ein, fertigte Flugtickets und millionenfach Quittungsbelege. Seine weit verzweigte Firma hatte bald 20 000 Beschäftigte.

Li schaffte es auf die »Forbes«-Liste der chinesischen Superreichen und konnte sich das Sekretariat im Plaza-Penthouse leisten. In der Kleinstadt Pinghu, eine Autostunde südlich von Shanghai, ließ er einen Firmensitz erbauen, der architektonisch haargenau dem Washingtoner Kapitol nachempfunden ist. Davor ragt eine fünfeinhalb Meter hohe Bronzestatute auf – mit seinen eigenen Gesichtszügen. Lis Rechte am Denkmal ist ausgestreckt, als wolle sie in die Zukunft weisen. *›Die Handfläche richtet sich nicht nach außen, das wäre gefährlich‹*, betont der Multimillionär. *›Diese Geste ist Mao Tse-tung vorbehalten.‹* In seiner Garage stehen mehrere BMW und als Glanzstück ein violetter Lamborghini.

Als die KP im Jahr 2003 erstmals auch Unternehmer einlud, sich um ein Parteibuch zu bewerben, erwog Li seinen Eintritt in die Politik. Freunde sollen ihn gewarnt haben, seine Extravaganzen vom Sportwagen bis zur Statue kämen nicht so gut an in Peking. Zwischenzeitlich hieß es sogar, der Vorsitzende habe sich mit einer neuen Produktionslinie von Autositzen übernommen, eine Hongkong-Zeitung munkelte im Herbst 2004 auch von »unzulässigen Darlehen«, die der Matsuoka-Aufsichtsrat seinem Vorsitzenden vorwerfe. Der Unternehmer soll sich auf seinen Seidenkissen im Ersatz-Kapitol große Sorgen gemacht haben, munkelte man.

Alles Unsinn, sagt Herr Li. Er sieht sich fest im Sattel – und nur Neider am Werk. In New York, wo sein Sohn studiert, besitzt der Unternehmer für alle Fälle eine Zweitwohnung. In seiner Heimatstadt hat er gerade wieder viel Geld für soziale Zwecke gespendet und nimmt nun auch eine Spitzenposition unter den chinesischen Philanthropen ein. Außerdem plant Li Qinfu mit dem Neun-Drachen-Ressort einen neuen Prestige-Golfplatz gleich außerhalb der Stadt in Huangpu-Nähe. Dem Umtriebigen ist der kapitalistische Konkurrenzkampf in Shanghai alles in allem nicht ausgeprägt genug. *›Es gibt zu wenig Wettbewerb, die Leute strengen sich nicht richtig an‹*, glaubt der Selfmademan. *›Sonst ginge es noch schneller voran.‹*

Jenseits von Plaza-Pracht und Lamborghini-Luxus stoßen solche Sprüche kaum auf Begeisterung. Mangelnde Konkurrenz ist eines der wenigen Probleme, über das Wang Youzhi nicht klagen kann. Er gehört zu dem Heer der Wanderarbeiter aus den armen Zentralprovinzen der Volksrepublik, die in Shanghai für Abbruch und Aufbau ganzer Straßenzüge, ja ganzer Stadtviertel sorgen. Die saisonalen Hilfskräfte sind ein landesweites Phänomen, ihr endloser Zug in die Großstädte an der Küste zählt mit weit über hundert Millionen Menschen auf dem Marsch zu den größten Völkerwanderungen der Geschichte – allein in Shanghai werden sie auf drei bis vier Millionen geschätzt. Chinas Arbeiterklasse kann längst nicht mehr als die selbstbewusste Vorhut der »alten« Revolution gelten – sie ist das weitgehend rechtlose Treibgut einer neuen Revolution. Gleichzeitig ist sie mit ihrer Flexibilität und Opferbereitschaft aber auch ein entscheidender Rückhalt für den Fortschritt.

Wang Youzhi hat sich aus der Provinz Jiangsu in die Metropole durchgeschlagen, in seinem Bauerndorf sah er keine Chance mehr. Jetzt arbeitet er als Tagelöhner an der Donghai-Brücke in einem Außenbezirk Shanghais am stürmischen Ostchinesi-

[105]

**›Chinas Verfügungsmasse‹**
Wanderarbeiter vor einer Baubaracke am Stadtrand

schen Meer. Die Arbeitsbedingungen auf den schwankenden Planken sind extrem hart, aber selbs die Sicherheitshelme müssen die ungelernten Kräfte aus eigener Tasche bezahlen. Die Schicht geht von sechs Uhr morgens bis acht Uhr abends, jede zweite Woche ist Nachtarbeit gefordert. Nach dem Dienst fällt der drahtige kleine Mann mit dem krankhaften Zwinkern am linken Auge ins Bett. Das hat er sich wie alle seine Kollegen notdürftig in einem der ausgehöhlten Brückenpfeiler in der Flussmitte eingerichtet. Später werden sich durch die Zementkonstruktionen dicke Stahldrähte und Rohre winden. Sechs Meter breit, drei Meter hoch, sechzig Meter lang sind die stinkenden und ständig feuchten Behälter – vorübergehendes Zuhause für jeweils hundert Wanderarbeiter.

Zur Entspannung dienen WANG alte Magazine, ein Transistorradio und ein Handy. ›*Die Gespräche mit meiner Frau zweimal die Woche sind mein einziges wirkliches Vergnügen*‹, sagt er. Die Familie nachzuholen, wie das einige seiner Kollegen tun, ist höchst riskant: Es gibt für sie keine legale Aufenthaltsgenehmigung, keine Bleibe, und Kinder von Wanderarbeitern dürfen in Shanghai nicht zur Schule gehen (weshalb sich manche Eltern zusammengeschlossen haben und für teures Geld Privatlehrer in irgendwelchen Bretterverschlägen nheuern). Und doch sieht HERR WANG seinen Job in der Großstadt primär nicht als Fron. Sondern als Chance. Von den 1000 Yuan (95 Euro) Monatsverdienst schickt er vier Fünftel nach Hause. Aus Sparsamkeit, aber auch, weil es hier draußen kaum Möglichkeiten gibt, etwas auszugeben. WANG und seine Kollegen werden von ihrer Baufirma verpflegt, leben weit entfernt von den Geschäften und dem Glamour der Innenstadt. Den Bund und das alte Chinesenviertel mit dem Yu-Garten und der Zickzackbrücke haben sie erst einmal besucht, und ob sie es in den verbleibenden acht Monaten wiedersehen werden, das bezweifeln die meisten. WANG aber weiß: Er wird. Er will nicht in die Provinz zurückkehren, wenn »sein« Brückenabschnitt fertig ist. Er möchte weiter Geld überweisen, damit die alte Mutter einen gesicherten Lebensabend hat, seine Frau Wintervorräte anlegen und für den Neffen im Dorf das Schulgeld aufgebracht werden kann. Er wird sich den Tagelöhnern in der Shanghaier Innenstadt anschließen, die sich jeden Abend gegen zehn an der Renmin Lu am Rande des alten Chinesenviertels treffen. Sie werden sich von einem der vorbeikommenden Vorarbeiter, »Lumpensammler« genannt, für die etwas besser bezahlten Nachtschichten an den Baustellen in der Innenstadt einteilen lassen. Dass man selten sitzen bleibt, hat er von seinen Kumpels gehört, weil überall etwas abgerissen, etwas aufgebaut wird.

Und wenn dann doch einmal nichts los sein sollte – in den quirligen Gassen der alten Chinatown jenseits ihres ärmlichen Treffpunkts brodelt das Leben. Da locken zwischen dem Nordtor und dem Stadtgott-Tempel, den Ladengassen der Lishui Lu und dem Drei-Berge-Zunfthaus kleine Nachbarschaftsrestaurants mit preiswerten Köstlichkeiten wie Schlangensuppe, Hundertjahre-Eiern und ravioliartigen, mit Gemüse oder Schweinefleisch gefüllten »Baotse«. Der alte XU kommt manchmal von der Dongtai Lu herüber, wo er tagsüber auf dem »Antiquitäten«-Markt den Touristen auf alt gemachte Postkarten andreht und seinen ganzen Stolz zeigt: eine Armee von fingerhohen MAO-Figuren und Rote-Armee-Soldaten aus Ton und Porzellan und Plastik. Dann spielen die Wanderarbeiter gemeinsam mit dem Alten »Revolution«. Schicken auf dem Trottoir den Großen Vorsitzenden noch einmal in die Schlacht, den Arm erhoben, das willige Plastik-Fußvolk nebst den Spielzeugsoldaten hinterher. Und lachen sich halbtot, wie absurd das aussieht, hier im Gewirr der engen Nebenstraßen.

**ES GIBT SIE NOCH IN SHANGHAI**, die schmalen Gässchen und Toreinfahrten, die in häufig schäbige, manchmal aber auch pittoreske Hinterhöfe führen. Spätabends spülen alte Frauen ihre Nachttöpfe aus, die Müllsammelstelle und das Gemeinschaftsklo befinden sich nebeneinander in einer Ecke. Kinder machen unter einer Funzel mit flackrigem Licht die letzten Schularbeiten – hart sind die für alle vorgeschriebenen »Gaokao«-Tests, eine gnadenlose Auslese. Aber schon die Kleinsten wissen, dass sie keine Chance haben, wenn sie die nicht bestehen. Alte Männer dösen unter noch tropfenden Wäschestücken, die über ihnen an einer Leine baumeln. An den Wänden der heruntergekommenen Häuser verwittern Parteiparolen, bespuckt von Sonnenblumenkernen. Es riecht nach Moder. Zwanzig Menschen teilen sich einen Wasserhahn.

Ein Idyll sieht anders aus. Neue Wohnblocks haben Badezimmer und oft auch Klimaanlagen und werden von den jüngeren Shanghaiern aus den Armenviertel als Fortschritt gesehen. Viele der Älteren möchten jedoch trotz aller Beschränkungen in der Altstadt wohnen bleiben. Sie werden es nicht können. Denn wohin man auch immer blickt in Chinatown, auf den Mauern stehen die roten Schriftzeichen, die »Abriss« bedeuten. Wie ein Tsunami rückt die Hochhauswand näher und näher, und scheint nicht innezuhalten: eine Front neuer Apartmentblocks, denen die alten Viertel Shanghais zum Opfer fallen.

*›Dank der Expo und des Umzugs werden meine Lebensbedingungen sich enorm verbessern‹*, zitiert die »Shanghai Daily« im April 2005 einen angeblich überglücklichen Herrn XU und zeigt seine Tochter am Tag der Evakuierung mit dem Victory-Zeichen. Die Familie, heißt es, sei für den

[106]

›**Empörung über die Zerstörung**‹
Wütende Rentnerin vor den Trümmern ihres Hauses in Hongkou

[107]

›**Mit dem Vorschlaghammer gegen die Vergangenheit**‹
Wanderarbeiter beim verordneten Abriss

Abriss ihres Hauses entschädigt worden und habe ein größeres und schöneres Apartment in einem Vorort zugeteilt bekommen. Bei den Alteingesessenen von Chinatown wirken solche pauschalen Jubelberichte unglaubwürdig. Sie winken ab. Sie haben oft genug erlebt, wie schnell und rücksichtslos die Stadt bei der Demolierung alter Viertel vorgeht, wie sie – etwa für die Magnetschwebebahn auf der anderen Seite des Flusses – ohne jede Diskussion Land beschlagnahmt, Bulldozer bestellt und Häuser niederreißen lässt. Kompensation ist Glücksache, über Details der Zahlungen besteht Schweigepflicht, Ansprüche gibt es nicht. *›Sie stellen uns vor vollendete Tatsachen und geben uns dann Ersatzquartiere am Ende der Welt, wo wir nicht einmal eine Busverbindung in die Stadt haben‹*, schimpft eine empörte Alte, um deren Augen sich Jahresringe gezogen haben wie um einen alten Baumstamm. Sie spuckt in hohem Bogen aus. *›Die Bonzen hier entwurzeln die Menschen und schaufeln ihnen moderne Gruften, weit weg an die Peripherie, wo sie keinen mehr stören können.‹* Die Dame, eine pensionierte Lehrerin, winkt eine Gruppe wartender Wanderarbeiter heran, serviert ihnen Tee.

Sie trinkt mit den Totengräbern? Nein, nein, sagt sie, so sehe sie die alles demolierenden Wanderarbeiter nicht. Die machten doch nur einen Job, versorgten ihre Familien, seien selber arme Schweine. Aber müssen die Bewohner so verkommener Ecken wie dieser hier in Chinatown nicht zugeben, dass Abriss und Wiederaufbau auch Fortschritt bedeuten können? Dass einige doch gerne in die modernen Ersatzquartiere umziehen? *›Vieles könnte man auch sanieren‹*, sagt die resolute Alte. *›Hier stoßen sich doch nur Spekulanten gesund. Das sehen Sie schon allein daran, dass jede Menge von der Stadt unter Denkmalschutz gestellte Gebäude ebenfalls eingerissen werden.‹*

[108]

**›Angst vor dem Zwangsumzug‹**
Hinterhof im Bahnhofsviertel

Shanghai wäre nicht die City der Avantgarde, wenn sich gegen diese radikale Politik kein Widerstand regte – Anfänge einer chinesischen Zivilgesellschaft. Mehrere mutige Rechtsanwälte bieten Evakuierungsopfern ihre Dienste an, haben besonders krasse Fälle auch schon erfolgreich vor Gericht gebracht. Manchmal gelingt es den couragierten Juristen, Verzögerungen im Abbruch-Prozess zu erreichen. Doch bisher sind das nur Achtungserfolge, errungen immer per Gnadenerlass und am Rande des Abgrunds. Anwalt Guo Guoting erhielt mehrfach »klärende« Anrufe von Parteikadern, die ihn darauf aufmerksam machten, dass es sich bei den Abrissprojekten um eine dem normalen Recht übergeordnete »politische Angelegenheit« handele. Guos Großklienten aus der Schifffahrtsindustrie wollten plötzlich nichts mehr mit ihm zu tun haben. Und wann immer der Anwalt noch vor zwei, drei Jahren das Thema Denkmalschutz ansprach, stieß er auf taube Ohren: Denkmalschutz genoss – jenseits der Vorzeigeobjekte am Bund und im Französischen Viertel – in Shanghai keine Priorität.

Das beginnt sich nun langsam zu ändern. Aktivisten wie die junge Yuqi Han, die sich »Umweltkünstlerin« nennt, legen detaillierte Dokumentationen über die Geschichte alter Stadtviertel vor. Yuqi hat sich Chinatown vorgenommen und fragt nun Gasse für Gasse, Haus für Haus die Bewohner nach ihrer Vergangenheit ab. ›*Da tut sich schon Erstaunliches*‹, sagt die feurige Studentin mit den langen schwarzen Haaren und dem entschlossenen Blick. ›*Ein Wohnhaus, das zum Abriss vorgesehen war, erwies sich zum Beispiel als einer der ältesten Tempel der Stadt.*‹ Yuqi konnte dieses Gebäude mit Hilfe der Stadtverordneten retten. Mindestens einmal im Monat drängt es sie zu den Verantwortlichen im Rathaus, denen sie ihre neuen Recherche-Ergebnisse überreicht. Geduldig wartet sie, bis sie vorgelassen wird, und wenn es lange dauert und sie den Eindruck gewinnt, nur hingehalten zu werden, dann hat sie irgendwann den Fuß in der Tür.

Sie glaubt, bei den jüngeren unter den Stadtplanern einen Bewusstseinswandel zu erkennen. ›*Ob sie jetzt den Denkmalschutz wirklich aus voller innerer Überzeugung vorantreiben, weiß ich nicht*‹, sagt Yuqi, die alte Filme über die Stadt sammelt und in ihrem erst ansatzweise restaurierten Fabrik-Loft gegen eine kleine Spende zeigt. ›*Aber vielleicht sticht ja mein Argument, dass die ausländischen Besucher auf Shanghais architektonisches Erbe großen Wert legen und dass wir ihnen auch in dieser Hinsicht bei den Olympischen Spielen und der Weltausstellung mehr bieten müssen.*‹

Dass die Stadt Shanghai jetzt, gemeinsam mit Beijing und Chongqing, ein unabhängiges Meinungsinstitut damit betraut hat, herauszufinden, was die Bürger über ihre Stadtregierung denken, hält sie für einen beachtlichen Fortschritt. Und dass ein progressiver Spitzenfunktionär wie Sun Chao, der Stadtteilbürgermeister des Boom-Distrikts Xuhui mit über einer Million Einwohnern, monatliche »Town-Hall-Treffen« abhält, sein Budget einem Antikorruptionsausschuss vorlegt und über 10 000 E-Mails der Bürger persönlich beantwortet hat, ringt der Bürgerrechtlerin Yuqi immerhin einige Achtung ab, ›*auch wenn das mit wahrer Demokratie nicht verwechselt werden darf*‹, wie sie sagt.

Besonders gut kommt es bei den Stadtverantwortlichen in Shanghai an, wenn chinesische Heimkehrer die Restaurierungen vorantreiben.

[109]

**›Hoffnung auf ein Umdenken‹**
Die Umweltaktivistin Yuqi Han

»Hai-gui« nennt man respektvoll diejenigen, die zum Studium oder zur Berufsausübung in den Westen gezogen sind, es zu etwas gebracht haben, jetzt aber auf Shanghai setzen – so wie der in Japan berühmt gewordene Maler HU XIANG CHENG. Oder der überwiegend in Taiwan aufgewachsene Star-Architekt TENG KUNYEN. Hu versucht in den Außenbezirken und in den alten Wasserstädten der Umgebung zu wirken; TENG hat sich der Innenstadt verschrieben, und da besonders den alten Fabriken am Suzhou Creek. Ihm ist zu verdanken, dass nicht alle dieser architektonisch so eindrucksvollen Betriebe und Lagerhallen aus den Dreißigerjahren der Abrissbirne zum Opfer fallen. Einige wurden zu Ateliers und zu Designerstudios, andere zu alternativen Discos und Restaurants: New Yorks SoHo oder besser gesagt, der raue Insidertreff am Manhattaner Meatpacker-Distrikt, lassen grüßen. Die alternative Szene hat sich hier längst ihr eigenes, aufregendes Weltstadt-Nachtleben geschaffen. It´s Party-Time allnächtlich so gegen zwei Uhr morgens, wenn die Szenekönigin MIAN MIAN und ihre wilden Schwestern hier auftauchen. Wenn das Scheinwerferlicht der Sportwagen die Ratten von ihrem gemütlichen Fraß am Kanalmüll aufschreckt und die Nager in alle Richtungen losjagen. Um gleich wieder zurückzukehren, um erneut zuzuschlagen: noch gründlicher, noch gieriger, noch shanghaiiger.

[110]

**›Hafen der letzten Zuflucht‹**
Ehemaliges jüdisches Viertel in Hongkou

**SO ATEMLOS WIRKT DIESE STADT**, dass sie auch ihre positiven historischen Leistungen zu verdrängen, zu vergessen scheint. Gut, dass es noch die ganz Alten gibt, Zeitzeugen wie WANG FALIANG, Jahrgang 1919. Männer, deren Lebensinhalt das Erinnern und Erzählen ist.

HERR WANG verbringt seine Tage in der Ohel-Moishe-Synagoge, die heute ein Museum im Stadtteil Hongkou ist. Das alte Arbeiterviertel mit seinen dicht gedrängten Shikumen-Häuserreihen befand sich im früheren Herrschaftsbereich der Japaner. Vor allem aber lag hier das gut fünf Quadratkilometer umfassende jüdische Ghetto der Flüchtlinge: Fast 30 000 Männer, Frauen und Kinder hatten hier vor dem Holocaust Zuflucht gefunden, weil sie – sonst fast überall auf der Welt unerwünscht – hier ohne Pass und Visum bleiben konnten. Shanghai war für die Verfolgten des Hitler-Regimes ihr Hafen der letzten Hoffnung. Und die Spuren auch dieses Erbes gilt es zu bewahren.

WANG FALIANG, der mit seiner Knollennase, der Hornbrille und dem verschmitzten Lächeln an eine Figur von LORIOT erinnert, zeigt im ersten Stock der früheren Synagoge die kleine Ausstellung aus alten Zeiten: Schwarzweiß-Bilder des jüdischen Krankenhauses, der jüdischen Kaffeehäuser, der jüdischen Zeitungsredaktionen. HERR WANG hört schlecht, und sein Kurzzeitgedächtnis, sagt der 86-Jährige, *›habe Lücken wie ein Schweizer Käse‹*; aber die Erinnerung an die »jüdischen Zeiten« ist noch so frisch und farbig wie einst. Immer wieder treffen Besucher ein, die ihre Erinnerungen von damals mit seiner Hilfe auffrischen wollen.

HORST EISFELDER beispielsweise, der australische Geschäftsmann aus Melbourne, der im Jahr 1939 mit seiner Familie auf einem italienischen Dampfer ankam und dessen Vater das »Café Louise« aufmachte und vom Tanztee im »Roof Garden Restaurant« schwärmte; oder MICHAEL BLUMENTHAL, der frühere US-Finanzminister in der Regierung Jimmy Carter und heutige Direktor des Berliner Jüdischen Museums – er wuchs hier in einem ärmlichen Haus in der Chisan Lu auf. In einem Wartesaal der Geschichte.

Mit den Gästen geht Wang dann die Straßen von »Klein-Wien« und »Klein-Berlin« hinunter, zeigt die verwitterten, kaum noch leserlichen Schilder: »Horns Imbissstube«, »Café Atlantic«. WANG erzählt beim Rundgang von den winzigen Wohnungen, den Toiletten auf der Etage, den Schikanen der Japaner. Vom Gefängnis an der Ecke. Von den ständig zunehmenden Versuchen der Deutschen, ihre fernöstlichen Verbündeten für die »Endlösung« zu gewinnen. Er spricht von Enge und Angst. Und von dieser ungeheuren Erleichterung, als der Krieg schließlich zu Ende ging und die Juden wieder frei waren. Viele zogen weiter, nach Australien, in die

[III]

**›Den Namenlosen eine Stimme‹**
Synagogen-Sprecher Wang vor Erinnerungsfotos

上海文庙

ten: das Bestehen einer Uni-Prüfung, die Geburt des Enkels, die Beförderung im Betrieb. Gepflegt werden auch die Ahnen. Die Shanghaier verbrennen zum Gedenken an ihre Vorväter Papiergeld, beispielsweise im buddhistischen Longhua Si, dem poetischen Tempel der Drachenblume, am Stadtrand. Chinesen sind gern Konfuzianer, Daoisten und Buddhisten in einem – wer weiß schon, welche Religion die richtige sein mag, sagen sich die Pragmatiker, da ist man besser überall dabei.

Besonders am Qingming-Fest im Frühjahr, dem traditionellen »Tag des Knochenputzens«, sind Opferrituale weit verbreitet. Großfamilien ziehen hinaus zu den Friedhöfen, etwa zum Fu Shu Yuan, dem »Garten des Glücks und der Langlebigkeit« im Südwesten Shanghais. Sie lassen Gebratenes und Gekochtes für die Ahnen da, auch Früchte und Süßigkeiten. Immer wieder gehen speziell zu diesem Anlass gebastelte Papierautos in Flammen auf. Aber Shanghai wäre keine hypermoderne Weltstadt, hätten sich nicht Experten auch für die Familien-Trauerfeier neue Wege einfallen lassen. Es gibt nun spezielle Websites wie etwa babaoshan.com.cn, bei denen der virtuelle Besucher auf »Gedenkhalle« klickt und für die Verblichenen Cyber-Blumen abgeben oder Cyber-Kerzen anzünden kann. Ein Besuch vor Ort erübrigt sich. Die Internet-Trauer findet in höchsten Kreisen der Partei Befürworter. ›*Die Idee eines Online-Friedhofs ist eine phantastische Sache*‹, meint etwa GAO YUELING von der – nicht Orwell-erfundenen, sondern real existierenden – Abteilung für Beerdigungs-Management des Ministeriums für Bürgerangelegenheiten. ›*Wir sollten das Computer-Gedenken propagieren, weil es die Umweltgefährdungen durch traditionelle Opferriten reduziert.*‹

[114]

**›Opfer für die Ahnen‹**
Eine Gläubige entzündet im Yanan-Tempel Räucherstäbchen und verbrennt Papiergeld

Hinter diesen fürsorglichen, über das Fernse-en und die Parteipresse verbreiteten Worten ver-uten die schicken jungen Shanghaierinnen, die ich im »Café 1931« an der Maoming-Straße zum Plauderstündchen treffen, eher knallhartes politi-ches Kalkül. Der »Knochenputz«-Tag kostet Volks-ermögen: Er ist offiziell in der Volksrepublik kein Jrlaubstag, aber die meisten Betriebe machen zumindest halbtags arbeitsfrei, um ihren Angestell-en die Friedhofs-Ausflüge zu ermöglichen. Andere Gespräche der jungen Damen kreisen um die neues-en Modetrends – und um so etwas Grundsätzliches wie weibliche Schönheit.

Die Shanghaierinnen haben in dieser Bezie-hung sehr konkrete Vorstellungen: Die Haut soll weiß und rein sein wie eine Lotosblüte, das Gesicht möglichst oval wie ein Taubenei, die Augenbraue schmal und geschwungen wie eine Mondsichel, der Mund klein und kirschförmig. Mit dem westlichen Trend zu aufgespritzten Lippen können die jungen Damen nichts anfangen – sie finden solche »Autorei-fen im Gesicht« schlicht unattraktiv. Diese kritisch-ablehnende Haltung sollte man nicht mit grundsätz-lichen Vorbehalten gegenüber Schönheitschirurgie verwechseln. Ganz im Gegenteil: Sich plastisch ver-schönern zu lassen, ist am Huangpu gerade sehr angesagt und wird unter reichen und jungen Shang-haierinnen vorurteilsfrei diskutiert. Neben großen Lippen gilt auch ein großer Busen als wenig erstre-benswert; das Hauptaugenmerk sollte nach Ansicht der Damen auf Augen und Nase liegen.

So groß ist die Konkurrenz unter den Schönheitschirurgen, dass einzelne Institute bereits zu einer aggressiven Werbung à la Beverly Hills und amerikanische TV-Sendungen übergegangen sind:

[115]

›**Cash für das Jenseits**‹
Ein Händler verkauft Totengeld

Sie veranstalten Lotterien, bei denen sie als Hauptpreise »die kostenlose Verwandlung von hässlichen Entlein in schöne Schwäne« ausloben. Das Institut Kinway, Plastic & Cosmetic Surgery in Shanghai bietet neuerdings sogar eine Operation »Sehen Sie aus wie Ihr Lieblingsstar« an – jeder, der auch nur dreißig Prozent Ähnlichkeit mit einer der angebeteten Filmschauspielerinnen wie ZHANG ZIYI oder MAGGIE CHEUNG hat, kann sich bewerben und nach dem Eingriff »an achtzig Prozent Ähnlichkeit« herankommen. *›Wir perfektionieren Ihr Aussehen! Das Gesicht eines Stars, das aus der Masse herausragt, wird jeder Berufslaufbahn förderlich sein‹*, bewirbt der Kinway-PR-Sprecher ZHANG WEI den neuen Menschen, den er schaffen will.

**IM TREFFPUNKT »CAFÉ 1931«** hängen alte Plakate aus alten Zeiten: schöne Frauen mit Schlitz im Kleid, Herren im Tuxedo. Viel Anmut, keine Armut. Ob in neuen, auf alt gemachten Film-Restaurants oder in Tanzpalästen wie dem prächtig restaurierten Paramount-Theater: Retro-Chic ist en vogue in Shanghai, wenngleich reduziert auf die Pflege der Äußerlichkeiten, der optischen Erinnerung. Und ein bisschen darf man sich sogar schon über die Revolution lustig machen. »Madame MAOS Dowry« (»Mitgift«) haben die Besitzer augenzwinkernd ihren Antiquitätenladen genannt – bieten aber leider keine der versprochenen Original-Gegenstände aus der Aussteuer der MAO-Gattin TSCHIANG TSCHING. Nirgendwo wird mit dem Erbe so kokettiert wie im alten Französischen Viertel. In atemberaubender Geschwindigkeit entstehen in den platanenumsäumten Straßen aus restaurierten Häusern Boutiquen, Galerien, Bars, Restaurants.

*›Ist das Vienna hier ganz neu?‹ – ›Nein, nein, das Café hat schon vor sechs Wochen geöffnet!‹* So gehen Dialoge in der Shaoxing Lu, einer dieser wunderbar undramatischen alten Straßen in der früheren Franzosenkonzession, wo sich Greise in ihren Pyjamas zum gemeinsamen Abendsport in einem versteckten Park treffen, wo sich junge Wilde in kleinen Gärten farbtrunken an ihren Staffeleien austoben, wo Historiker und Zufallsgäste in dem gemütlichen Buchladen-Café des heimischen Fotografen DEKE ERH beim Espresso durch Shanghai-Literatur und alte Fotos stöbern.

Einst hatten die Straßen hier so klangvolle Namen wie Rue du Consulat oder Rue Doumer, hinter den feinen Fassaden verbanden sich Pariser Flair und feine französische Lebensart mit einem Sumpf aus Korruption und Verschwörung, Intrige und Mord. Hier stieg unter den Augen der Pariser Herren der notorische Gangster POCKENNARBEN-HUANG zum Polizeichef auf, hier saß RIESENOHR-DU, Chef der »Grünen Bande«, im Stadtrat und kontrollierte den Opiumhandel. Und unweit davon, hinter den Häuserfronten der Rue Molière und der Rue Massenet trafen sich heimlich und unter Lebensgefahr idealistische Revolutionäre, linksliberale Demokraten und selbstsüchtige Umstürzler von SUN YAT-SEN über TSCHOU EN-LAI bis MAO. Heute gehören die schönen Alleen der früheren Französischen Konzession zu den entspanntesten Promenaden der altneuen Weltstadt; und auch wenn aus einigen der alten Rues inzwischen lebhafte Verkehrsstraßen geworden sind, verbergen sich hinter den hohen Wällen häufig versteckte Refugien nostalgische Bau-Juwelen und exzentrische Architekten-Gespinste. Fast jeder Stein kann eine faszinierende Geschichte erzählen.

Da ist etwa die MOLLER-Residenz, versteckt zwischen Hochhäusern in der Shaanxi Nan Lu: eine atemberaubend missglückte Mischung aus Disney und Tudor, Neuschwanstein und Neue Heimat. Bei seiner Ankunft in Shanghai, so geht wenigstens die Legende, sei der schwedische Kaufmann ERIC MOLLER völlig mittellos gewesen und habe dann als »König des Derbys« mit Pferderennen ein Vermögen gemacht. Nach den Träumen seiner Tochter stellte sich der Neureiche eine besonders extravagante Villa hin: neogotisch, neobarock, neo-Malmö, mit immer noch einem Erker und noch einem Turm und einem windschiefen Dach.

Ein Wahrsager soll dem Multimillionär Schlimmes prophezeit haben, sollte er das Schloss eines Tages ganz fertig stellen. MOLLER dehnte die Bauarbeiten über Jahrzehnte, bis 1949; dann hatte er keine Lust mehr. Kurz nach der Schlüsselübergabe konfiszierten die Kommunisten das Anwesen. Der Kaufmann kam wenig später bei einem Flugzeugabsturz ums Leben.

Heute können sich Gäste in der zum Hotel umgebauten Märchenvilla einmieten, eine glasumspannte Veranda gibt den Blick auf einen kleinen Park und das in schwarze Bronze gegossene Lieblingspferd MOLLERS frei. Hier lassen sich gelegentlich Hochzeitspaare ablichten. Aber weit beliebter bei den frisch gebackenen Eheleuten ist der großzügige Park am Ruijin-Guesthouse, dem Anwesen des früheren französischen Pressezaren MAURICE BENJAMIN MORRISS. Es liegt ebenfalls im alten Franzosen-Viertel, von den quirligen Straßen der Umgebung aus leicht zu übersehen. Auch MORRISS war ein Spieler, seine Leidenschaft gehörte allerdings nicht Pferden, sondern Windhunden. Er baute sich gleich eine ganze Gruppe von Villen, verbunden durch eine großzügige Grünanlage. Durch den Hintereingang eines dieser Gebäude hatte er einen direkten Zugang zum Canidrome. Noch heute zeigt ein Foto den Hausherrn beim Rennen in ehrenwerter Gesellschaft: mit Obergangster DU YUESHENG.

Während des Zweiten Weltkriegs war im Ruijin das italienische Konsulat untergebracht, in dem MUSSOLINIS Schwiegersohn residierte. Zu den Gästen gehörte öfter auch der Generalissimo TSCHIANG KAI-SCHEK; nach dem Sieg funktionierten die Kommunisten die Villen zu Gästehäusern der Partei um. DENG XIAOPING übernachtete in diesen Betten, auch eine bunte Reihe von Staatsgästen wie HO CHI MINH, INDIRA GANDHI, KÖNIG SIHANOUK und KIM IL SUNG. Heute sind die Villen teils staatlich, teils privat bewirtschaftet. Chinesische Restaurants mit dem Flair der Fünfzigerjahre konkurrieren mit einem teuren Thai-Gourmetlokal, verschiedenen Cafés und Bars. Wer in Shanghai auf sich hält, feiert auf dem Rasen des Ruijin-Gartens den runden Geburtstag oder die Hochzeit. Alte schwarze Partei-Limousinen vom Typ »Ewige Möwe« stehen ebenso auf dem Parkplatz wie brandneue BMWs und Bentleys. Die Reichen legen Wert auf westliche Prestigeküche: Kaviarhäppchen und Foie gras werden zum Champagner gereicht. Für die herumspringenden Kinder, die der Fotograf zum Gemeinschaftsbild einfangen muss, gibt es reichlich Cola und von McDonald´s angelieferte Buletten.

Stimmt es also, was man so sagt: Die Revolution frisst ihre Kinder? Vielleicht. Aber vor allem fressen die Kinder hier ihre Revolution. »Maoburger« heißen im Volksmund die Buletten aus den Schnellrestaurants. Und sie sind dabei, den Shanghai-Nudeln wie den traditionellen Reisgerichten bei der Jugend den Rang abzulaufen, weshalb man in dieser Stadt nicht nur im Ruijin-Park, sondern an jeder Ecke übergewichtige Kinder sieht. »Kleine Kaiser« werden sie genannt. Wegen der strikten Bevölkerungspolitik der Partei sind die meisten Einzelkinder – und werden von ihren Eltern vergöttert, nicht nur beim Essen verwöhnt.

[116]

**›Wenn der Postmann 2 Mal klingelt‹**
Alte Briefkästen im Französischen Viertel

Den anspruchsvollen Neureichen und dem zu Geld kommenden Mittelstand muss ständig etwas Neues geboten werden. So ist in einem Außenbezirk Shanghais ein Vergnügungspark mit dem Namen »Die Rückkehr der Mumie« eingeweiht worden (keine Anspielung auf Mao oder seine Viererbanden-Gattin, sondern auf den gleichnamigen Horrorfilm und seine Attraktionen aus Hollywood). Und wohl nirgendwo auf der Welt außer in Shanghai gibt es ein Programm »Martini & Maniküre«, die aparte Verbindung von Drinks und Nagelpflege – angeboten in der Bar des »Ashanti Dome«, einer zum französischen Restaurant umfunktionierten ehemaligen orthodoxen Kirche beim Fuxing Park.

Wer das wirklich Exklusive liebt und unter Seinesgleichen sein möchte, muss noch etwas drauflegen. *›Es gibt keinen Platz mit einer solchen Energie wie Shanghai, und das hat natürlich für die besseren Kreise seinen Preis‹*, sagt Rudi Butt, Direktor von Yongfoo Elite, einem privaten Club für gehobenes Essen in der Französischen Konzession. Als Aufnahmegebühr berechnet der smarte Hongkonger derzeit 7000 US-Dollar. Ein Glas Wein oder gar ein Essen sind da natürlich noch nicht drin.

**NEBEN DER NEUEN LUST** am Ungewöhnlichen kommen in Shanghai auch die alten Laster wieder – und die müssen vor der Polizei verborgen werden. Gemeint sind nicht die grell geschminkten Schönen, die in den Etablissements an der Julu Lu zuerst aufreizend lässige Konversation machen (*›Mein Job ist Public Relations‹*), sich dann zu einem Drink und gegen ein »Informationshonorar« auch gern zu mehr einladen lassen. Diese Damen und ihre Barbesitzer haben längst Deals mit den Ordnungshütern geschlossen. Aids ist hier das Risiko, nicht die Polizei-Razzia. Nein, gemeint sind die Buchmacher, die sich hüten müssen, genau wie ihre Kunden alle, die verbotene Wetten auf die verbotenen Kampfgrillen abschließen.

Die »zirpenden Champions« oder »kleiner Generale«, wie sie von Kennern liebevoll genannt werden, sind in Hinterzimmern des Vogelmarkts an der Xizang Lu gekauft und von Experten mit allerlei Kitzel- und Küchen-Tricks scharf gezüchtet. Schon im 13. Jahrhundert haben Fachbücher wie das Zujijing alles über die Eigenheiten der kleinen Tiere festgehalten, die nur unter bestimmten Bedingungen aufeinander losgehen. Die Grillen-Kämpfe sind ein Stück chinesischer Tradition.

Herr Zhong zum Beispiel füttert seinen kleinen Liebling nach einem alten Rezept mit Fliegenblut und macht ihn mit Moschus-Düften verrückt; ein anderer bringt seine Racker mit Krebsfleisch und Karottenduft in Rage; ein Dritter schwört auf Mästung und anschließende Hungerkur, was laut historischer Traktate zur Kampfeslaune

[117]

**›Kentucky Fried Chicken‹**
Die neue Fast-Food-Generation von Shanghai

führen soll. Die Schlacht der großen Kleinen findet dann allmonatlich in einem Hinterzimmer statt. Alle Grillenbesitzer haben kleine Kürbisgefäße mitgebracht, aus denen sie die Tiere behutsam ins Freie holen. Sehr vorsichtig werden die Kämpfer auf einen kleinen Waagebalken gesetzt – Grillen kämpfen wie Boxer und Ringer in unterschiedlichen Gewichtsklassen. Bis wenige Sekunden vor Kampfbeginn kann man bei den Buchmachern setzen, alle spitzen angestrengt die Ohren: Hohe Zirp-Töne gelten als ein besonderes Aggressions-Versprechen. Leise und tief vorgetragene dagegen als unangenehme Zeichen der Zaghaftigkeit.

Dann geht es los unter wilden Anfeuerungsschreien der Wettbegeisterten, und Schluss ist, genau wie bei Hahnenkämpfen, erst dann, wenn einer der Protagonisten gestorben ist. Drei Leute stehen in der Regel Schmiere, wenn den Erfolgreichen ihre Wettgewinne ausgezahlt werden und die überlebenden Mini-Fighter von ihren jeweiligen Besitzern überschwänglich gelobt und gestreichelt werden. Bald hat sich das Ergebnis in alle vier Himmelsrichtungen der Stadt herumgesprochen, in alle vier wesentlichen Viertel.

Sind es so archaische Dinge wie Wettkämpfe von Grillen, die das Zentrum am Bund, das Zukunftsviertel Pudong, die alte Chinesenstadt und die ehemalige Französische Konzession zusammenhalten? Oder sind es so banale wie Geschäftsketten, so mondäne wie Ringautobahnen? Was macht eine Großstadt überhaupt zu einer »großen« Stadt, zu einer Weltmetropole – und ist das Shanghai schon? Ist es das schon wieder?

Der bekannte Londoner Architekturprofessor PETER HALL glaubt, dass Shanghai, dicht gefolgt von Peking und dem indischen Bombay, die Stadt ist, *›die derzeit am schnellsten in der globalen Hierarchie nach oben steigt‹*. Shanghai, meint er, müsse man im welthistorischen Kontext vergleichen mit dem Athen von PLATO, dem Florenz von MICHELANGELO, dem London von SHAKESPEARE und dem Wien von MOZART – sie alle waren wirtschaftliche Vorreiter ihrer Zeit, Städte im Herzen riesiger Handelsnationen, Orte des fieberhaften Übergangs, Magnete für talentierte Menschen. Nach HALLS Ansicht machten auch *›die Fremden durch ihre Beiträge diese Plätze zu dem Besonderen, das sie waren‹*: Athens Äquivalente zu den Green-Card-Haltern, die nicht eingebürgerten Metöken; die Juden Wiens und die ausländischen Künstler von Paris jeweils zu Anfang des 20. Jahrhunderts.

Ist jetzt zu Beginn des 21. Jahrhunderts Shanghai in dieser historisch begünstigten, einmalig privilegierten Lage? Mit den Wanderarbeitern aus den chinesischen Armenprovinzen, die (noch) weitgehend klaglos die Fron des Abrisses und Aufbaus tragen? Mit den Europäern und den Amerikanern, die mehr oder minder freiwillig das Hightech-Know-how an den Huangpu transferieren und Milliardensummen investieren? Mit der aufbrechenden Kreativität und Innovationskraft hervorragend ausgebildeter junger Shanghaier, deren Sehnsucht nach politischen Umwälzungen auf absehbare Zeit hinter dem Hunger nach höherem Lebensstandard zurückzubleiben scheint?

Es sind jenseits aller eindrucksvollen Stadtansichten, aller Tempel und aller Türme, aller Märkte und aller Maskeraden zwei Bilder, die sich von Shanghai einbrennen. Sie sind so gegensätzlich – und sich doch ergänzend – wie das klassische Yin und Yang: die Entdeckung der Schnelligkeit durch die Jugend und die Wiederentdeckung der Langsamkeit durch die Alten.

Endlos sind die Reihen der jungen Studenten, die sich in Computerklassen über die Bildschirme beugen und mit heiligem Ernst Informationen anklicken, das Wissen aufsaugen, immer weiter rasen im Cyber-Space. Endlos sind die Reihen der alten Tänzer, die sich im Morgennebel am Bund zum Tai-Chi eingefunden haben. Ein Hacken auf Tasten, ein Geschwindigkeitsrausch an Bildschirm-Monitoren, eine Zukunftsbesessenheit dort; ein gleitendes Schweben, eine Rückbesinnung, das Festhalten am Ewig-Gültigen hier.

So, als gäbe es Spinnfäden von einem Tänzer zum andern, so harmonieren die Körper. Ein sanfter Gleichklang wie auf einem unsichtbaren Schaumteppich: Laienballett im Zeitlupentempo. Erst kommt die Jahrtausende alte Figur »den Vogel am Schwanz packen«, dann »der weiße Kranich breitet die Flügel aus«, schließlich »den Tiger umarmen und zum Berg zurückkehren«. Ruhe und Bewegung, Zusammenziehen und Öffnen, dunkel und hell, männlich und weiblich: Im ständigen Wechselspiel erst entfaltet sich für die Gläubigen das Qi, die Lebensenergie.

*›All das, was diese Stadt ausmacht, wird weitergehen, gezeichnet von einer intensiven und hartnäckigen Lebendigkeit – noch tausend Jahre, noch fünftausend, noch zehntausend‹*, hat der prophetische ALDOUS HUXLEY, Autor der »Schönen Neuen Welt« 1926 geschrieben. *›Man muss nur mit offenen Augen durch Shanghai spazieren und ist sich dessen schon absolut sicher. Es wird weitergehen, vielleicht ein bisschen modifiziert durch westliche Wissenschaft, aber nicht sehr verändert – und das noch lange, nachdem wir in Europa an Erschöpfung weggestorben sind.‹*

[119]

**›Hafen der Sehnsucht‹**
Container, Frachtschiffe und Fähren in der »Stadt über dem Meer«

[120]

**›Betteln für das Überleben‹**
Verarmte Mutter mit Kind in einem U-Bahnschacht

[121]

**›Beten für den großen Reichtum‹**
Gold-Buddha mit Opfergaben in einem Restaurant

菲律濱弟子
洪連橋吳蓮蓮
王亨利莊紅緞
仝献
南無寶勝如來

[124 & 125]

**›Sehnsucht nach Licht und Größe‹**
Café im Grand Hyatt, Galerie im Komplex »Three on the Bund«

AURORA
POLICE
公安

[126 & 127]

**›So schnell es geht voran‹**
Polizisten an der Nanjing, Taxi im nächtlichen Verkehr

上海浦東發展銀行

世
觀

無
南

**›Das Erbe einer großen Familie‹**
Nora Sun vor den Fotos ihres Großvaters Sun Yat-Sen

*Kapitel 3*

# Die Stadt der Heimkehrer

*›Wer im Ausland studiert hat, versucht jetzt, zurückzukommen und hier Karriere zu machen‹*

**NORA SUN WAR SCHON IMMER EHRGEIZIG,** wollte unbedingt auf eigenen Beinen stehen, durch Leistung beeindrucken, Erfolg haben im Leben; sich bloß nicht auf die »guanxi«, die Familien-Verbindungen, verlassen. Sie wollte sich durchsetzen als liebevoll-strenge Mutter, als geschickte Diplomatin, als erfolgreiche Managerin. Eines mochte sie nie sein: die Kleine vom großen Alten, die Nur-Enkelin. Sie hasst es, ewig nur »an ihm« gemessen zu werden. Aber so etwas gestaltet sich nicht so einfach, wenn der Großvater SUN YAT-SEN heißt und der Mann ist, den Chinesen aller Generationen und so gut wie aller politischen Färbungen als »Vater der Republik« verehren und vereinnahmen.

*›Sind Sie nicht... Aber Sie sind doch... So beginnen viele Konversationen, und dann verstummen meine Gesprächspartner plötzlich, als gelte es eine Schweigeminute voller Ehrfurcht einzulegen‹*, erzählt die lebhafte Dame in der rosaroten Designerjacke, einen dicken Brillanten am Finger. *›Natürlich war mein Opa ein großer Mann. Seine Familie, das war die chinesische Nation, für die war er praktisch ohne Unterlass unterwegs – die unmittelbaren Verwandten mussten da immer zurückstehen.‹*

SUN YAT-SEN lebt für NORA in den Erzählungen ihrer Liebsten weiter, in den Bruchstücken einer Familienchronik, die sich im Dunst der Geschichte verliert. *›Wussten Sie eigentlich, dass mein Großvater auch modisch zur Avantgarde gehörte und der eigentliche Erfinder des Mao-Anzugs war?‹*, fragt die elegante Frau, als müsse sie die Millionen-Dollar-Frage für ein Quiz stellen. Sie zeigt einige Erinnerungsstücke, die sie aufbewahrt, Geschenktes, Weitergegebenes vom berühmten Ahnherren des Clans: den Porzellanteller mit seinem Konterfei auf dem Vestibül; das gerahmte Familienbild an der Wand; die kleine Bronzestatue auf dem Beistelltisch. Sie präsentiert diese Schätze mit einer weit ausladenden Handbewegung – sie sind Teil ihres Erbes, Teil ihrer Existenz. Aber sie sind nicht »verdient«. Auf diesen Unterschied legt sie großen Wert.

NORA SUN, die Shanghai-Geborene, dann Shanghai-Flüchtige, ist nach Shanghai zurückgekehrt. Sie lebt jetzt wieder in dem Haus, in dem sie aufwuchs. In einer der alten Familienvillen der ehemaligen Französischen Konzession, in einer kleinen Nebenstraße der Fuxing Xi Lu in Shanghais Innenstadt, unweit des Museums, das die Stadt für ihren Großvater in dessen alter Villa eingerichtet hat. Der Blick geht hinaus in einen sorgfältig angelegten Garten. Im großzügigen Wohnzimmer Vasen aus der Ming-Zeit, Blackwood-Möbel. Alles strahlt Gediegenheit aus, Eleganz, Stil. Es gibt Tee, Schokoladenkekse – und eine kleine Prise Nostalgie.

FRAU SUN winkt den Bediensteten weg, serviert selbst. Sie möchte gern über das heutige Shanghai reden, die Einkaufspassagen, die Designerläden, den Fortschritt. All diese wunderbaren Armani-Ferrari-Cartier-Partys, bei denen sie als Consulting-Unternehmerin die hohe chinesische Politik mit dem großen internationalen Kapital zusammenbringt und zu denen sie als Ehrengast geladen ist. Sie muss sich zwingen zu einer Reise in die Vergangenheit und erzählt im Stakkato – als sei jedes Innehalten, jedes Infragestellen schon eine Niederlage.

Kritische Worte über ihren Großvater? Nein, die kommen ihr nicht über die Lippen. Seine Lebensleistung, so scheint es, entschuldigt alles für sie. Dabei hätte NORA gute Gründe, den von allen umjubelten SUN YAT-SEN, den Mann, der 2000 Jahre Feudalsystem stürzte und 1911 dem alten Regime im wahrsten Sinn des Wortes die Zöpfe abschnitt, vom Sockel seiner Fast-Heiligkeit herunterzustoßen, ihn – wenn nicht politisch, so doch privat – anzugreifen. Aber sie hält sich zurück. Nur manchmal glaubt man anhand eines Seufzers zu ahnen, wie schwer ihr das fällt.

SUN YAT-SEN, Sohn eines Bauern aus der Provinz Guangdong, war von seiner Familie als Dreizehnjähriger zu seinem älteren Bruder nach Hawaii geschickt worden; in Honolulu trat er in ein von der englischen Kirche betriebenes College ein und schloss seine Schulausbildung bei den Ausländern ab. Doch die Verwestlichung hatte keinen Einfluss auf die Familienstrukturen: Nach der Rückkehr in sein chinesisches Heimatdorf wurde der junge SUN 1885 mit 19 Jahren verheiratet – seine Frau war die Tochter eines Kaufmanns aus dem Weiler nebenan. LU MU-CHUN hieß das junge Fräulein: NORA SUNS Großmutter. Aus der Ehe sollten drei Kinder hervorgehen, unter anderem als einziger Sohn SUN KE – NORAS Vater.

[133 & 134]

**›Pittoreske Hinterhöfe, alte Villen und schöne Alleen‹**
Die ehemalige Französische Konzession ist ein beliebtes Wohn- und Flanierviertel

[135]

**›Good-Bye New York, Hello Shanghai‹**
Modemacherin Han Feng in ihrer Boutique im vornehmen Komplex »Three on the Bund«

Das ändert sich, als die Behörden von Shanghai ihrer Mutter die alte Familienvilla an der Fuxing-Straße zurückgeben. Als dann das amerikanische Außenministerium Nora Sun den Wirtschaftsposten am US-Generalkonsulat in Shanghai anbietet, zögert sie nur wenige Sekunden. 1996 geht sie endgültig zurück, pflegt ihre inzwischen tödlich erkrankte Mutter bis zum bitteren Ende.

Heute hat sie ihren Diplomatenposten längst aufgegeben. Nora Sun ist eine vielgesuchte Consulting-Expertin mit Sitz in der Großstadt am Huangpu und Zweigstelle in Hongkong, ihre engen persönlichen Beziehungen zu Politikern wie dem früheren Shanghai-Bürgermeister und Ministerpräsidenten Zhu Rongji sind stadtbekannt. Sie kann Fäden ziehen und Kontakte herstellen, zu wem auch immer. Sie gilt als First Lady der Society, als Shanghais Grande Dame, als würdige Nachfolgerin ihrer Mutter. ›*Nora Sun ist der begehrteste Gast bei Feierlichkeiten aller Art in der Stadt*‹, schreibt das US-Magazin »Time« im Frühjahr 2005.

Es heißt, sie dränge die Stadtregierung dazu, ihr nun auch die anderen Villen aus einstigem Familienbesitz zurückzugeben – es wären fast ein Dutzend. Aber auch wenn das nicht klappt, wird es keine offizielle Beschwerde geben. Nora Sun ist eben eine geborene Diplomatin, eher zuständig für Komplimente. ›*Ich hätte diesen Schwindel erregenden Wiederaufstieg Shanghais zu einer Weltstadt noch bis vor einigen Jahren für unmöglich gehalten*‹, sagt Frau Sun, als sei sie als Apologetin und Anpreiserin angestellt. ›*Shanghai ist heute eine Weltstadt.*‹

Die Dame ist nicht fürs Feuer. Sie hat gesehen, wie sich andere ihre Finger verbrannten. Sie hat ihren Frieden gemacht: mit dem Großvater, mit der Partei, mit ihrer Heimat. Die Weitgereiste glaubt jetzt mit Mitte sechzig endgültig zu wissen, wo sie hingehört – nach Shanghai. Zum Abschied zitiert Nora Sun ein altes chinesisches Sprichwort: ›*Im Herbst fallen die Blätter, und sie fallen zurück zu ihren Wurzeln.*‹

**SHANGHAI IN DIESEN TAGEN**, das ist eine Stadt der Rückkehrer. Und das trifft auch auf junge Leute zu: Früher hieß es immer, nur diejenigen Shanghaier Studenten kämen nach dem Studium im Ausland wieder in die Volksrepublik, die es in den USA oder in Europa karrieremäßig nicht schafften. Die Zweitklassigen eben. Heute ist es gerade andersherum. Heute bleiben nur die Chinesen im Ausland, die sich nicht zutrauen, sich auf dem umkämpften, aber extrem vielversprechenden Shanghaier Arbeitsmarkt durchzusetzen. Die Erfolgreichen und die Erfolg Versprechenden zwischen London und L.A. packen die Koffer – retour Richtung Huangpu. Sie leiten Computerkurse und beraten Börseninvestoren. Sie makeln Wohnungen und führen Restaurants. Sie gründen Hightech-Firmen und eröffnen Galerien. Und manche stellen auch die Modewelt auf den Kopf.

Han Feng ist so ein Fall. Aufgewachsen in Shanghai und zur Schule gegangen in Hangzhou, machte sich die junge Grafik-Designerin als Austauschstudentin auf nach New York. Das war 1985, der Allerweltslook à la Mao prägte damals Shanghai. »Fashion« galt zu dieser Zeit in der Volksrepublik immer noch als Fremdwort, die Welt der Kleidung blieb reduziert auf einen Anzugs- und einen Sackkleidstil in drei Schattierungen: armeegrün, marineblau und funktionärsschwarz. Die begeisterungsfähige und hochbegabte Han, gerade erst zwanzig geworden, tauchte ein in die New Yorker Farben und Verrücktheiten: ›*Ich wollte meine Phantasie ausleben, ich wollte gestalten und nicht wie zu Hause nur kopieren. Und meine amerikanischen Lehrer verstanden und förderten mich.*‹ Han Feng war sicher: Sie hatte ihr Glück gefunden, ein Leben in Technicolor und Stoffen nach eigenem Zuschnitt. Sie würde nie wieder einen Fuß nach Shanghai setzen.

Die Mode-Begeisterte arbeitete tagsüber als Verkäuferin bei Bloomingdale´s, abends belegte sie Kurse. Nach vier Jahren begann sie die ersten selbst entworfenen plissierten Seidenschals von ihrem New Yorker Apartment aus zu verkaufen. Schon bald danach eröffnete sie ihren ersten kleinen Laden, stellte eigene Möbel in asiatischem Design aus, vor allem aber Kleider: Luftiges in kräftigen Tönen. Dazu reichte sie selbst zubereitete chinesische Spezialitäten. Das Konzept schlug ein. Han Feng feierte eine Blitzkarriere à la Big Apple, wurde zur Lifestyle-Ikone des hippen Bürgertums: Sie kochte in der populären Martha-Stewart-TV-Show, richtete die Lofts von Multimillionären ein und lieferte eine erfolgreiche Mode-Création nach der anderen. Als dann auch die Hollywood-Größen Gwyneth Paltrow und Nicole Kidman ihre Kleider zu tragen begannen und die »New York Times« ihre Schnitte bei einer Show 1995 ›*schlicht sensationell*‹ nannte, hatte sie den Durchbruch geschafft. Und konnte sich leisten, Klartext zu reden: ›*Frauen auf der ganzen Welt versuchen zu krankhaft, modisch zu sein, und machen sich so ganz leicht zu hässlichen Vögeln.*‹

Sie brachte östlich inspirierte Mode in den Westen. Sie entwarf Kleider für die New Yorker Society und für die Premiere von »Madame Butterfly« im Londoner Westend. Doch was ihr Freunde aus Shanghai schrieben und was sie über ihre Heimat in Zeitungen las und im Fernsehen sah, kam ihr so umwerfend vor, dass sie im Jahr 2001 einen Besuch wagte. ›*Es wurde eine absolut sensationelle Erfahrung.*

*Da war diese Bereitschaft, sich mit allem Neuen auseinander zu setzen; diese Dynamik, Dinge zum Besseren zu verändern; diese feste Überzeugung, dass nichts unmöglich ist, wenn man nur daran glaubt, es erreichen zu können.‹* HAN FENG begann darüber nachzudenken, ob sie sich nicht zumindest teilweise wieder zurück Richtung alte Heimat orientieren sollte. Im Mai 2004 eröffnete die Erfolgs-Designerin ihre erste Shanghai-Boutique.

Inzwischen hat sie ihren Lebensmittelpunkt ganz an den Huangpu verlagert. Ihre helle und großzügige Boutique mit den federleichten eigenen Tüll- und Seiden-Kreationen im neuen Prachtgebäude Bund Nummer Drei ähnelt einem New Yorker Loft, nur dass der Ausblick dramatischer ist: Er geht über den Fluss mit seinen Schleppkähnen und Ausflugsschiffen hinüber nach Pudong, zu den Wolkenkratzern. HAN FENG teilt die Räume mit VIVIENNE TAM und YOHJI YAMAMOTO, zwei anderen weltberühmten Modemachern.

Gerne beobachtet sie, mit einem ihrer kühnen roten Brillengestelle und dem lässig um die Schulter gelegten Sweater eher der sportlich-burschikose Frauentyp als der Haute-Couture-Aficionado, ihre neuen Kunden. Wie sie erst vorsichtig, dann begeistert die Schals und die Kleider berühren; mit hochgezogenen Augenbrauen die Preise betrachten – und zu rechnen beginnen, ob sie sich ein HAN-FENG-Original leisten können und wollen.

Die Modemacherin mit dem Kurzhaarschnitt ist jetzt Anfang vierzig; die Rückkehr nach Shanghai hat sie noch keine Sekunde bereut: *›Hier spielt künftig die Musik, das Zentrum vieler Dinge verlagert sich wieder in den Osten‹*, sagt HAN FENG. Das amerikanische Nachrichtenmagazin »Time« hat ihr gerade eine Geschichte gewidmet, deren Schlagzeile klingt wie ein alter Western: »The Rebel Returns«.

**WENN DAS PHÄNOMEN** der Rückkehrer auch schon weit verbreitet ist, wenngleich es alle Generationen umfasst – dass Vater und Sohn nach langen Jahren im Ausland gemeinsam, aber von durchaus unterschiedlichen Ausgangspunkten, zu dem Entschluss kommen, wieder nach Shanghai zu ziehen, ist schon höchst ungewöhnlich. Dass sie beide Shanghai treu geblieben sind, grenzt an ein Wunder: Diese Stadt, ihre Heimatstadt, war nicht gut zu ihnen, hat sie völlig zu Unrecht als Verräter gebrandmarkt und fast gebrochen.

Als KUAN senior 1931 als dritter Sohn einer Professorenfamilie zur Welt kam, war die Ehe seiner Eltern schon gescheitert. Der Vater, der die Familie bald danach verlassen sollte, gab dem Kleinen den Namen YU, »der Überflüssige«; die Mutter wählte ein anderes Schriftzeichen mit der gleichen Aussprache für ihren Jungen, weil sie ihn nicht kränken wollte: So wuchs er als YU CHIEN auf, als »der Bescheidene«, und kam bald aus seiner Geburtsstadt Kanton nach Shanghai, wo er dank der Großzügigkeit eines Onkels das teure und angesehene Privat-College Saint Francis Xavier besuchen konnte. *›Die Hälfte unserer Lehrer waren katholische Patres, von denen die meisten aus Europa kamen‹*, erzählt Y. C. KUAN. *›Wir trugen elegante dunkelblaue Anzüge mit Krawatte, der Unterricht fand überwiegend auf Französisch und Englisch statt. Dieser Einfluss hat mich entscheidend geprägt.‹*

Seinen Nationalstolz büßt der Junge allerdings nicht ein – er ist zehn, als die Japaner die Französische Konzession besetzen und von den Chinesen verlangen, sich vor ihnen und ihrer Flagge zu verneigen. Mit willkürlichen Verhaftungen und Hausdurchsuchungen machen sich die Besatzer zusätzlich unbeliebt. Japans Kapitulation 1945 stürzt die Stadt zwar ins Chaos, wird von YU CHIEN und seinen Verwandten aber als Befreiung empfunden. Doch dann macht der Bürgerkrieg, von TSCHIANG KAI-SCHEK gegen die Kommunisten entfesselt, die Situation in der Stadt noch schlimmer. Die jungen Studenten organisieren bald lautstarke Proteste gegen die Nationalisten, die Hauptverantwortlichen für die verzweifelte Lage. *›In der Stadt spielten sich unglaubliche Szenen ab‹*, erinnert sich HERR KUAN. *›Jeden Morgen gegen vier fuhren Lastwagen durch die Straßen und sammelten die Leichen der Verhungerten ein. Verzweifelte Eltern boten ihre Töchter zum Verkauf an.‹* Die Anspannung macht auch vor KUANS Freundeskreis nicht halt. Warum brachten es die Chinesen nach einem überstandenen Krieg nicht fertig, friedlich zusammenzuleben, sondern verfielen in interne Machtkämpfe?

YU KUAN, der zwischenzeitlich als Fremdenführer für amerikanische Offiziere gearbeitet hat, kann mit den korrupten Nationalisten unter TSCHIANG KAI-SCHEK aber nichts anfangen, sie sind überall verhasst. Als die Volksbefreiungsarmee schließlich am 26. Mai 1945 die Stadt einnimmt und Anfang Juli eine große Militärparade abhält, bejubelt das auch der 14-jährige Mittelschüler. Verblüfft hat er registriert, dass MAOS Soldaten nicht plündern und sich bereichern. Beeindruckt meldet sich KUAN als Freiwilliger zu den Truppen, er will mit ihnen ganz China befreien. Doch KUANS Aufnahmeantrag in die kommunistische Jugendliga scheitert: Er wird denunziert, als überzeugter Christ, Kenner westlicher Musik und Tanzschritte gilt er als »kapitalistisch verdorben«.

KUANS Vater, der die Familie einst im Stich gelassen hat, erweist sich nun als Sympathisant der KP: Er kehrt in die Stadt zurück und übernimmt die Zuständigkeit für die Belange der Ausländer in Shanghai. Der junge YU erlebt in Peking am Platz des Himmlischen Friedens die Staatsgründungsfeier und schreibt sich in der Stadt als Sprachstudent ein – die Partei lässt ihn allerdings nur für die Russischabteilung zu. Der hoch begabte junge Mann kommt auch mit der neuen Fachrichtung blendend zurecht und erhält einen Dolmetscherposten im Finanzministerium.

Y.C. KUAN – stolz auf das neue China und patriotisch bis in die Haarspitzen – glaubt damals noch an die Partei, obwohl ihm die Gängelung im Alltag schon gelegentlich auf die Nerven geht. Er heiratet die Studentin MEIZHEN, die er bei einer Tanzveranstaltung kennen gelernt hat. Bald wird seine junge Frau schwanger, sie bekommen einen Sohn. Das unbeschwerte Zusammensein in Shanghai währt nicht lange: YU KUAN gerät in politische Schwierigkeiten. Mao hat 1956 in der »Hundert-Blumen-Bewegung« die Intellektuellen zur Kritik an der Partei ermuntert; jetzt werden diejenigen brutal bestraft, die, wie vorsichtig auch immer, der Anregung des Großen Vorsitzenden gefolgt sind.

YU KUAN wird als »Rechtsabweichler« gebrandmarkt. Gegen ihn angeführt wird: seine *›bourgeoise Vergangenheit im kapitalistischen Shanghai‹* und sein *›wippender Gang, der von Leichtsinn und Übermut zeugt‹*. Er kann in Shanghai noch kurz seinen neugeborenen Sohn in die Arme schließen, dann folgt die Versetzung in die ferne Provinz Qinghai, die in Wahrheit eine Verbannung ist: Der verweichlichte Städter mit den angeblich parteifeindlichen liberalen Ideen soll das harte Leben auf dem Land kennen lernen. Ein »großer Sprung« für ihn wie auch für die Partei – freilich zurück in die düsterste chinesische Vergangenheit.

KUAN wird zum Bau von Bewässerungsanlagen abgestellt, an einem Ort, an dem es keine Gewässer gibt, die diese Anlagen füllen könnten. Die Arbeit ist hart, die Verpflegung mangelhaft. KUAN verhungert fast, er leidet unter den absurden

[137]

**›Odyssee und Heimkehr eines Helden‹**
Hamburg-Professor und Shanghai-Bürger Y.C. Kuan

Anordnungen der KP. So erlebt er, dass auf Befehl der Partei selbst Kochgeschirr eingeschmolzen wird, um staatlich verordnete Eisen- und Stahlquoten zu erfüllen. Alle scheinen zu wissen, wie unsinnig die Befehle sind, aber aus einer Mischung von Angst und Untertanengeist werden sie sklavisch befolgt. Erst als Kuan nach einiger Zeit einen Job als Pressefotogaf bekommt, gelingt es ihm, sich etwas besser durchzuschlagen.

Ihn überkommen nun erstmals grundsätzliche Zweifel, ob das Land auf dem richtigen Weg ist. Zweifel, die sich verstärken, als Jahre später – er hat längst wieder einen guten Job in Peking – mit der Kulturrevolution wieder eine Kampagne der landesweiten Umwälzung einsetzt. Erneut gerät Yu Chien Kuan in die Fänge von Denunzianten und linksradikalen Wichtigtuern. Wandzeitungen diffamieren ihn: ›*Hinter diesem netten Lächeln lauert ein übler Charakter, dieser Mann ist ein Konterrevolutionär!*‹ Es gibt Hinweise darauf, dass sich selbst seine Frau an der Kampagne beteiligt haben könnte. Kuan will nicht mehr kämpfen, nicht um seine Ehe, nicht um seine Ehre – beides erscheint ihm aussichtslos. Er denkt an Selbstmord. Und setzt am Ende doch alles auf eine ganz andere, auf eine abenteuerliche Karte.

Durch seinen Job im »Friedenskomitee« der Partei bietet sich Kuan eine große Chance. Denn seine Arbeit schließt die Betreuung von ausländischen Besuchern ein. Eine japanische Reisegruppe ist gerade zu Gast in Peking, er kann das Ticket eines der Teilnehmer auf den nächsten Tag vorverlegen. In der Schreibtisch-Schublade seines Büros findet Kuan einen japanischen Pass, schafft es, das Foto auf dem Dokument auszuwechseln und durch ein eigenes zu ersetzen. Er spricht mit niemandem über die beabsichtigte Flucht, verabschiedet sich weder von seiner Mutter noch von seiner Noch-Ehefrau Meizhen. Nur von seinem schlafenden, zehnjährigen Sohn Xin nimmt er Abschied – eine bittere Stunde, die er später so schildert: ›*Ich wusste, ich würde Unheil über die ganze Familie bringen. Früher war es mir ein Gräuel gewesen, wenn jemand dem eigenen Vaterland, den Eltern oder Freunden untreu war – und was tat ich jetzt? Es war Verrat, ich wusste, ich würde mir das nie verzeihen können.*‹

Wie durch ein Wunder schafft es Kuan mit dem gefälschten Pass durch alle Kontrollen, fliegt nach einem Zwischenstopp ausgerechnet in der Heimatstadt Shanghai mit der »vom Japaner« gebuchten Pakistan Airlines über Karatschi nach Kairo. In Ägypten bittet Kuan um politisches Asyl – und landet für die nächsten zwölf Monate im Gefängnis. Von den Behörden in seiner Heimat wie erwartet als »niederträchtiger Spion‹ und Vaterlandsverräter geschmäht und von den auf gute Beziehungen zu Peking erpichten ägyptischen Autoritäten abgeschoben, bekommt Kuan schließlich im Jahr 1969 über die Vermittlung des Internationalen Roten Kreuzes eine Aufenthaltsgenehmigung für die Bundesrepublik Deutschland. Auf die Frage eines Beamten, warum er denn seine chinesische Heimat verlassen habe, antwortet Kuan nach kurzem Zögern: ›*Um meine Freiheit zu finden.*‹ Da lacht sein Gesprächspartner und erzählt ihm, dass die Stu denten an den deutschen Universitäten gerad Maos China als vorbildliches Land der Freiheit ent deckt haben und bei ihren Streiks und Demonstra tionen die Nachahmung der Kulturrevolution for dern. Herr Kuan wundert sich.

Er spricht kein Wort Deutsch. Aber er is sprachbegabt und lernt schnell. Bald schon lande Kuan in Hamburg am renommierten Institut fü Asienkunde, wo er zunächst eine wissenschaftlich Arbeit in Englisch schreibt. Mehr oder weniger diskrete geheimdienstliche Anwerbungsversuche lehn er ab. Dann kellnert er lieber, um Geld zu verdienen Schließlich wird er an der Universität Hamburg aufgenommen, zunächst als Student, dann als akademische Hilfskraft und Sprachlehrer. In den Augen de taiwanfreundlichen Chinesen von Hamburg gilt er wie ihm bald kolportiert wird, als kommunistische Spion. Er leidet unter dem Misstrauen, versuch aber, sich nichts anmerken zu lassen.

Als 1972 sein befristeter Lehrvertrag an de Uni Hamburg ausläuft, streiken die Studenten, um ihrem beliebten Lehrer Kuan eine Lektorenstelle zu verschaffen. Und auch privat findet er sein Glück: Die 19 Jahre jüngere Dolmetscherin Petra hat sich in ihn verliebt und aus Interesse zu Kuan und seiner Heimat ein Sinologiestudium aufgenommen, sie schließt es so erfolgreich ab, dass sie später sogar für hohe chinesische Staatsgäste als Dolmetscherin herangezogen wird. 1976 ziehen die beiden zusammen, heiraten dann bei einer Urlaubsreise ein Jahr später in Hongkong. Kuan schafft seine Dissertation und ist nun in seinem »zweiten, dem deutschen Leben« ein Hamburger Herr Doktor. Doch die frühere, die chinesische Existenz lässt ihn nicht los. Über Umwege erfährt Kuan vom Tod seiner Mutter – und immer noch gibt es keine Nachrichten von Kuans Sohn Xin, der irgendwo in China verschollen scheint.

Nach Maos Tod am 9. September 1976 und dem Sturz der Viererbande entspannt sich die Lage in der Volksrepublik, es beginnt die Zeit der Rehabilitierungen. Kuan weiß allerdings, dass er als »Republikflüchtling« keine Chance hat. Als eine hochrangige Delegation aus der Volksrepublik 1979 Hamburg besucht, schüttet Kuan dem Leiter, von Weinkrämpfen geschüttelt, sein Herz aus: *›Mir ist egal, was die Leute über mich denken. Ich habe mir nichts vorzuwerfen, und alles, was ich hoffe, ist nur, meine Angehörigen wiederzusehen.‹*

Ein Artikel Kuans über die Peking-Oper, der auch in der Volksrepublik veröffentlicht wird, bringt den Durchbruch. Im Januar 1980 erhält der China-Dozent zu Händen der Hamburger Universität einen Brief – von seinem Sohn, der den Beitrag des Vaters gelesen hat und anhand der Autorenzeile von seinem Verbleib in Deutschland erfuhr. Überglücklich bietet Kuan senior ihm an, ein Studium in den USA zu finanzieren. Die beiden treffen sich schließlich in San Francisco – 13 Jahre nach der Nacht der Trennung. Der Vater erzählt, erklärt, rechtfertigt sich; doch das ist nicht nötig: Der Sohn hat längst verstanden. Die beiden, die nie Gelegenheit hatten, sich zu zerstreiten, versöhnen sich. Kuan senior: *›Wir sind uns unglaublich ähnlich, stellten wir fest. Es war, als hätten wir uns nie getrennt.‹*

Für Yu Chien Kuan bricht nun die *›glücklichste Zeit des Lebens‹* an, wie er sagt. Weihnachten 1980 informiert ihn die chinesische Botschaft in Bonn, er könne nun jederzeit ein Visum bekommen. Mit seiner Frau Petra fährt er 1981 zum großen Familientreffen nach Peking – und erfährt, dass sein Bruder Diqian als angeblicher Fluchthelfer sechs Jahre im Gefängnis sitzen musste, bevor er schließlich rehabilitiert wurde. *›Verfluch mich, beschimpft mich, du hast allen Grund dazu‹*, ruft Kuan ihm zu. *›Vielleicht würde das auch mich erleichtern.‹* Aber der Bruder kann das nicht. Er hat seine Kompromisse geschlossen, mit dem Verwandten wie mit der Partei. Als KP-Mitglied und Chefredakteur einer offiziellen Zeitschrift lobt der Bruder längst wieder den Kurs der Regierung. Mit einer Einschränkung: *›Die Kulturrevolution war ein großer Umweg bei der Entwicklung unseres Landes‹*, das ist die einzige Kritik, die ihm über die Lippen kommt.

Doktor Kuan ist mit seiner Frau Petra seit damals fast jedes Jahr in die alte Heimat gereist. Er hat sogar das entlegene Dorf in Qinghai besucht, wo er während des »großen Sprungs« nach vorn so sinnlos schuften musste. Aber sein mit Abstand liebstes Reiseziel ist die alte Heimatstadt Shanghai, die ihn auch offiziell rehabilitiert hat. Dort organisiert er Klassentreffen mit den »Ehemaligen« von der Jesuitenschule, alle inzwischen pensioniert wie er selbst; trifft sich mit ihnen zum Chorsingen oder zum Umtrunk. In Hamburg, wo die Kuans nahe der Alster ein gemütliches, zweistöckiges Apartment bewohnen, vollgestopft mit Erinnerungen an die alte Heimat, verfasst der China-Kenner Kolumnen für wichtige Hongkong- und Singapur-Publikationen, Bücher über die Kultur seines Landes, Reiseführer, auch seine Lebenserinnerungen hat er schon herausgegeben. »Mein Leben unter zwei Himmeln«, nennt er sie.

*›Ich bin zufrieden und glücklich, wenn ich sehe, über wie viele Freiheiten meine Landsleute heute verfügen. Wer konnte zu meiner Zeit schon seinen Beruf und seinen Einsatzort selbst wählen, geschweige denn einen Auslandsaufenthalt planen‹*, sagt der grau gewordene, aber immer noch vitale und temperamentvolle Yu Kuan, dem man seine 74 Jahre kaum ansieht. *›Sicherlich, der Wandel vollzieht sich hauptsächlich auf wirtschaftlichem Gebiet, und es gilt immer noch, die politischen Rechte der Menschen einzuklagen, den Mangel an Pressefreiheit anzuprangern. Aber Gesetze spielen immerhin eine viel größere Rolle als früher, die Willkürherrschaft wird zurückgedrängt.‹* Im Gespräch mit chinesischen Freunden geht er härter mit der Partei ins Gericht als bei der Diskussion mit Ausländern; vor allem, wenn die Fremden sein Land direkt angreifen, kann er zum Pauschalverteidiger werden. Herr Kuan ist eben immer noch das, was er sein Leben lang war: ein chinesischer Patriot.

Seit einigen Monaten verfügen seine Frau und er auch über eine schöne Dreizimmerwohnung am Stadtrand von Shanghai, nicht zu weit vom Kern der Metropole: Dort, wo man noch ins Grüne blicken und sich schnell in den Großstadt-Dschungel stürzen kann. *›Je älter ich werde, desto mehr zieht es mich nach Shanghai‹*, sagt Herr Kuan. Ein Grund dafür ist sicher auch, dass er dort seinen Sohn häufiger sehen kann. Denn der Amerikastudent ist mittlerweile in die Stadt seiner Leiden und Lieben zurückgekommen: ein Shanghai-Heimkehrer der jüngeren Generation. Ein ganz besonderer: *›Sie müssen Michael unbedingt kennen lernen‹*, sagt Yu

Chien Kuan zum Abschluss unserer langen Gespräche voller Vaterstolz. *›Er ist ein großartiger Junge, er repräsentiert das neue Shanghai vielleicht besser als jeder andere. Und natürlich ist meine Lebensgeschichte im Westen nur ein Teil der Familienhistorie – der andere, der mir so lange verborgen blieb, spielte sich in der Volksrepublik ab.‹*

Xin hatte als Junge unter der Flucht seines Vaters fast so schwer zu leiden wie sein Onkel, der ins Gefängnis wanderte, und wie seine Mutter, die ebenfalls am Tag nach Kuans Verschwinden festgenommen wurde. *›Ich blieb mit meinen elf Jahren allein zurück‹*, erzählt er. *›Ich wusste, was die Roten Garden mit der Wohnung eines so genannten Konterrevolutionärs machen würden, sollten sie erst einmal Wind von der Flucht bekommen haben. Sie würden alles zerstören oder mitgehen lassen. Aber ich war clever.‹* Der Junge nimmt die wertvollen Schriftrollen, Lieblingsstücke seines Vaters, von der Wand, bringt sie zu seinem Kumpel. Dann packt er das Nötigste und versucht, bei der Verwandtschaft unterzukommen – es wird ein Desaster. Eine seiner Tanten schickt ihn weg, zum Großvater. Der Opa, ein wichtiger Funktionär, lässt ihn nicht einmal in die Wohnung, weil er mit Staatsfeinden nichts zu tun haben will, und drückt ihm an der Türschwelle wie einem Bettler ein paar Münzen in die Hand. Ein anderer Verwandter beschimpft den Kleinen als *›Sohn eines Scheißkerls‹* und wird sogar handgreiflich. Xin kehrt niedergeschlagen in seine Straße zurück, wagt sich aber nicht in die Wohnung, als er Rote Garden durch die Nachbarschaft ziehen sieht. Er schläft in irgendwelchen Verschlägen und klaut und bettelt sich am Tag Essen zusammen.

Bald wird das Intellektuellenkind »streetsmart« wie ein kleiner Gangster, bricht in Heizungsräume ein, um der Winterkälte zu entgehen, überlegt sich, andere herumstreunende Kids seines Alters in einer Jugendbande zu organisieren. *›Ich merkte bald, dass ich ein ganz erhebliches Durchsetzungsvermögen besaß. Vielleicht wäre ich kriminell geworden, hätte ich nicht nach einer Weile bei meiner Tante Meijing und später bei der Großmutter Unterschlupf gefunden.‹* Xin zieht zu ihr in den Süden, kann sogar, in der Kulturrevolution eine Seltenheit, die Volksschule abschließen. Er möchte studieren, doch dazu muss er seine Identität preisgeben. Keine Chance: Kinder von Konterrevolutionären bekommen keinen Platz an der Universität. So wird er Bauarbeiter, lernt Lastwagen reparieren. Eines Tages entdeckt ein Freund in der chinesischen Zeitung »Cankao Xiaoxi« den Artikel über den Besuch der Peking-Oper in Deutschland – und die Autorenzeile: Yu Kuan, Universität Hamburg. Er ahnt, nein, er weiß: Das ist kein Namensvetter, das ist sein Vater.

[139]

**›Zweite Karriere in der alten Heimat‹**
Erfolgsunternehmer Michael Kuan mit Frau Diana und Sohn Justin

Wer sich in Shanghais Gosse durchgesetzt hat, für den sind die Straßen von San Francisco ein Kinderspiel. Neben dem Wirtschaftsstudium kellnert XIN in einem Chinarestaurant und freundet sich dort mit einem Stammgast an, der ihn unter seine Fittiche nimmt. Zunächst einmal braucht der junge Mann einen Namen, den man sich merken kann – aus XIN wird MICHAEL. Dann lernt er alle Tricks des Investmentbankings und die hohe Kunst, chinesische und amerikanische Investoren zusammenzuführen. Nach dem Massaker am Platz des Himmlischen Friedens 1989 springen viele ab. MICHAEL KUAN findet, wie sein Vater, das Vorgehen der Militärs schrecklich; aber er ist sich sicher, dass die wirtschaftliche Öffnung des Landes trotz dieses brutalen Rückschlags fortgeführt wird. *›Diese Entwicklung kann man definitiv nicht mehr zurückdrehen‹*, sagt er zu seiner Stiefmutter PETRA, mit der er sich inzwischen angefreundet hat.

MICHAEL geht Anfang der Neunziger nach Hongkong, um von dort die Chinageschäfte seiner Klienten zu koordinieren. Er heiratet DIANA, eine attraktive junge Frau aus Peking, die aus dem weit verzweigten Clan der letzten Kaiserfamilie stammt und wie er in den USA studiert hat. Seit 1997 leben die jungen KUANS in Shanghai.

Teestunde bei den KUANS im neuen Shanghai – das ist ein Besuch bei Menschen, die es geschafft haben. Bei Menschen, denen dennoch ihre Vergangenheit ständig präsent ist. Sie haben eine geräumige Wohnung im luxuriösen Apartmentblock des Jinjiang bezogen, jenes Hotels, in dem MAO TSE-TUNG und RICHARD NIXON einst die Papiere zur Aufnahme der Beziehungen zwischen den USA und der Volksrepublik unterzeichneten. DIANA hat inzwischen als chinesische Vize-Chefin einer großen Singapurer Bank Karriere gemacht; MICHAELS Broker-Business mit seiner Consulting-Firma Vision Century läuft so blendend, dass er inzwischen als wohlhabender, vor allem aber einflussreicher Mann in der Huangpu-Metropole gilt: keine schlechte Karriere für einen ehemaligen Straßenjungen. Zwischen teuren Möbeln und Antiquitäten, zwischen Teak und Marmor und jeder Menge gemütlicher tiefer Sessel turnt JUSTIN herum, der kleine Sohn der KUANS, der seine ersten Gehversuche macht.

Ein perfektes Familienidyll, das überallhin verpflanzbar scheint. MICHAEL KUAN ist ein Typ, der es gemeinsam mit seiner polyglotten Frau sicher überall schaffen würde: ein Weltbürger. Warum gerade Shanghai, warum wieder die Stadt, an die MICHAEL alias XIN doch bestenfalls gemischte Erinnerungen hat? *›Heute in China leben, heißt Geschichte an einem Brennpunkt erleben. Niemals zuvor hat sich China freiwillig so weit dem Westen geöffnet und dermaßen fundamentalen Fortschritt erlebt‹*, sagt der Mann, der ebenso gern Vivaldis »Vier Jahreszeiten« wie die klassisch-chinesischen Klänge der Peking-Oper hört. *›Wir sind Augenzeugen einer Zeit, die einmalig ist in der Geschichte der Nation. Und für mich selbst ist es eine täglich neue spannende Rückkehr zu meinen Ursprüngen.‹*

MICHAEL KUAN sieht öfter hohe KP-Funktionäre: Spricht er die Bosse manchmal auf die alten Zeiten an, wird er auf seine Familiengeschichte in Zeiten der Kulturrevolution angesprochen? Der Pragmatiker schüttelt den Kopf. *›Wir klammern das aus. Keinen Verantwortlichen der Stadt interessiert mein Vorleben, und ich denke nicht daran, die Geister der Vergangenheit zu stören.‹*

Wenn schon Vergangenheit, dann KONFUZIUS: Diesen Weisen würde der überzeugte Chinese gern seinen Freunden im Westen nahe bringen, geistiger Mittler zwischen den Welten sein. KUAN junior ist gerade von einer Vortragsreise an amerikanischen Universitäten zurück, wo er den staunenden Studenten von den Lehren des Philosophen aus dem sechsten vorchristlichen Jahrhundert erzählte, die China tiefer durchdrungen haben als alles andere, was später kam, und die auch für die USA und Europa gültige Regierungs-Regeln sein könnten – *›unterrichtet die Menschen, gewinnt ihr Vertrauen, macht sie wohlhabend‹*.

MICHAEL KUAN bewundert seinen Vater und freut sich sehr, wenn YU CHIEN und PETRA künftig noch öfter in Shanghai sein werden. Der Kleine zeigt begeistert auf Bilder von *›Grand-Ma‹* und *›Grand-Pa‹*; auch JUSTIN wird es genießen, wenn die Senioren mehr Zeit am Huangpu als an der Alster verbringen. Vor Shanghai liegt nach MICHAELS Meinung eine glänzende Zukunft: *›Die Stadt hat die richtige Mischung von Ost und West, von Tradition und Moderne. In Shanghai lässt es sich heute schon genauso gut leben wie in New York oder London – und keine andere Metropole ist so voller Dynamik.‹* Wenn es bei all diesem Gegenwartsglauben, bei dieser Zukunftseuphorie für den Shanghai-Gläubigen eine Einschränkung gibt, dann ist es die mangelnde Rücksicht auf die Traditionen, besonders auf die alten Bauten der Stadt. Zwar sieht MICHAEL KUAN bei den Stadtoberen erste Anzeichen dafür, dass nun auch sie erkannt haben, dass man nicht alles niederreißen darf, aber er setzt bei der Bewahrung und Restaurierung eher auf Privatinitiativen. Beispielsweise auf seinen Freund HU XIANG CHENG, den berühmten Maler. Und auf JEFFREY WONG, den Unternehmer. Auch diese beiden Shanghai-Liebhaber sind Heimkehrer.

**UNTERWEGS MIT HU XIANG** in die Dörfer der Umgebung. Der Künstler hat in Japan Karriere gemacht und ist zu Wohlstand gekommen. Doch der Stolz auf die alte chinesische Kultur ist, wie er sagt, *›immer in mir geblieben‹*. Im kleinstädtischen Qingpu, eine halbe Stunde vor den Toren der Mega-City, restauriert der Traditionsbewusste mit Hilfe verschiedener Geldgeber aus Hongkong eine alte Ladenzeile, im Dorf Jinze einen Tempel. *›Es sind Inseln in einem Meer von gesichtslosen Neubauten, die sich immer mehr ausbreiten‹*, sagt HU XIANG. *›Ich weiß das, aber Inseln sind besser als nichts.‹* In der alten Wasserstadt Zhouzhuang, heute als »Chinas Venedig« ein überlaufenes Ausflugsziel aller Shanghai-Touristen, hat er sich in einem Nebengässchen ein Refugium bewahrt. Das alte Haus ist liebevoll wiederhergerichtet, mit Erkern, traditionellem Reis-Ofen, einem verwunschenen Garten. Sooft er kann, jettet der Künstler von Japan herüber, lädt auch Partei-Bürokraten ein – in der Hoffnung, dass sein Beispiel Schule macht.

Der Unternehmer JEFFREY WONG hat, wenn es um Shanghai ging, immer so etwas wie Phantomschmerz empfunden. Er litt mit der Stadt, empfand sie als Teil von sich – ohne sie auch nur zu kennen. Sein Vater hatte den Grundstock des Familienvermögens in den Zwanzigerjahren am Huangpu mit einem Verlagshaus gelegt, bevor er nach Japan auswanderte. JEFFREY wurde 1940 in Kobe geboren, von seinen Eltern seit frühester Kindheit auf Geschäftsmann getrimmt. Schon mit zwölf schickt man ihn auf eine Rundreise zu den Familienfirmen in Thailand, Singapur, Indonesien. Mit 21 Jahren übernimmt er das Handelsunternehmen mit

[140]

**›Traditionelles Leben im »Garten der Augenweide«‹**
Das Wasser-Dorf Zhouzhuang ist über 100 Jahre alt

über 15 000 Beschäftigten in ganz Asien, verkauft Hemden an den Otto-Versand nach Hamburg, Hosen an Macy´s in New York und Kleider an die Galeries Lafayette in Paris. Das Geschäft läuft, doch JEFFREY WONG ist nicht glücklich. Er fühlt sich zur Kunst hingezogen, zur Musik, Literatur, Architektur. Er nimmt eine CD mit Oldies auf, die floppt. Er schreibt Kurzgeschichten, die keiner haben will. Er weiß nicht weiter – und verkauft 1994 sein ganzes Imperium, zieht los, um die Welt zu sehen, ohne auf die Registrierkasse achten zu müssen.

Als JEFFREY WONG dann die Stadt seines Vaters besucht, gehen ihm die Augen auf. Mit einem alten Stadtplan macht er sich auf die Suche nach Erinnerungen und entdeckt tatsächlich Spuren der WONG-Sippe, das vom Vater gebaute Haus des ehemaligen Dazhong-Verlages, den Nachbarschaftstempel. Doch wo immer er hinkommt, um Fährten von früher zu suchen, waren die Abbruchunternehmer schon da – entweder wurden die alten Fabriken, Villen und Gotteshäuser gerade zerstört, oder sie waren zur Zerstörung bestimmt, für noch ein neues Kaufhaus, noch eine neue Hochstraße. Hier findet der Multimillionär ohne festen Job seine neue Aufgabe: als Retter der kostbaren Shanghai-Architektur. Er beginnt, bedrohte Häuser aufzukaufen; und war der Abriss schon beschlossen, das Gelände einem neuen Besitzer versprochen – eher der Regelfall denn die Ausnahme –, lässt er Stein für Stein abtragen, katalogisieren und an anderer Stelle wieder aufbauen.

[141]

**›Venedig auf chinesisch‹**
Kanal mit Gondoliere im Ausflugsziel Zhouzhuang

Zhujiajiao heißt der Ort vierzig Kilometer vor den Toren der Innenstadt, wo Jeffrey Wongs architektonisches Nostalgiereich entsteht. Hier hat *›der Mann, der die Häuser liebte‹* (»Frankfurter Allgemeine Sonntagszeitung«), ein riesiges Stück Brachland aufgekauft und schützt seine geretteten Baudenkmäler wie der Herr eines Naturreservats vom Aussterben bedrohte Tierarten. Für Wong sind diese Gebäude keine Ansammlung von toten Steinen, sondern Lebewesen mit einer Seele: Er kennt die Geschichte jedes der über 110 Häuser, der zwanzig Pavillons, der zehn Brücken, sechs Pagoden – *›sie sind ein ganz wichtiger Teil von Shanghais Organismus‹*, sagt er.

Die Villa da vorne? *›Das ist die frühere Zentrale von Riesenohr-Du, unserem Obergangster aus den Dreißigern.‹* Und das eher zierlich geschwungene Anwesen dort hinten, mit den Schnitzereien und den roten Holzsäulen? *›Ah, das ist eines meiner Lieblingshäuser, die Residenz eines kaiserlichen Beamten.‹* Noch singen hier die Vögel zwischen den Bäumen, kriechen die für Bauernland typischen Käfer übers Kopfsteinpflaster. Aber der Moloch Shanghai rückt näher, neue Fabriken und ein protziger Freizeitpark bedrohen das merkwürdig künstlich anmutende Museumsdorf mit der echten Shanghai-Architektur. Schon hat die Stadt Jeffrey Wong bedeutet, er werde weiterziehen müssen. Der Unternehmer hat sicherheitshalber schon ein Alternativ-Gelände gekauft, noch weiter draußen. Das heißt: wieder abbauen, wieder aufbauen. *›Aber darin haben wir ja schon Übung‹*, seufzt einer der Arbeiter, der nichts Schlechtes über den Unternehmer sagen will, der pünktlich bezahlt. *›Nur: Warum kauft der denn nicht neue Wohnungen, das käme doch viel günstiger…‹*

Jeffrey Wong, der stets elegant gekleidete Schöngeist mit dem verträumten Blick und den stets sprühenden Ideen, hat diese Bemerkung nicht gehört. Sonst hätte er wohl etwas weiter ausholen müssen. Er hätte von Schuld erzählen müssen, von der Ausbeutung der Arbeitskräfte durch seinen Vater, von dem gedankenlosen familiären Umgang mit einem Erbe – und dem Phantomschmerz, der ihn deshalb quält. Er hätte von der Chance erzählen müssen, die er allen bieten will, die sich für Shanghais Geschichte interessieren: *›Die Menschen von Shanghai setzen Fortschritt und Entwicklung gleich mit neuen Glasfassaden, mit Wolkenkratzern und Magnetschwebebahnen. Doch diese Stadt in die Zukunft führen kann nur derjenige, der die Vergangenheit achtet und ihre Zeugnisse vor dem Untergang bewahrt.‹*

**SCHULD UND SÜHNE**, Neuanfang und Lebensabend – das sind die Leitmotive fast aller Shanghai-Heimkehrer. Wie ein Magnet, dem sie nicht widerstehen kann, zieht die Stadt auch Anchee Min zurück in ihren Sog. Ihre Schuld, das weiß die Schriftstellerin, ist nicht imaginär – sie hat da eine Bürde auf sich geladen, die sie lange Zeit begleiten wird und vielleicht nie wieder loslassen. *›Meine Kindheit in Shanghai ist eigentlich nichts Besonderes, eher durchschnittlich-charakteristisch für den Wahnsinn der Sechzigerjahre‹*, sagt die elegant gekleidete Frau mit dem aparten Kinngrübchen. Ihr Vater interessierte sich für Astronomie und veröffentlichte einen Aufsatz über Sonnenflecken. Die Funktionäre luden ihn vor und machten ihm klar, der Große Vorsitzende sei die Sonne. Wenn jemand über Sonnenflecken reflektiere, dann kritisiere er indirekt Mao. Zur Strafe wurde die Familie aus ihrem bequemen und geräumigen Apartment in eine Kommunalwohnung umquartiert; mehr als ein Dutzend Familien mussten sich eine Toilette teilen. *›Dass ich oft in die Hose machte, weil das Klo besetzt war, das ist meine bleibendste Kindheitserinnerung‹*, sagt Frau Min.

Wohl weil sie die Gefahr für die Familie spürt, und ganz sicher, weil ihr der Übereifer Pluspunkte im Schulalltag einbringt, entwickelt sich die Zwölfjährige zur politischen Scharfmacherin. Anchee mag Frau Herbstlaub, ihre Lehrerin, an sich sehr gern und sie weiß, sie ist deren Lieblingsschülerin. Aber als die Pädagogin im Unterricht das Hans-Christian-Andersen-Märchen von des Kaisers neuen Kleidern vorliest, denunziert Anchee sie als »Volksfeindin, die Ausländisches verbreitet«. Aufgeputschte Rotgardisten quälen die Lehrerin so lange, bis die zusammenbricht. Frau Herbstlaub wird ins Gefängnis geworfen.

Die Schülerin wird zur begeisterten Rotgardistin, meldet sich 17-jährig freiwillig zum Einsatz auf dem weiten Land. Sie kommt in die »Volkskommune Rotes Feuer«, wo der Alltag sie fast umbringt: Der Boden in der Shanghai-fernen Provinz, den die Stadtkinder urbar machen sollen, ist salzig, die hohen Gräser zerschneiden die Hände. Die Aufseherinnen erweisen sich als sadistisch – nur eine freundet sich mit ANCHEE an, beginnt mit ihr sogar eine streng verbotene lesbische Beziehung. *›Erstaunlich, dass man auch in einer inhumanen Umgebung das Menschliche, das Sexuelle nicht unterdrükken kann‹*, sagt ANCHEE MIN im Rückblick.

Der Teenager mit den bäuerlich herben, aber sehr hübschen Gesichtszügen fällt den Talentsuchern der MADAME MAO auf. Die Gattin des Großen Vorsitzenden und Anführerin der Viererbande steht damals im Zenit ihrer Macht. Die eitle TSCHIANG TSCHING will einen Propagandafilm über ihr eigenes Leben drehen lassen. Bei der Kandidatenauswahl in Shanghai siegt ANCHEE MIN. Doch gleich an einem der ersten Drehtage stirbt MAO; die Viererbande um seine Frau wird rasch entmachtet, der Film abgesagt. Plötzlich wird es zur schlimmen Belastung, von MADAME MAO ausgewählt worden zu sein. ANCHEE wird als »politischer Unrat« klassifiziert und muss die Böden der Filmstudios schrubben. Mit Hilfe einer in den USA tätigen chinesischen Schauspielerin gelingt ihr 1990 die Flucht in die Vereinigten Staaten. Sie spricht kein Wort Englisch, aber arbeitet im Exil Tag und Nacht. 1994 veröffentlicht sie in der fremden Sprache ihr erstes Buch: »Die Rote Azalee«.

Nach einer gescheiterten Ehe mit einem Chinesen heiratet sie einen amerikanischen Lehrer und lässt sich mit ihrer Tochter in Kalifornien nieder. Weitere Bücher folgen, unter anderem eine pseudo-biografische Roman-Auseinandersetzung mit MADAME MAO, die erstaunlich freundlich ausfällt – ANCHEE sieht in MAO den Hauptverantwortlichen für alle China-Katastrophen. Keines ihrer Bücher erscheint in Shanghai – und trotzdem, so erfährt sie aus Briefen, weiß ihre gesamte Verwandtschaft über ihre Karriere Bescheid.

Lange überlegt sie sich, wann der richtige Zeitpunkt ist, Shanghai und ihren immer noch dort lebenden Vater zu besuchen (und ihm ein neues Astronomen-Fernrohr mitzubringen), die Stadt ihrer Tochter zu zeigen. Dann fährt sie Ende der Neunziger einfach mal los, und seitdem jedes Jahr. Die Besuche würden immer länger, sagt sie, so dass sie manchmal schon ein Drittel ihrer Jahres-Zeit in Shanghai verbringe. Sie tut es auch für ihre Tochter, *›damit sie weiß, wo ihre Wurzeln sind‹*. ANCHEE MAN steigt nicht in den Luxushotels ihrer Heimatstadt ab, sie übernachtet bei der Verwandtschaft. Keine Geldfrage, sondern eine der Lebensauffassung. *›Meine Tochter muss das wirkliche Shanghai erleben und erleiden. Wir schlafen dann in einem winzigen Zimmer ohne Klimaanlage, Moskitos zerstechen uns im Sommer, im Winter ist es empfindlich kalt. Ich glaube, meine Kleine hasst mich dafür ein bisschen – andererseits mag sie die Nudelshops in der Nachbarschaft ganz besonders.‹*

Mit der schrillen Kulturszene des jungen Shanghai kann die Mittvierzigerin nichts anfangen. Sie findet die Propagandisten der avantgardistischen Großstadtliteratur *›sexbesessen und egoman‹* – ein Urteil, das sich gerade aus ihrem Mund merkwürdig apodiktisch ausnimmt. Sie scheint das zu bemerken und fügt hastig hinzu: *›Ich verstehe, dass sich die jungen Leute austoben und alle literarischen Formen ausprobieren wollen, sie haben alles Recht darauf‹*, sagt die etablierte Schriftstellerin. *›Dennoch bedrückt mich, dass sie so geschichtslos und zynisch sind. Da wächst, fürchte ich, eine neue Ego-Generation heran.‹*

Sie mag die neuen Bars, die schicken Restaurants nicht besonders, findet aber in Ordnung, dass es so etwas gibt. *›Alle meine Verwandten sind stolz auf dieses Glitzer-Shanghai‹*, sagt die ehemalige Rotgardistin. Weiß ANCHEE MIN denn, was aus ihrer früheren Lehrerin geworden ist, die sie denunziert, deren Leben sie zerstört hat? *›Frau Herbstlaub wurde rehabilitiert‹* sagt sie. Und setzt dann leise, sehr traurig hinzu: *›Ich habe ihre Adresse herausgefunden, sie aufgesucht und um Entschuldigung gebeten. Sie aber sah nur durch mich durch und sagte: Sie müssen sich irren – Sie waren nie meine Schülerin‹.*

Kapitel 4

# SHANGHAI HEUTE | DIE STADT DER KÜNSTLER

*›Eine Stadt, mit der man sich kontrovers auseinander setzen muss‹*

· »GOOD BYE, LENIN« AUF CHINESISCH · WIE AUS EINEM SOLDATEN DER VOLKSBEFREIUNGSARMEE EINE PRIMABALLERINA WURDE · DER ZICKENKRIEG: SHANGHAI-QUEEN VS. SHANGHAI BABY · AUTORENREVOLUTION IM INTERNET · ACHTUNG: KÜNSTLERLAWINEN! · MAO UND DIE SEXY »LADY IN RED« · ALTE FABRIKEN WERDEN ZU NEUEN ATELIERS · DAS KAMEL MIT SONNENBRILLE · UNTERWEGS MIT DEM UNTERGRUNDREGISSEUR ·

*›Ich kann mich noch gar nicht an den Gedanken gewöhnen, dass der gute alte Onkel tot sein soll‹, bemerkte Koralle zu ihrem Vetter. ›Und mir erscheint das ganz natürlich‹, erwiderte Fan. ›Er war bereits ein Kadaver, ein Stück toter Vergangenheit, als er noch dort in der Provinz sein Friedhofsleben lebte. Hier in der kräftigen Luft der neuen Zeit, in der Luft von Shanghai, muss er nun endgültig dahin. Fort, fort mit euch Überbleibseln einer toten Gesellschaft! Für euch ist kein Raum mehr in der neuen Zeit! Genauso wenig wie für den Kadaver des alten 5000-jährigen China!‹*

MAO DUN
*(Aus:* »Shanghai im Zwielicht«, *1933)*

愚园路 →

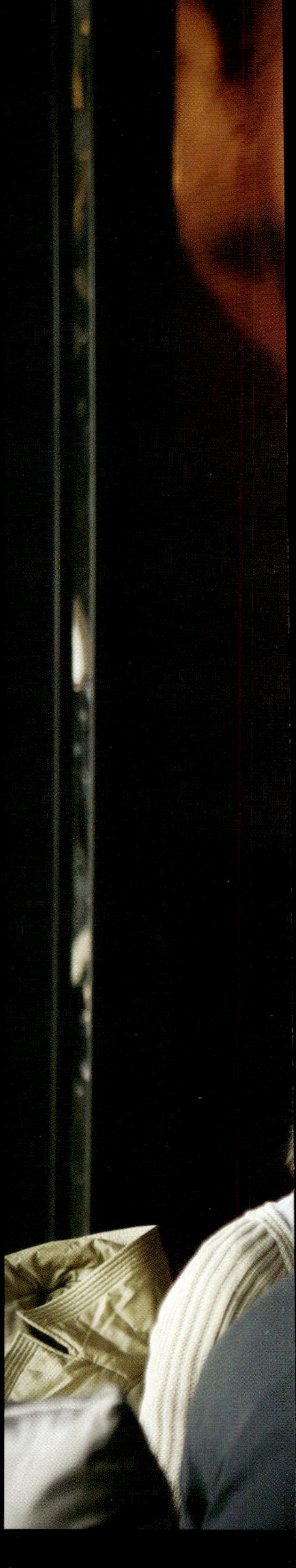

**›Refugium der Reichen und Schönen‹**
Besucher in der »Bar Rouge« am Bund Nr. 18

[145]

**›Rote Lichter sieht man besser‹**
Schickeria-Treffpunkt »Park 97«

[146]

**›Bar der Superlative‹**
Im »Rouge« feiert Shanghais Jeunesse dorée

[147]

**›Locker auf dem Hocker‹**
Szene-Lokal im Vergnügungsviertel Xintiandi

[148]

**›Gedränge am Tresen‹**
Exklusive Discothek »VIP Room«

諦觀如來相好莊嚴獲諸無盡功德藏

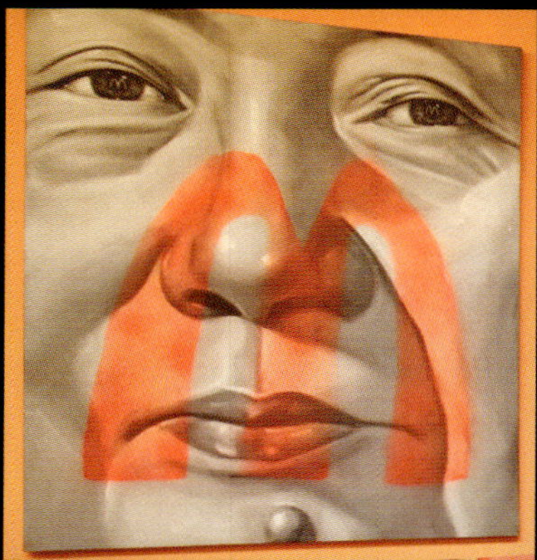

[150 & 151]

**›Mao, Mona Lisa und Mc Donald's‹**
Künstlerisch verfremdeter Staatsgründer, Bilder vom Flohmarkt

**›Hinter Schloss und Riegel‹**
Graffiti, das den US-Präsidenten verhöhnt

[153]

**›Shanghai als Stadt von Morgen‹**
Skyline des Stadtviertels Pudong

[154]

**›Frau oder Mann, Ost oder West – ein brillantes Rollenspiel‹**
Primaballerina und Chef-Choreografin Jin Xing auf einem Plakat

*Kapitel 4*

# Die Stadt der Künstler

*›Eine Stadt, mit der man sich kontrovers auseinander setzen muss‹*

**DIES IST DIE GESCHICHTE**, wie ein Goethe-Institut, das eigentlich gar kein Goethe-Institut ist, in Shanghai den Film »Good Bye, Lenin« gezeigt hat, ohne ihn »Good Bye, Lenin« zu nennen. Es ist eine Geschichte, die exemplarisch vorführt, was alles geht in Shanghai – wenn man denn einfallsreich genug ist und mit den Macheten der Phantasie Schneisen in den wuchernden Bürokratendschungel zu schlagen weiß.

Die Damen am Telefon des Büros im Pidemco Tower an der quirligen Fuzhou-Straße in Shanghais Innenstadt haben jedes Mal einen Zungenbrecher zu bewältigen, wenn sie sich am Telefon melden: *›Hier ist die Abteilung für Kultur und Bildung des Generalkonsulats der Bundesrepublik Deutschland in Shanghai‹*. Nicht schön, das an die fünfzig Mal am Tag wiederholen zu müssen. Per E-Mail geht's einfacher: info@shanghai.goethe.org – und schon ist man durch. Aber obwohl das Institut Lehrerfortbildungskurse anbietet, deutsche Künstler in die Stadt holt und chinesische nach München und Berlin einlädt, obwohl in den Räumen deutsche Zeitungen ausliegen und Deutsche Welle läuft, obwohl die Stätte also riecht wie ein Goethe-Institut, schmeckt wie ein Goethe-Institut und arbeitet wie ein Goethe-Institut (außer ein bisschen fleißiger und kreativer als die meisten anderen weltweit), darf es sich nicht so nennen. Schließlich ist die Bundesrepublik schon in Peking mit einem offiziellen Kulturinstitut vertreten. Eine Goethe-Zweitausgabe in Shanghai ist im zwischenstaatlichen Kulturabkommen nicht vorgesehen und bedürfte schwieriger Genehmigungsverfahren.

Eine heikle Konstruktion, von beiden Seiten mit viel Sinn für Pragmatismus akzeptiert; allerdings immer in Gefahr, an chinesischen Empfindlichkeiten und als provozierend empfundenen Grenzüberschreitungen zu scheitern. Mithin auch keine leichte Aufgabe für ANDREAS SCHIEKOFER, von Anfang 2001 bis Mai 2005 Chef dieser Shanghaier Konsulats-Kulturabteilung. Probleme haben den rührigen deutschen Repräsentanten aber nie an etwas gehindert, er sieht sie eher als sportliche Herausforderung. So tat er immer alles, um neben Musikern, Malern und Dichtern nicht nur interessante, anregende, sondern auch umstrittene Filme nach Shanghai zu holen. Im Frühjahr 2004 regte er bei seinen chinesischen Gesprächspartnern an, außer einigen politisch unverdächtigen deutschen Leinwand-Produktionen wie etwa dem »Wunder von Bern« auch den mit dem Berliner Filmpreis in Gold ausgezeichneten und in Rest-Europa extrem erfolgreichen Streifen »Good Bye, Lenin« zu zeigen – die Satire auf den Untergang der DDR und die Verlogenheit des Staatssozialismus.

Natürlich hatten die weltoffenen Shanghaier Bürokraten von dem Film gehört, und natürlich waren sie privat stark interessiert. Aber »Good Bye, Lenin« bei einem Filmfestival zu zeigen, war dafür die Öffentlichkeit schon »reif«? Konnte das Werk nicht auch als Verspottung der chinesischen KP ausgelegt werden? Die Bürokraten hatten Bedenken. Für Europäer mochte der Film leichte Kost sein, aber allein schon sein Titel: für eine KP schwer verdaulich. Im Alltag hat sich Shanghai wie der überwiegende Teil der Volksrepublik zwar längst von WLADIMIR ILJITSCH LENIN und den anderen ideologischen Gottheiten des Kommunismus verabschiedet, aber offiziell gilt die Ideologie noch immer als staatstragend. Die Partei gibt vor, das Erbe des Sowjetrevolutionärs zu pflegen, sein Gedankengut zu hegen – und nun sollte sie zulassen, dass dem Idol ein freches »Good Bye« nachgerufen wurde? Dass Lenin, wie liebevoll satirisch auch immer, vor einem amüsierten Publikum in den Mülleimer der Geschichte entsorgt wurde?

Schweißperlen auf Stirnen, vielfach gewrungene Hände, verlegene Wortkaskaden, die Shanghaier Seite rätselte, wie sie mit dem Vorschlag umgehen sollte. Dann zerschlug endlich einer der Stadtoberen den kommunistisch-gordischen Knoten: Man wolle den Film gern zeigen, aber ihm einen unverdächtigen neuen Titel geben. »Die Niederlage«? Um Gottes Willen, das ging nicht, da doch der »Sozialismus mit chinesischen Vorzeichen« als gesellschaftliche Grundlage immerwährender Siege propagiert wird. »Die Fälschung?« Noch undenkbarer, da Chinas Sozialisten bekanntlich nie etwas gefälscht haben, weder Statistiken noch Geschichtsschreibung. »Die Veränderung«? Ja, das klang gut. Permanente Veränderung bei ideologischer Standhaftigkeit – das war und ist Leitlinie der Partei. Und so kam WOLFANG BECKERS Film mit DANIEL BRÜHL in der Hauptrolle unter dem Titel »Bian hua« ins offizielle Shanghaier Festspiel-Kinoprogramm. Das Publikum bejubelte den Streifen. Auch die Kritiker äußerten sich positiv – und versäumten nicht, »Die Veränderung« bei ihren Besprechungen mit dem Originaltitel zu versehen.

»Good Bye, Zensur«: So weit ist es eben in China noch nicht, nicht einmal in seiner kosmopolitischen Vorzeigestadt. Kreative Umgehung der Zensur lautet deshalb das Motto der Shanghaier Künstler, die etwas veröffentlichen oder ausstellen wollen. Manche arrangieren sich, setzen in Diskussionen mit den Autoritäten einiges durch, scheitern mit anderem. Viele tauchen ab in den Untergrund. Drehen früh morgens am Suzhou Creek oder in anderen Abrissgegenden mit Handycams ihre revolutionären Videos, malen in zugigen, längst verlassenen Fabrikgebäuden ihre antimaoistischen Bilder, dichten in drögen Vorstadtkneipen oder abgefahrenen Innenstadtbars und stellen ihre Storys gleich ins Netz statt erst einen Verleger zu suchen.

Shanghai hat einerseits eine die Grenzen auslotende, sich notfalls auch arrangierende Kulturszene – selbst die Stadtväter der KP haben längst begriffen, dass Kunst zumindest wegen der Touristen und des Weltstadt-Niveaus irgendwie »sein muss«; und es hat andererseits eine aufregend schrille Anti-Szene à la New York, Berlin, Tokio. Ach was, roher, rücksichtsloser, rasiermesserschärfer als die anderer Weltstädte. Eine Künstlerwelt, die vibriert, variiert und manchmal auch verstört. Die sich nur mit Hilfe von Insidern erkunden lässt, mit heimischen Scouts, die dem Fremden Wege durch die Nacht der Nichttouristen-Viertel weisen.

Dort trifft man auch JIN XING, die mit ihrer Kunst irgendwo zwischen den Polen liegt: eine parteigeduldete Antipartei-Revoluzzerin, eine privat organisierte Staatskünstlerin, Avantgardistin mit Sinn für den Mainstream – sie passt in keine Kategorien, keine Schubladen, sie tanzt jenseits aller Klischees. JIN XING ist einmalig. Das liegt auch daran, dass Chinas herausragende Primaballerina, ›*die vielleicht beste Tänzerin der Welt*‹ (»Die Zeit«), eine der verblüffendsten Lebensgeschichten des Landes hat. Vor wenigen Jahren war Shanghais Chef-Choreografin noch ein Mann. Präziser gesagt: Offizier der Volksbefreiungsarmee.

›*Ich fungiere als Aushängeschild, aber auch als Alibi der Partei*‹, sagt die Dame im modisch körperbetonten roten Kaschmirpullover mit einem ironisch hingehauchten Lächeln und nippt an einer Tasse Kräutertee. ›*Wenn ein ausländischer Politiker von den Menschenrechtsdefiziten in der Volksrepublik oder von der kulturellen Zerstörung Tibets redet, dann antworten unsere Leute: Ja, aber wir haben immerhin auch einen transsexuellen Oberst, dem wir die Geschlechtsumwandlung erlaubt haben und der jetzt als Startänzerin auftritt...*‹

Wir treffen uns auf ihren Wunsch in der Bar des Grand Theatre in Shanghais Stadtmitte. Es ist ein eindrucksvolles Gebäude. Der französische Architekt JEAN-MARIE CHARPENTIER hat das 1998 eröffnete Opferntheater am Platz des Volkes gebaut, die klassischen chinesischen Formen mit Chrom und Glas modern interpretiert. Das Rund für den Himmel, das Rechteck für die Erde fügen sich zu einer schwungvollen Einheit. Yin und Yang, das Heiße und das Kalte, das Weibliche und das Männliche, in perfekter Harmonie.

Das Kind wird im Jahr des Drachen geboren, am 13. August 1967. Die koreanischstämmigen Eltern leben in der nordchinesischen Industriestadt Shenyang und geben ihm schon in Vorahnung einen Künstler-Namen: JIN XING, Goldener Stern. Ein dreijähriges Mädchen hat man schon, nun also ein Junge: Das Glück des Paares – er arbeitet als Nachrichtenoffizier für die Volksbefreiungsarmee (VBA), sie ist Hausfrau – scheint vollkommen. Als der Kleine mit sechs Jahren einen Tanzfilm im Kino sieht und sich daraufhin ein Ballettkostüm wünscht und tanzen will, immer nur noch ›*tanzen, Pirouetten drehen, berühmt werden*‹, da finden die Eltern das noch niedlich. Als er neun ist und in einen Hungerstreik tritt, um die Erlaubnis für den Besuch einer Ballettschule zu erzwingen, ahnen sie, dass sein Tanzfimmel mehr sein könnte als eine Marotte. Aber sie wollen aus ihm einen »richtigen Jungen« machen, und wo ginge das besser als bei der Armee? Viel Streit, viel Tränen, doch am Ende kommt es zu einem Kompromiss: Der kleine JIN XING tritt in die Tanzkompanie der Armee ein; die VBA hat damals, als es in China auf Geheiß der MAO-Gattin TSCHIANG TSCHING kulturrevolutionäre Opern zu spielen gilt und sonst gar nichts, die beste Ballett-Truppe von allen.

Der hochbegabte Junge macht Karriere. Nur einmal – mit zwölf – läuft er aus den Baracken weg, nach Hause, weil sie ihn für jeden kleinen Fehler züchtigen. Er pfeift auf die Karriere, will wieder

Kind sein. Doch die Eltern zwingen ihn zurück: *›Du wolltest es nicht anders, jetzt musst du durchhalten.‹* Irgendwann nimmt der Kleine für den geliebten Tanz alles in Kauf, auch das Schießen und Handgranaten-Werfen, obwohl ihm das große Gewehr wegen seines Gewichts fast aus der Hand fällt, obwohl er den bedrohlich zischenden Ton der Granaten hasst. JIN XING gibt sich männlich, weil das von ihm erwartet wird. Doch in seinem Körper regen sich längst andere, weibliche Gefühle. Noch

unterdrückt er sie. Spielt in einem militärgesponsorten Actionfilm den Motorrad fahrenden Helden, der sich nicht von Stuntmen doubeln lässt. Aber heimlich träumt er davon, eine Sie zu sein: die Action-Heldin, die Tanzkönigin, die Primaballerina.

JIN XING liebt damals seine Uniform, oder jedenfalls die Macht, die er mit ihrer Hilfe über andere ausübt. Er sprüht vor Ehrgeiz, er arbeitet 18 Stunden am Tag, ordnet alles der Karriere unter: süchtig nach Ruhm. Mit 17 Jahren wird er erstmals zum besten Tänzer Chinas gewählt. Mit 21 erhält er ein Stipendium für die Modern Dance Company in New York und lernt in Amerika etwas völlig Neues kennen: die Freiheit des künstlerischen Ausdrucks. Mit 24 wird er als bester Choreograf der USA ausgezeichnet. JIN XING arbeitet in Rom, in Paris, in Brüssel. Die eine Seite seines Lebenstraums, diese Gier nach öffentlicher Anerkennung, beginnt sich zu erfüllen; doch jenseits der Berufskarriere ist da noch der andere, der private Traum, und der wird immer wichtiger, lebenszentraler: »Goldener Stern« zieht heimlich bei westlichen Spezialisten Erkundigungen über eine Geschlechtsumwandlung ein.

Zurück in China und dort bald zum Oberst befördert, konfrontiert der 28-Jährige seine Armeeführung gleich mit zwei ungeheuerlichen Wünschen: Er will aus der Armee austreten; und er will, möglichst mit höchster Einwilligung der Generalität, aber zur Not auch ohne diese, die Geschlechtsumwandlung. Eine Flucht ins Ausland sei nicht in Frage gekommen, erzählt JIN XING: *›Ich möchte nirgendwo anders als in China wiedergeboren werden, schließlich fühlte ich mich immer als Chinesin.‹*

Geschickt spielt JIN XING mit Shanghaier Politiker-Ängsten, mit der Weltstadt-Sehnsucht der Parteispitze. Droht, im Fall einer Verweigerung »die Spießer« international bloßzustellen. Erstaunlicherweise willigt die Parteispitze ein. Es ist Mitte der Neunzigerjahre, die KP möchte sich einen liberalen Anstrich geben und nicht als prüde-vorgestrig gelten: Die Stadt sieht sich damals schon gern als Avantgarde, als Versuchslabor, als vorbildliche Geburtshelferin eines neuen China. 16 Stunden schnippeln die Fachärzte bei der letzten der drei notwendigen Operationen an dem Mann herum, bevor Er auch äußerlich eine Sie ist – in ihrem Innern hat JIN XING die Geschlechtsumwandlung ja schon als Jugendlicher vollzogen.

Nach Komplikationen in den Füßen sitzt MADAME GOLDSTERN drei Monate lang im Rollstuhl, eine Wade ist bei der Operation nicht richtig durchblutet worden. *›Doch Frauen sind zäh‹*, sagt sie lächelnd. Mit eiserner Disziplin beginnt sie die Fußspitze wieder zu bewegen, nach und nach kehrt ihre körperliche Kraft zurück. Sie tanzt und springt und choreographiert wie früher. Womöglich noch einen Tick einfallsreicher, lasziver, erotischer – jetzt, da *›das kleine Versehen Gottes bei meiner Erschaffung korrigiert ist‹*, wie sie sagt. Und sie macht aus ihrer privaten Story eine öffentliche. Wehrt sich nicht dagegen, dass chinesische Zeitungen über sie schreiben, sondern genießt es, dass sie von vielen als Vorbild nicht nur in künstlerischer Hinsicht verehrt wird. JIN XING saust mit ihrem zitronengelben VW-Käfer von Termin zu Termin, von Party zu Party: eine Attraktion für sich and andere.

Neben ihrem Tanzengagement spielt sie in Filmen mit, arbeitet als Model und in der Werbung. Sie stürzt sich in diese Jobs, als müsse sie sich und der Welt etwas beweisen und allgegenwärtig sein: JIN, JIN, überall JIN. Aber sie achtet darauf, künstlerisch keine Kompromisse einzugehen: Ihre Bühnenshows werden immer extravaganter, technisch anspruchsvoller. *›A Star Is Born‹*, schreibt 1995 selbst Chinas vorsichtige Presse, und vor diesem Stern, so sagt ihr damals jeder, liege eine goldene Zukunft.

[155]

**›Karriere-Sehnsucht von Kleinauf‹**
Eine junge Balletttänzerin bewundert ein Model

Ganz so glatt entwickeln sich die Dinge allerdings nicht. *›Die Kultur in Shanghai haben in diesem letzten Jahrzehnt für mich zwei große, gegensätzliche ›Fs‹ geprägt: Faszination und Frustration‹*, meint JIN XING mit ihrer rauen, Schmirgelpapier-Stimme, die immer so klingt, als wolle sie sich in einem Stadion an die Massen wenden oder einen Parteitag eröffnen. Temperamentvoll blitzen die Augen, sie wirft das modisch kurze Schwarzhaar zurück wie einen störenden Bühnenvorhang, der den Blick zum Publikum verdeckt. Die Hände haben Mitspracherecht. Schöne, lange, feingliedrige Finger zeichnen Figuren wie gemalte Satzzeichen in den Raum: empörte Ausrufezeichen, entnervte Fragezeichen, pointierte Gedankenstriche; ganz selten ein nachdenklich retardierendes Semikolon.

Fasziniert von dem, was geht in Shanghai, gründet JIN im Jahr 2000 ihr eigenes privates Tanzensemble. Die Truppe der Hochbegabten, von ihr selbst bei Talentwettbewerben in ganz China zusammengesucht, ist bald 18 Frauen und Männer stark. Sie bezahlt ihr »JIN XING Dance Theater« aus eigener Tasche, rechnet fest damit, dass sie für Tanzaufführungen von der Stadt die besten Theaterräume zur Verfügung gestellt bekommt. Die Partei ist dazu bereit, will der Koryphäe aber in die Auswahl ihrer Stücke hineinreden. Nicht mit ihr. GOLDENER STERN ist längst nicht mehr die *›Tanzmaschine aus sozialistischen Zeiten‹*, wie sie es selbst formuliert. Sie will nicht, wie von der Partei angeregt, »chinesisches Ballett« produzieren, sondern ihren eigenen kosmopolitischen, kreativen ostwestlichen Mix.

Seither tobt ein permanenter Kampf: JIN XING pocht auf ihre künstlerische Freiheit, Shanghais Kultur-Obere bestehen auf ihrer Auffassung nach selbstverständlichem Recht, an städtischen Bühnen den Spielplan zu bestimmen. Es ist ein Streit mit unterschiedlichen Siegern. Mal siegt die Auffassung der Liberalen unter den Stadtvätern, dass im Grand Theater Kunst von Weltniveau gezeigt werden muss, und sie genehmigen voller Stolz die JIN-Produktionen: Das Ensemble kann dann über die Bühne mit den 1800 Zuschauersitzen verfügen. Mal setzen sich die Hardliner durch. Dann weicht JIN auf andere Shanghaier Häuser aus, manchmal sogar ins Ausland. Gelegentlich erzielt man einen »Kompromiss«: Dann zahlt JIN die Räume im Großen Theater selbst, mietet sich sozusagen als Gast in Shanghai ein. Das hat sie gerade jetzt wieder getan, bei ihrer Neuinszenierung von ORFFS »Carmina Burana«.

Ein großes Plakat vor der Oper wirbt für die Aufführung, und stolz präsentiert sich JIN mit ihren lässigen schwarzen Jeans, der Designertasche und dem Pulli in Rot vor dem zweigeteilten Plakat. Darauf zu sehen ist eine Variation ihres eigenen Porträts: ein selbstironisch lächelndes Zwitterwesen, mit zwei völlig unterschiedlichen, provozierend andersartig geschminkten Hälften – nicht halb männlich, halb weiblich, sondern halb östlich, halb westlich. *›Ich spiele die Carmina nur eine Nacht in Shanghai, weil ich für Musiker, für Bühnenbild, für Garderobe, sogar für die Benutzung der Toiletten extra bezahlen muss und deshalb erheblich draufzahlen werde‹*, sagt die Unbestechliche. *›Anschließend geht die Produktion nach Paris. Dort sind wir schon für einen ganzen Monat ausverkauft.‹*

Das offizielle Shanghai, meint sie zornsprühend, sei nur in wirtschaftlicher Hinsicht absolute Avantgarde, »der Kopf des Drachen«. *›Im Kulturbereich greifen sie häufig daneben und holen drittklassige Opernproduktionen und Fast-Food-Pop in die Stadt, nur um alle Tickets zu verkaufen. Hauptsache, es kommt aus dem Ausland.‹* Trotzdem lohne sich jeder Streit mit den Stadtoberen. *›Sie wagen es nicht mehr, mich ganz aus dem Verkehr zu ziehen, und einige sind vielleicht sogar stolz auf mein internationales Renommee‹*, beschreibt JIN das ambivalente Verhältnis der Autoritäten zu ihr. *›Andere sind so borniert, dass sie sich weigern, ausländischen Politikern und Künstlern, die mich sehen wollen, meine Telefonnummer zu geben. Jin Xing ist gerade in Peking, sagen sie dann, obwohl sie wissen, dass es nicht wahr ist.‹*

Sie zuckt die Schultern. Plötzlich wirkt sie nicht mehr stark und unantastbar, sondern zart und zerbrechlich. Aber es sind nur Sekunden der Resignation, die sie sich gönnt. Dann ist sie wieder die Alte. Sollen sie ihr das Leben schwer machen, unterzukriegen ist sie nach den durchstandenen Stürmen

[156]

**›Das Gesicht der Avantgarde‹**
Jin Xing an der Oper vor ihrem Plakat

ihres Lebens schon lange nicht mehr. *›Ich weiß die Vorsehung auf meiner Seite‹*, sagt sie schlicht. Eine Wahrsagerin in Shenyang hat dem Goldenen Stern als Kind einst prophezeit, es werde Anfang 20 seinen künstlerischen Durchbruch schaffen, mit 28 Jahren etwas körperlich Einschneidendes erleben, mit 33 ein Kind bekommen und mit 37 heiraten. *›Alles eingetreten‹*, sagt JIN. Erst der Tanztriumph, dann die Geschlechtsumwandlung. Schließlich hat sie vor vier Jahren einen kleinen Jungen aus einem Waisenhaus adoptiert, ein Mädchen und ein weiterer Junge als Adoptivkinder folgten. Und seit wenigen Monaten hat JIN XING auch den versprochenen Ehemann – einen Deutschen aus der Automobilbranche, dessen Antrag die Abergläubische trotz des wenig Glück verheißenden Jahr des Hahns gleich annahm.

Weil die zwölf Monate ab dem Chinesischen Neujahr 2005 auch als Jahr der Witwen gelten und damit ein böses Omen bedeuten, wird die eigentliche Hochzeitsfeier erst 2006 stattfinden. Die Familie wohnt aber schon in einer großzügig renovierten französischen Villa. Gutenachtsongs für die Kleinen haben die wilden Disco-Nächte abgelöst: mehr als ein Hauch von bürgerlichem Leben für eine Revolutionärin.

Sieht sich JIN XING, der GOLDENE STERN, der so existentiell experimentiert mit den Polen Yin und Yang, als Vor-Tänzerin an der kulturellen Reformfront, ihr Leben womöglich als Allegorie auf die Wandlungsfähigkeit ihrer Heimatstadt Shanghai? Sie lacht und sagt: *›Zu viel der Ehre.‹* Aber dann, kokett nach einer Pause: *›Warum eigentlich nicht?‹*

**Y(IN) UND Y(ANG)** spielen auch im Leben der Schriftstellerin MIAN MIAN eine große Rolle, zumindest auf den ersten Blick. Zu beobachten an ihrem Tagesablauf, der bei ihrem Lebensrhythmus eher ein Nachtablauf ist. Sie beginnt ihre Runden ziemlich regelmäßig gegen null Uhr dreißig im YY, dem coolen Szenetreff in der Nanchang Lu, einer kleinen Nebengasse im alten platanenbestandenen Französischen Viertel. Der Nachtclub liegt ganz in der Nähe der Allerwelts-Barstraße für die Nichteingeweihten und Touristen, der Maoming Lu, wo Discos mit Namen wie Manhattan oder Chicago globalisierte Austauschbarkeit demonstrieren. Aber doch weit genug davon entfernt, dass kein Uneingeweihter hereinstolpert.

MIAN MIAN trägt Schwarz, Chiffon und Seide, Coco-Chanel-Hütchen: Retro-Schick der Dreißigerjahre. Und immer Sonnenbrille, auch wenn in einem Szenetreff wie dem YY kein grelles Licht droht, sondern nur gnädig abgedunkelte, schummrig-chice Dämmerbeleuchtung.

Wie sieht sie dieses Shanghai? Faszinierend oder frustrierend für einen Künstler? *›Ach, fuck‹*, sagt das Nachtschattengewächs, dem Barkeeper eine Kusshand zuwerfend. *›Fuck‹*, das ist das dritte F-Wort der Shanghaier Kulturszene neben Faszination und Frustration, und sie benutzt es gar zu gern. *›Darum geht es doch nicht. Es geht um die Gesamtperspektive, um die Selbstgefälligkeit und um die Arroganz dieser Stadt. Wenn ich schreiben will, dann muss ich erst einmal Verletzungen erleben. Diese Stadt fügt sie mir zu, und deshalb brauche ich sie.‹* MIAN MIAN holt Atem, aber nur kurz, bevor sie fortfährt. *›Shanghai ist wie ich: verwöhnt, egozentrisch, launisch, arrogant – weiblich eben. Shanghai und ich haben vieles gemeinsam, vor allem dies: Wir wollen reich und berühmt werden, und wir bewegen uns dazu schnell, auf der Überholspur.‹* Stillstand oder gar Besinnung, das heißt in ihrer Welt Versagen. Selbstmord wäre eine Variante, hat sie einmal geschrieben, aber Selbstmord ist letztlich uncool.

MIAN MIAN zieht es weiter; ins Park 97 an der Gaolan Lu, wo die Beautiful People ihre Sushi-Häppchen essen – eine Platte Sashimi im Wert eines Wochenlohns der Wanderarbeiter vor den Toren der Stadt – und wo es Champagner gibt oder Sakanta, den Sake-Erdbeerlikör-Cocktail, der schnell betrunken macht. Oder die »beste Bloody Mary der Welt«, mit deren Hilfe es schöner, aber langsamer geht. Weiter in die supercoole Face Bar, wo einst Parteibonzen tagten und wo heute schwerreiche Shanghaier Jungunternehmer auf kissengesättigten Opiumbetten Müßiggang und Lotterleben mimen. Weiter in die Nirvana Lounge, die Buddha Bar, und vielleicht noch in das Red, das heute wirbt (und einmal mehr zeigt sich in dieser Ferrari-und KP-Stadt die Fixierung auf die Farbe Rot): *›Ladys in Red Get Free Entrance & Red Cocktail‹*.

Mian Mians Leben: eine allnächtliche Selbstinszenierung. Ihre Biografie: eine schwer überprüfbare Ansammlung von Abstürzen und Umbrüchen. Geboren ist die Künstlerin als Shen Wang im Jahr 1971, Spross einer Shanghaier Durchschnittsfamilie. Der Vater Ingenieur, die Mutter Russischlehrerin: keine großen finanziellen Sorgen, aber viel Enge und jede Menge Regeln, die sie als spießig empfindet. Sie verlässt mit 17 die Schule und zieht nach Shenzhen – dort, in der Sonderwirtschaftszone ganz nahe an Hongkong, verändert sich damals die Welt rapide, viel schneller als im Shanghai der Achtziger. Es gibt Discos, Partys, Drogen. Sie nennt sich Mian Mian, weil das cool klingt. Sie legt Platten auf, trinkt, lernt solche und solche Männer kennen, versucht härtere Rauschmittel und landet bei Heroin. Sie spritzt sich nach eigenen Worten fast zu Tode, macht in Shanghai schließlich unter aufopferungsvoller Fürsorge ihrer Mutter qualvolle Entziehungskuren. Eingesperrt mit psychisch Kranken beginnt sie, Kurzgeschichten über Sex- und Drogen-Exzesse zu Papier zu bringen. Schreiben als Therapie.

Ihre Bücher »La la la« (1997) und »Candy« (2000) dürfen in der Volksrepublik wegen der Drogen-Thematik und der expliziten Sprache nicht erscheinen, sie werden als *›pornografisch und dekadent‹* verurteilt. Das macht die Geschichten für ein westliches Publikum – fast unabhängig von ihrer literarischen Qualität, und sie kann sogar durchaus lakonisch, ehrlich, sprachwitzig erzählen – nur noch attraktiver. Als *›Königin der Subkultur‹*, als *›Chronistin des Untergrunds‹* feiert Mian Mian in den USA und in Europa Bestsellererfolge. Dass es nun wieder so etwas Wildes, Verruchtes in Shanghai gibt, Sex & Drugs im früheren Sündenbabel von Opium und multiplen Orgasmen, es wird weltweit als Sensation empfunden.

Die »Shanghai Queen« bekommt bald Konkurrenz: Schriftstellerkollegin Wei Hui, Jahrgang 1973, übertrifft mit ihrem ähnlich freizügigen Roman »Shanghai Baby« die Auflagenzahlen der Underground-Pionierin. Mian Mian lässt das bis heute nicht ruhen, sie glaubt, dass die »andere« inhaltlich und sprachlich bei ihr abgekupfert hat. Die Abneigung ist gegenseitig, und bald zelebrieren die Damen einen literarischen Zickenkrieg – das macht sich auch medial nicht schlecht. Die Konkurrentinnen umschleichen einander in Shanghaier Nächten wie verfeindete Katzen, Schattengewächse im Schattenboxring. Mian erzählt, sie habe sich einmal in eine Bar gesetzt, auf deren Tresen ein leeres Glas stand. Sofort habe sie starke negative Energien gespürt und darauf bestanden, dass das Glas sofort entfernt würde. *›Als ich nachfragte, war alles klar: Kurz zuvor hatte Wei Hui daraus getrunken.‹*

Mian Mian ist Schriftstellerin, eine Künstlerin, die vor allem eins sein will: ein Star, weil ihrer Ansicht nach *›nichts anderes zählt‹* in dieser Stadt. *›Ich arbeite wie ein Pferd‹*, sagt sie, Wodka trinkend, Double-Happiness-Zigaretten rauchend. *›Und lebe meist wie eine Nonne.‹* Eine Bemerkung, die bei Äbtissinnen so mancher Klöster tiefes Erstaunen auslösen würde. Aber sie meint die Bemerkung durchaus ernst. »Panda Sex« hat sie ihr neuestes, 2005 in den USA erschienenes Buch genannt. Eine Variation ihrer früheren Werke mit kurzen Texten und vielen Fotos des Shanghaier Nachtlebens, die tatsächlich züchtiger als früher wirken. *›Das Buch ist überhaupt nicht skandalös. Ich dachte, ich nenne es Panda Sex, dann kapieren auch unsere Behörden, dass es nichts Anstößiges enthält.‹* Wo ist da der Zusammenhang? *›Weil Pandas höchstens zweimal im Jahr Sex haben – so oft wie zur Zeit auch ich.‹*

Es heißt, die Shanghaier Zensoren würden das neue Werk demnächst tatsächlich genehmigen. Vielleicht sind sie stolz darauf, dass Mian, *›diese Ikone des jungen China, immer hin- und hergerissen auf der Suche nach dem letzten Kick, irrlichternd durch die neonhellen Straßen‹*, wie ihr deutscher Verlag fabuliert, nun auf dem Weg zum Mainstream ist. Eine Familie hat sie auch. Obwohl geschieden, besucht sie ihren britischen Ex-Mann und das fünfjährige Töchterchen öfter in deren Wohnung in Peking. »Prudence« heißt die Kleine, »Lebensweisheit«. Und in Shanghai leistet sich die Revolutionärin ein Hausmädchen.

Mian Mian gilt Shanghai-Kennern inzwischen als der Impresario eines sich offiziell etablierenden Nachtlebens. Sie holt DJ-Größen wie Paul Oakenfield nach Shanghai. Sie eröffnet Clubs im Hongkong-gesponserten Unterhaltungsviertel Xintiandi, wenn die Gage stimmt. Sie macht sich einen Spaß daraus und gibt gelegentlich im braven rosaroten Kleid und mit treuem Augenaufschlag Fräulein Unschuld. Und dann wiederum mimt sie die Verruchte. Wenn es sein muss, auch bei einem Fotoshooting auf dem Männerpissoir, wie es »Harper's Bazaar« inszeniert hat. *›Schaff ich es damit auf den Titel?‹*, hat sie die Macher nur gefragt, und geseufzt, als die sagten: *›Wir arbeiten dran.‹*

Die Künstlerin hat sich ihr Recht auf Rausch erkämpft, ihr Shanghaier Reigen vom Hunger nach Leben und Liebe ist eine Fortsetzungsgeschichte mit offenem Ende, ein Drehbuch in eigener Sache. Sie ist die Heldin der Shanghaier Neureichen, die sich nicht trauen, ganz so selbstbewusst und selbstzentriert zu sein wie sie. Einer Avantgarde, die in einem alten Lagerhaus in einem Club-noch-ohne-Namen den unschlüssig am Eingang herumstehenden Volkspolizisten für einige schräge Fotos die Dienstmützen klaut (und sie dann den Verdutzten, mit höflichem Dank und tiefen Verbeugungen, zurückgibt). »Headshaking« nennen sie ihren Tanz zu gleichförmigen Rhythmen. Und auf der Toilette werden Ecstasy-Pillen eingeworfen, weil das gleichförmige Dröhnen sonst nicht auszuhalten ist, jedenfalls nicht bis in die frühen Morgenstunden. Bis die Sonne durch die Ritzen eines zerbrochenen Fabrikfensters ein erstes, fahles Licht auf die zuckende Masse Mensch wirft.

MIAN MIAN geht immer um sechs Uhr. Ohne Mann. ›*Ich habe keine Zeit, mich zu verlieben, weil ich ständig unterwegs bin*‹, sagt sie. ›*Wenn ich nach Hause komme, sehe ich mir DVDs an, ›Der Pate‹ oder ›Reservoir Dogs‹, damit ich irgendwann einschlafen kann.*‹ Damit sie wieder fit wird für die nächste Nacht. Sie erinnert an das Mädchen aus einer ihrer Kurzgeschichten. »Wir fürchten uns«, heißt die Short Story: ›*Wir sind großgeworden mit russischen und nordkoreanischen Filmen, nun hören wir Musik aus England, sitzen bei Instant-Nudeln in der Küche, befürchten, Aids zu haben, rauchen Hasch aus Xinjiang, und wenn wir high sind, können wir Punk hören und uns einreden, es sei Rave, was soll's – wir haben keine Lust mehr zu warten.*‹

[158]

**›Storys von Sex und Drogen‹**
Mian Mian in der In-Bar »VIP Room«

**JENSEITS DES ZICKENKRIEGES** »Shanghai Queen« vs. »Shanghai Baby«, jenseits dieses als Selbstverwirklichung getarnten Narzismus aber tauchen neue Stars auf am Horizont. Alles spricht dafür, dass es sich bei ihnen nicht um literarische Sternschnuppen handelt. Sie gehören nicht zu den Neidern, welche die beiden international erfolgreichen Schriftstellerinnen mit Missgunst überziehen oder sie gar als *›schreibende Schönheiten‹* (»meinü zuojia«) diffamieren – womit die Kritiker andeuten wollen, dass sie Mian Mians und Wei Huis Texte für weniger attraktiv halten als deren äußeres Erscheinungsbild.

Diese neuen, innovativen Künstler haben keine Star-Allüren. Sie versuchen sich an gesellschaftskritischen Romanen und Kurzgeschichten jenseits des Drogen- und Disco-Milieus. Wie etwa die 32-jährige Dai Lai. Die ambitionierte Absolventin der Lu-Xun-Literaturakademie erzählt in ihrer Short Story »Das Leben« von einem Aktionskünstler in Shanghai, der sein Blut in einem großen öffentlichen Happening mit dem Blut von Ausländern mischen will und seinen verzweifelten Vater mit so viel »sinnlosem« Unpatriotismus an den Rand des Selbstmords treibt. Es ist eine einfache, ergreifende Geschichte.

Und dann sind da noch die experimentierfreudigen Webliteraten, die ihre Texte einfach so ins Internet stellen – einer schreibt sogar einen Roman nur fürs Handy, man kann ihn sich als fortlaufendes Kunstwerk bestellen: ein Satz pro Tag. Desillusioniert vom parteikontrollierten Kulturbetrieb, entfremdet allen öffentlichen und somit der Zensur unterliegenden Literaturverbänden, suchen sie ihren eigenen Weg. Schreiben von Einsamkeit in der Großstadt, von der tastenden Suche nach Individualität und persönlichem Glück in einer Gesellschaft, die keine Bindungen mehr vermittelt. Gelegentlich greift einer auch zu größeren, kühneren Entwürfen – und wenn er so begabt ist wie Qi Ge, entsteht daraus Literatur. »Die Welt der Hundert-Meter-Menschen« heißt Qis schönste und schaurigste (gerade von Frank Meinshausen hervorragend übersetzte) Erzählung. *›Sie spielt in Shanghai‹*, sagt Qi, Jahrgang 1972. *›In meiner Stadt. Wo denn sonst?‹*

*›Heute brachte Vater keine gute Nachricht mit nach Hause: Man hat uns bestätigt, dass die Schulden unserer Familie bei der Regierung auf über 100 000 Yuan gestiegen sind, weshalb wir nach diesem Wochenende ins städtische Krankenhaus der Volksmassen gehen müssen, um uns dort in einer Operation noch einmal verkürzen zu lassen. Dadurch wird mein Vater von seinen jetzigen ein Meter zwanzig auf neunzig Zentimeter schrumpfen. Er hält seinen Kopf jetzt noch niedergeschlagener umklammert, und ich weiß, was in ihm vorgeht: Die von seiner Gemüsefirma verlangte Mindestgröße für Fahrer liegt bei eins zwanzig… Das bedeutet, Vater wird seine Arbeit verlieren.‹*

Qi Ge fallen die schwarzen Haare über das Engelsgesicht, schulterlang. Die Eltern in seinem wirklichen Leben, früher begeisterte Maoisten, zwangen den Literaturbesessenen zu einer »soliden« Ausbildung: Er studierte Ingenieurwissenschaften und angewandte Mathematik. Den gut bezahlten Job als Software-Programmierer bei einem westlichen Joint Venture hat er bald an den Nagel gehängt. Nun dichtet Qi Ge. Schreibt als freier Reporter der »Oriental Morning Post« Feuilletons und ärgert sich, wenn mal wieder ein Text abgelehnt

[159]

**›Abtauchen in fremde Cyber-Welten‹**
Autor und Videogame-Fan Qi Ge

wird. Dann lenkt er sich ab, jagt in seiner winzigen Hochhauskammer in einem der abrissbedrohten Arbeiterviertel Bildschirm-Monster auf seinem Computer. Oder liest HABERMAS und HESSE.

*›Ich weiß, dass Shanghai eine intergalaktische Metropole ist, und alle Reichen aus unserem Sonnensystem hierher kommen, um Geschäfte zu machen. Deshalb gibt es hier überall Riesen. Die Wohnungen, die man für sie baut, sind oft mehrere Dutzend Mal geräumiger als die Wohnung, die wir bekommen haben. Im Politikunterricht sagte unser Lehrer, nur die Reichen hätten auf Grund ihrer größeren Verdienste um diese Welt das Recht, entsprechend mehr Ressourcen zu verbrauchen. Da murmelte ein Bursche aus der letzten Reihe, er hätte ältere Verwandte davon reden hören, dass die Bewohner der Roten Sonne nicht so denken würden. Sie seien der Ansicht, dass alle Menschen gleich sein sollten. Auf der Roten Sonne gebe es einen Gott, den man Vorsitzenden Mao nenne, mittlerweile an die 2000 Meter groß. Unser Politiklehrer befahl ihm, auf der Stelle den Mund zu halten. Dies seien ketzerische Lehren, solche Vorstellungen seien nichts weiter als ein geistiges Opium, mit dem man die arbeitenden Massen betrüge.‹*

Zu Hause beim Dichter: zack, vroom, zack. Die kleinen Männchen auf dem PC zeigen, dass schon wieder er gewonnen hat, QI, der Unschlagbare, der Hundert-Meter-Mann unter den Computerspielern. Zufrieden trommelt er auf den Tisch und schaltet von Computer-Manie wieder auf philosophische Grundsatzfragen um. Was ihn mehr als die chinesischen Klassiker LU XUN und MAO DUN interessiere, sagt QI, sei etwa der Streit zwischen NIETZSCHE und WAGNER. *›Die haben mehr intellektuelle Tiefe‹*, meint der Provokateur von Shanghai. *›Mich treibt die Frage um, wie genau universelle Menschenrechte aussehen könnten – und welche Regierung sie in China durchsetzen könnte.‹*

*›Wir haben eine gute Regierung. Selbst wenn du ohne Geld und Besitz dastehst, gewährt sie dir Kredite und versorgt dich, bis du auf zehn Zentimeter geschrumpft bist und nicht weiter eingeschrumpft werden kannst. Mini-Menschen haben nicht nur den Vorzug, sparsam im Verbrauch und zu niedrigen Lohnkosten verfügbar zu sein, sondern sie können auch noch aus jeder Ritze den letzten Krümel herausschaben. Und doch wurde der Vorschlag zurückgewiesen, die unterste Grenze der Verkleinerung auf einen Zentimeter zu senken.‹*

Wie der junge Ich-Erzähler in der Geschichte es schafft, selbst zu den Großen aufzusteigen und auf den Trip zur Roten Sonne zu gehen – das macht den zweiten Teil seiner Kurzgeschichte aus, die mit Elementen von der MAO-Bibel bis zum Alten Testament und der griechischen Ikarus-Sage spielt.

Summiert sich das alles zu einer böse Satire auf das China von heute? Zu einer Aufforderung, im Shanghai der Extreme zwischen Arm und Reich wahre sozialistische Ideale zu pflegen? Oder ist es gedacht als MAO-Persiflage? QI GE will oder kann nicht helfen. Da ist nichts, was der Schriftsteller interpretieren möchte: *›Jeder kann meine Story so verstehen, wie er will.‹*

**GANZ ANDERS IST ES** bei Shanghais Avantgarde der darstellenden Künstler. Sie liefern Erklärungen häufig mit – und wenn nicht, sind manche ihrer Motive auch so einsichtig, eingängig genug. Die Maler haben eine neue Heimat, und die wirkt entschieden newyorkisch. So, wie sich die Künstler in Manhattan ihr SoHo erschlossen und später die abrissgefährdeten Bauruinen noch weiter südlich, so besetzten Shanghais Künstler ihre alten Fabriken in der Wanhangdu Lu, der Suzhou Lu und schließlich überall am kanalartigen Suzhou Creek. Doch meist war es wie in der Geschichte von Hase und Igel – wo immer die Künstler sich in den verlassenen Backstein-Fabriken ihre Ateliers einrichteten, waren die Bauspekulanten schon beim Planen der Zerstörung. Bulldozer rissen alles nieder. Riesige neue Apartmentblocks entstanden, die Maler, die sich Studios in der Innenstadt längst nicht mehr leisten konnten, schienen chancenlos.

Mit der Zeit begannen wenigstens einige der Stadtoberen umzudenken, fingen an, den Architekten, Malern, Bildhauern zuzuhören. Sie gestatteten ihnen in der Moganshan Lu 50 in der Nähe des Flusses den Umbau einer alten schon zum Abriss bestimmten Textilfabrik. Inzwischen haben vierzig Künstler in den zugigen, unbeheizten Hallen ihre Ateliers eingerichtet, mehr als ein Dutzend Galerien sind ihnen hierher gefolgt. Groß und hoch und lichtdurchflutet sind die Räume, die man über baufällige Treppen erreicht. In der ehemaligen Kantine der Textilfabrik grüßt immer noch die Parteilosung: »Härter arbeiten für das Wohl der Werktätigen!«

EXIT

Aus dem gesetzten Ambiente des Fuxing Parks ist auch die ShanghART-Galerie des Schweizers LORENZ HELBLING hierher umgezogen, die wohl beste Kunsthandlung der Stadt. HELBLING ist seit zwanzig Jahren in China. Der Sinologe mit dem feinen Gespür für besondere Bilder und Skulpturen hat sich große Verdienste als Pionier im Dienste der Kunst erworben: Seit der Eröffnung von ShanghART organisierte er schon 66 Ausstellungen und ebnete chinesischen Künstlern den Weg zu internationalen Messen wie der Art Basel oder der Pariser Fiac. ›*Die Stadt ist seit Anfang der Neunzigerjahre im Umbruch*‹, erzählt der stets Gehetzte mit dem dekorativen Fünftagebart. ›*Aber das Tempo der Veränderungen verschärft sich noch ständig.*‹

Der Schweizer vermisst so manche gemütliche Ecke des alten Shanghai, die er noch kennen gelernt hat, sieht das neue mit einer Mischung aus Wehmut und Hoffnung. Wehmut, weil ›*außer diesem besonderen Fabrikkomplex hier nicht viel bewahrt worden ist*‹; Hoffnung, weil rasanter Fortschritt und steigender Reichtum ihm neue Käuferschichten zugetrieben haben. Neben den ausländischen Sammlern sind es neuerdings auch wohlhabende einheimische Shanghaier, die Geld auf den Tisch legen. Und ansatzweise beginnen auch chinesische Erfolgsfirmen, in Kunst zu investieren – so, wie sie das bei den Multis in Europa und den Vereinigten Staaten gesehen haben.

[161]

**›Geht meilenweit für ein Bild‹**
Kamel-Maler Zhou Tiehai

*›Willkommen in unserem wunderschönen Shanghai‹*, sagt der Maler Ji Wenyu, dessen schrille Disney-Motive häufig mit Dollarnoten umrankt sind. Selbstironisch ist sein Spiel mit dem Fremden, gekonnt sind seine Clownereien. Über manchen seiner Bilder steht der Satz: *›You can also be rich.‹* Sein Konkurrent und Künstlerfreund Shi Yong verkauft Plastik-Hochhäuser, deren Rumpf von einem Motor mit Luft gefüllt wird. Die schlaffe Spitze des Gebäudes allerdings muss der Käufer mühsam per Hand aufpumpen. *›Auch in Shanghai geht nichts von alleine‹*, soll das nach seinen Worten zeigen. Und in einem anderen Atelier malt Zhou Tiehai Oranier und andere europäische Herrschergeschlechter in Öl – mit Kamelköpfen, modelliert nach dem Logo der Zigarettenmarke Camel. Manchmal stülpt er den Tieren noch Sonnenbrillen über.

*›Der Westen ist ein Placebo‹*, sagt Zhou, dessen Bilder-Karikaturen bei Ausstellungen in Tokio, New York und Genf schon großes Aufsehen erregt haben und kaum unter 20 000 Dollar pro Werk zu haben sind. *›Das Geld und der Luxus aus ihrer Welt kurieren nicht alle Krankheiten Chinas‹*, fügt er hinzu. *›Aber der Westen verschafft uns eine willkommene Illusion – er hilft, unsere Leiden zu lindern.‹*

Shanghai, das ist für die Künstler die strahlende Zukunft und das selbsterzeugte Grauen zugleich. Auf den Bildern von Zhong Biao wird das besonders deutlich. Seine Frauengestalten sind schön wie Models, sie tanzen glücklich und fast schwerelos; doch fast überall in seinen Werken fallen Menschen von Dächern, stürzen in den Tod. *›Sie leiden an einer Shanghai-Krankheit, die noch keinen Namen hat‹*, sagt der Künstler. *›Die Seuche blendet die Augen der Menschen.‹*

Vieles in der ehemaligen Fabrik von Moganshan wirkt wie ein Vexierbild, vieles ist auf kommerziellen Massengeschmack im Westen ausgerichtet: eher spielerische Shanghaier Selbstironie als wirklich experimentelle oder gar künstlerisch kraftvolle Selbstreflexion. Eine verkaufsträchtige Mischung aus Comic, Werbekunst und Agitprop-Elementen. Aber nicht jeder Maler will mitschwimmen im kommerzialisierten Erfolgsstrom. Und das ist gut so, findet die Österreicherin Sieglinde Simbuerger, in anderen Teilen der Welt früher als Hotel-Managerin tätig und selbst eine begabte Künstlerin. Sie wirkt in Shanghai als Mäzenin, als Entdeckerin und Förderin junger Maler – jenseits der gängigen Kunstgalerien. In ihrem schönen Haus nahe der chinesischen Altstadt hat sie eine Atelier-Etage freigeräumt. Wer ihr Refugium hinter den hohen Mauern der hektischen Shang Wen Lu betritt, ist sofort gefangen in einer faszinierenden Welt von Formen und Farben. Ob in der Küche, im Wohnzimmer, draußen im kleinen Garten: Bilder leuchten dem Besucher entgegen wie feurige Fanale. Sieglinde Simbuerger, begeisterungsfähig und ständig unter Strom, hat einen besonderen Sinn für unkonventionelle Begabungen.

[162]

**›Spürnase für China-Kunst‹**
Shanghais Top-Galerist,
der Schweizer Lorenz Helbling

LU ZHIDE heißt einer der Künstler, die von ihr gefördert werden und es schon weit nach oben geschafft haben. Er hatte Ausstellungen in Tokio, Wien – und eben auch in Shanghai. Die hier in seiner Heimatstadt gezeigten Motive sind es, die dem Maler besonders am Herzen liegen: Tuschzeichnungen über das Leben der Juden in Shanghai während der Dreißigerjahre. *›Ich bin in Hongkou aufgewachsen, dem Stadtdistrikt, in dem damals über 20 000 Flüchtlinge aus dem Nazi-Reich lebten‹*, erzählt LU, dessen schmal geschnittenes Gesicht mit den langen schwarzen Haaren ihm etwas Aristokratisches verleiht, Typ chinesischer Gelehrter aus den Zeiten der Klassiker.

Wie kam er, Jahrgang 1955, zu seinen Motiven, da so gut wie alle Juden doch in seiner Jugend die Stadt schon verlassen hatten, Richtung Australien, USA, Israel? *›Ich hatte einen Freund, der mir jedes Detail aus ihrem Leben erzählte, weil er in einer Straße mit unseren damaligen jüdischen Mitbürgern aufwuchs.‹* Seine Bilder wirken wie Dokumente, wie Zeugnisse einer erloschenen Zeit. Sie zeigen Gläubige am Sabbat in der Ohel-Moshe-Synagoge, Kranke vor dem Jüdischen Hospital, Händler mit ihren Stutenmilch-Kannen, Müßiggänger am Café-Restaurant Delikat. Und neben diesen Alltagsszenen, neben den Porträts der erfolgreichen jüdischen Shanghai-Tycoone der frühen Jahre wie VICTOR SASSOON und ELLY KADOORIE, ist auch ein Bild mit folgender Erklärung zu sehen: *›Gestapo-Chef Joseph Meisinger in Shanghai Juni 1942, bei der Erläuterung der Endlösungs-Vorschläge für die Shanghaier Juden‹*. Der Zyklus mit den einfühlsamen Zeichnungen soll bald im Jüdischen Museum von Berlin ausgestellt werden, wenn es denn mit der Finanzierung klappt.

LU ZHIDE hat sich auch mit abstrakten Aquarellen schon einen Namen gemacht. Er hat nach Einschätzung seines berühmten Kollegen ERNST FUCHS (auch einer mit Shanghai-jüdischen Wurzeln) künstlerisch erfolgreich *›Differenzen von Orient und Okzident überbrückt‹*. Als Spross einer Familie von Großgrundbesitzern hat es LU nicht leicht gehabt; er wurde in Kulturrevolutionszeiten von seinem Bruder, einem fanatischen Rotgardisten, denunziert. Er musste in Fabriken arbeiten, um seinen *›Klassenstatus vergessen zu machen‹*. Er malte in seiner Freizeit wie ein Besessener und stellte immer wieder in seinem Betrieb aus, natürlich Parteikonformes. Nie mehr aufgezwungene Motive, sagte er sich, als sich Ende der Achtziger die politische Lage entspannte. Vor allem keine MAO-Bilder mehr, *›obwohl ich den durch die vielen Wiederholungen ganz gut konnte, jederzeit abrufbar, wie im Schlaf‹*.

Da denkt LAO FAN, ein weiterer Lieblingsmaler der österreichischen Mäzenin SIMBUERGER, ganz anders: Er malt fast nur den Großen Vorsitzenden. Schrille Motive, MAO mit einer sexy »Lady in Red«, die sich huckepack auf seine Schultern gesetzt hat; MAO mit einer attraktiven Schönen im Minirock, die sich verführerisch auf dem Tisch räkelt, während im Hintergrund Rotgardisten die MAO-Bibel schwenken. MAO mit dem großen runden Buchstaben M, unschwer als Markenzeichen von McDonald's zu identifizieren. *›Kein Kommentar‹*, sagt der Künstler über seine Bilder – und der ist angesichts der schrill-ironischen Zusammenführung von Idol und Ikone, Partei und Kommerz auch kaum nötig.

[163]

**›Chronist der Shanghaier Juden‹**
Maler Lu Zhide vor einem Synagogen-Motiv

**›Avantgarde und Renaissance‹**
Ausstellungshalle der ShanghART-Galerie in Moganshan

LAO FAN ist ein Künstlername. Seinen Geburtsnamen mag der junge Mann aus dem Shanghaier Umland, Jahrgang 1968, nicht angeben. Ihm sind die schlimmsten Jahre der Kulturrevolution erspart geblieben; er ist ein Kind des neuen, weltoffenen China und hat Business Management studiert. ›*Aber Mao ist einfach unsere nationale Symbolfigur*‹, sagt der Künstler, der seine Haare zu einem Pferdeschwanz zurückgebunden hat. Dass der Große Vorsitzende laut der – natürlich nur im Westen erschienen – Memoiren seines Leibarztes LI ZHISUI tatsächlich einen unersättlichen Appetit auf junge Tänzerinnen gehabt haben soll, dazu mag sich der Künstler nicht äußern. ›*War das wirklich so?*‹, fragt er vorsichtig.

LAO besitzt eine kleine Galerie. Außerdem hat er sich ein Atelier zugelegt, dessen genaue Adresse er selbst vor seiner Frau und den Freunden geheim hält. Er hat seine Gründe für diese Vorsicht. Mäzenin SIEGLINDE weiß, dass Lao vor einigen Monaten von einem Parteisekretär besucht wurde, der dem Maler bekundete, die expliziten MAO-Motive ›*könnten als Verächtlichmachung des Großen Vorsitzenden verstanden werden*‹. Das sei eine Fehlinterpretation, ein Missverständnis, erklärte der Künstler dem Funktionär; er verstand aber den Wink. LAO verkauft jetzt seine Bilder über private Kanäle, und zwar nur noch in den Westen.

Auf dem schmalen Grat zwischen Kunst im Untergrund und Ruhm im Westen balanciert auch der Filmemacher ANDREW CHENG. Er allerdings hat sich – wie die Choreografin JIN XING – durch Anerkennung und internationale Preise fast unantastbar gemacht. Shanghais Chefzensoren können ihn allenfalls gegenüber dem heimischen Publikum totschweigen. Seine Arbeit verbieten oder CHENG gar als »Feind der Partei« zu verhaften: Das dürfte zu großes, zu unangenehmes Aufsehen geben. Denn der Mann aus Shanghai gilt zumindest den Kennern des Underground-Kinos weltweit als einer der begabtesten und aufregendsten jungen Regisseure.

CHENG, Jahrgang 1967, kennt wie der Maler LAO und der Dichter QI die Kulturrevolution, nur aus den Erzählungen seiner Eltern. ›*Meine prägenden Jahre waren schon bestimmt von den dramatischen wirtschaftlichen Veränderungen in Shanghai, vom plötzlichen Reichtum einiger Weniger, von dieser fieberhaften individuellen Suche nach Identität*‹, sagt der Mann, gekleidet in Nicht-Designer-Jeans und Allerwelts-T-Shirt. Er ist viel herumgekommen in der Welt, hat in Peking Fremdsprachen studiert. Und verließ dann 1989, geschockt und desillusioniert, nach dem Tienanmen-Massaker die Volksrepublik. Er nahm ein Stipendium an der Filmuniversität von Sydney an und begann zunächst als Regisseur für MTV-Musikvideos sein ungewöhnliches visuelles Talent einzusetzen.

Doch letztlich hat ihn seine Heimat Shanghai nie losgelassen. CHENG muss zurück, will Ende der Neunzigerjahre herausfinden, wie seine Freunde und andere Künstler, aber auch ganz »normale« Jugendliche mit den tektonischen Umbrüchen in der Metropole fertig werden. Nach acht Jahren in der Fremde erkennt er seine Stadt fast nicht wieder und irrt nächtelang durch die Abrissgegenden am Suzhou Creek. Er trifft bei Rockmusik-Sessions in zerfallenen Fabriken die Untergrund-Schriftstellerin MIAN MIAN und deren Clique: die unbändige CASPER, der sämtliche Schneidezähne in irgendeiner Nacht bei einer zugedröhnten Party verloren gegangen sind, die unberechenbaren KIKA und FIFI, den schwulen Jazzsänger COCO, Markenzei-

[166]

**›Kühne Kombination von Macht und Mädchen‹**
Untergrundkünstler Lao Fan in seinem Atelier

chen Federboa. Es sind Menschen, die ihm *›einfach so hineinspringen in den Film‹*. CHENG erkennt, dass er sein Thema gefunden hat: Shanghais Jugend und ihre selbstverliebten, selbstzerstörerischen Träume.

*›Scheiße, haben wir um der Freiheit willen jede Kontrolle über uns verloren?‹*, fragt eine der Protagonistinnen in dem dokumentarischen Spielfilm, den CHENG im Jahr 2001 dreht. Es ist, findet der Regisseur, die zentrale Frage der Kids: *›Ich beschreibe ihre Sehnsucht, endlich jenseits aller Konventionen zu leben, frei zu sein bis zur Unverantwortlichkeit – und gleichzeitig ihren Drang zum kommerziellen Erfolg und zum westlichen Luxus.‹*

Der Film »Shanghai Panic«, Drehbuch nach einer MIAN-MIAN-Kurzgeschichte, darf in der Volksrepublik nicht in die Kinos. Im Westen begeistert er die Cineasten und verschafft CHENG eine Einladung zum Filmfestival nach Berlin. In Vancouver gewinnt die wilde Story des von Aids-Angst zerfressenen jungen Mannes, der sich durch die Shanghaier Nächte kifft und mit allen Frauen und Männern schläft, die er kriegen kann, sogar den Dragons & Tiger Award der Jury. Der Regisseur verkracht sich später mit seiner Ideengeberin und Hauptdarstellerin MIAN MIAN. Seufzend sagt er: *›Sie ist großartig. Aber eben auch eine launische Diva. Sie fand, dass ich sie in dem Film nicht attraktiv genug dargestellt habe.‹*

[167]

**›Shanghai von ganz unten‹**
Der im Westen gefeierte sozialkritische Regisseur Andrew Cheng in Hongkou

Im Jahr 2000 dreht CHENG »Welcome to Destination Shanghai«, erneut eine Low-Budget-Produktion, wieder Digital-Video. Es ist eine Ansammlung tragikomischer Szenen, die nur lose verknüpft sind. Die Akteure spielen sich selbst: weibliche und männliche Prostituierte, kleine Drogenhändler, Möchtegernzuhälter in einem Shanghaier Abrissviertel. Es sind Kinder, die von der großen Chance träumen. Von der Liebe, die für sie wenig zu tun hat mit den Gefühlen für den nächsten, sondern einzig und allein abhängt vom materiellen Erfolg. Am Schluss weiß niemand, was »echt« ist, was gespielt in dieser verwundeten Zivilisation, die keine Maßstäbe mehr setzt und nur noch vom Tempo der Veränderungen dirigiert wird.

In seinem dritten, im Frühjahr 2005 fertig gestellten Streifen »A Loft in Shanghai« verlässt der Regisseur den bisherigen Weg, obwohl er seinen Themen Shanghai und die (Un-) Möglichkeit der Liebe in globalisierten Zeiten treu bleibt. Er arbeitet erstmals mit Profi-Schauspielern, nimmt Investorengelder an – mit über einer Million Dollar Etat ist es sein aufwändigster Film – und legt ihn den Zensurbehörden vor. ›*Ich will, dass wenigstens eines meiner Werke auch in den Kinos meiner Heimat gespielt wird*‹, sagt CHENG. ›*Ob es klappt, weiß ich noch nicht. Die Zensoren haben schon angedeutet, ich müsse schneiden – sie finden, ich schildere das Leben in Shanghai zu düster.*‹ Aber am Ende, meint er, werde man sich schon einigen. ›*Auch Chinas Zensoren haben dazugelernt, irgendwie sind sie auch stolz auf mich und meinen internationalen Erfolg.*‹

Er wird demnächst nach Cannes reisen, nach Berlin, zu den großen Filmfestspielen. CHENG, der Weltbürger, der aber zu allererst ein Shanghaier ist. Er hegt durchaus ambivalente Gefühle gegenüber »seiner« Stadt: Stolz ist er auf das Kosmopolitische, das sie täglich mehr erlangt; Angst hat er davor, dass so viele ausgegrenzt werden und jede Bindung verloren haben. Er hat erkannt, dass spirituelle Werte gerade in seiner Generation auf der Strecke bleiben. Und doch: Die weit verbreitete Ansicht, dass Peking experimentierfreudiger als Shanghai sei, eine aufregendere Kulturszene habe, kann er nicht teilen. ›*Shanghai ist einfach einzigartig in seiner Urbanisierung, auch die Hauptstadt kann da nicht mit uns konkurrieren*‹, sagt er. ›*Die Verbindung zum Westen und der wirtschaftliche Veränderungsprozess wirken hier viel direkter, viel extremer als im Rest des Landes. Glauben Sie mir, wir Shanghaier Filmemacher werden die Kunst in China revolutionieren.*‹

Gibt es in seinem Shanghaier Reigen einen Fixpunkt, eine dauerhafte Inspiration? ANDREW CHENG hat diese Quelle am Shanghaier Flughafen gefunden, vorletztes Jahr. ›*Da war ein tibetischer Mönch, zu dem ich mich gleich hingezogen fühlte. Wir kamen ins Gespräch, und schon nach ein paar Minuten wusste ich: Der bedeutet mir viel.*‹ Inzwischen war ANDREW CHENG schon dreimal bei seinem Meister in einem Kloster im Himalaja und hat sich intensiv mit dessen buddhistischen Lehren befasst. Künftig will er mindestens drei Monate im Jahr in Tibet verbringen und meditieren. Über das Leben, ganz besonders aber über Shanghai. Nachdenken darüber, ob und wie er die Zukunft seiner Heimatstadt beeinflussen kann.

P

*Kapitel 5*

# SHANGHAI HEUTE | DIE STADT DER MACHER

*›Wer hier geschäftlich dabei ist, kann verlieren. Wer nicht dabei ist, hat schon verloren‹*

· AUF DU UND DU MIT WIBU: DIE MITTELSTANDS-ERFOLGSSTORY · GEFAHREN DER SHANGHAI-EUPHORIE · »JEDEM EINE FAHRRADKLINGEL, EIN ASPIRIN, EINE COLA« · WER FINANZIERT DIE MAGNETSCHWEBEBAHN? · VOLKSWAGEN AUSGEBREMST · VON HANDY-HERSTELLERN UND HIGHTECH-FORSCHERN · SHANGHAIS »PAULANER« UND DIE PARTNERSTADT HAMBURG · WIE DIE KP MICKY MAUS VERKAUFT · DIE CHINESEN VON SALEM ·

*Hauptwachtmeister Yu nahm seine Arbeit ernst; er glaubte daran, dass sie der Gesellschaft nützen konnte. Allerdings hatte er seine eigenen Vorstellungen davon, wie man im heutigen China als guter Polizist arbeitete. Man musste sehr genau einschätzen können, was machbar war und was nicht. Es gab nämlich jede Menge Fälle, die den Einsatz überhaupt nicht lohnten, da ihr Ausgang ohnehin von der Partei bestimmt wurde.*

*Dies galt zum Beispiel für Korruptionsvorwürfe gegen Staatsbeamte. Trotz des gesamten Medienrummels würde man damit allenfalls einen Moskito treffen, keinesfalls den Tiger selbst. Solche Fälle waren von symbolischem Wert, reine Propagandamaßnahmen.*

Qiu Xiaolong
(*Aus:* »Die Frau mit dem Roten Herzen«, *2002*)

[170]

**›Augen auf, Türen zu, Abfahrt‹**
Shanghais U-Bahn ist pünktlich und gut überwacht

[171]

**›Der Traum vom Auto und vom Computer‹**
Werbeplakate an der Autobahnmautstelle Richtung Westen

Edition 20
20 Years
上海大众

[172 & 173]

**›Die Welt der Saubermänner‹**
Fensterputzer halten die vielen Glasfassaden rein

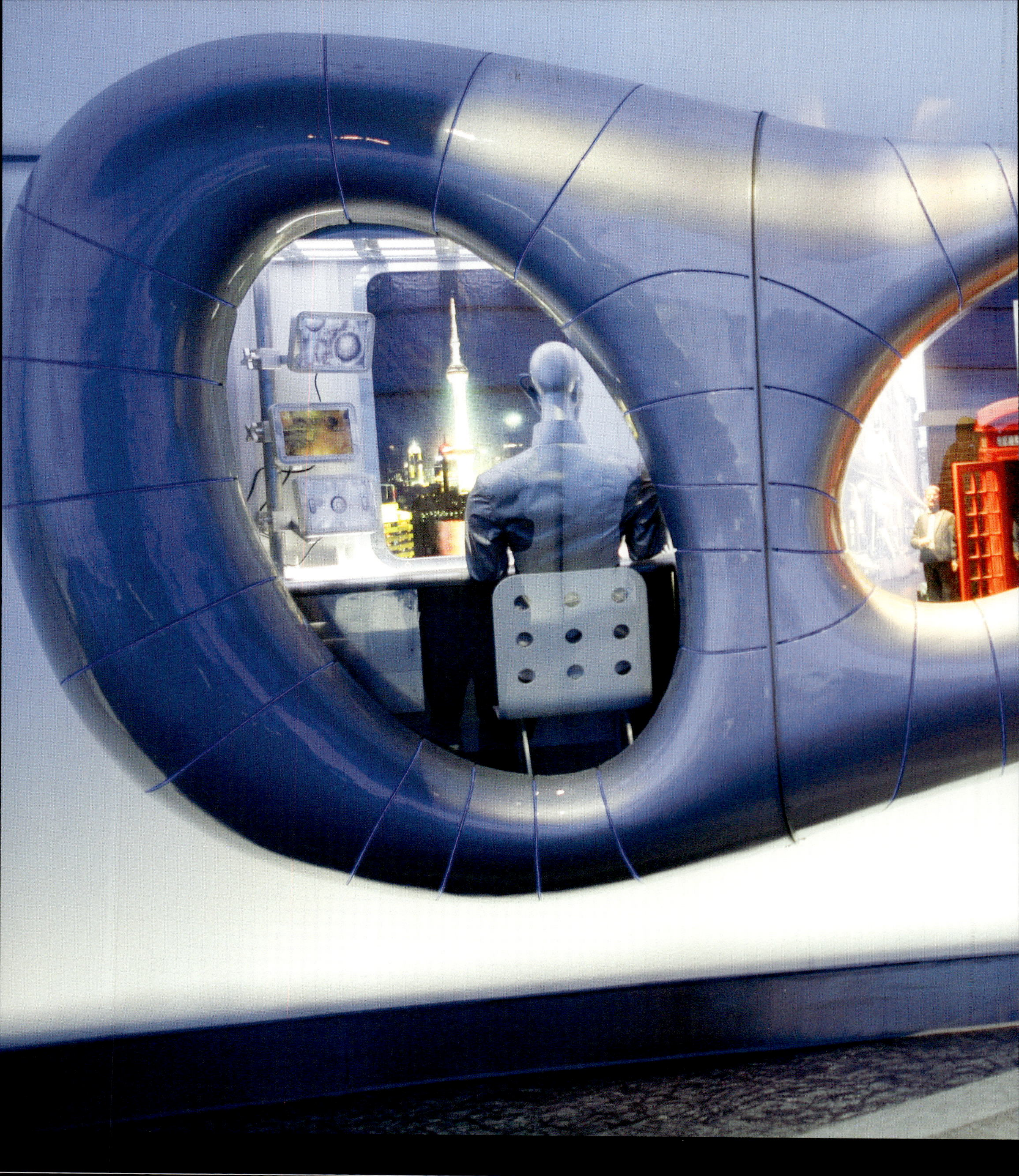

[175]

**›Staunen über die Wunder der Technik‹**
Wissenschaftsmuseum von Pudong

[176 & 177]

**›Fernseh-Bäume und Video-Landschaften‹**
Das Museum für Technologie und Wissenschaft begeistert die Besucher

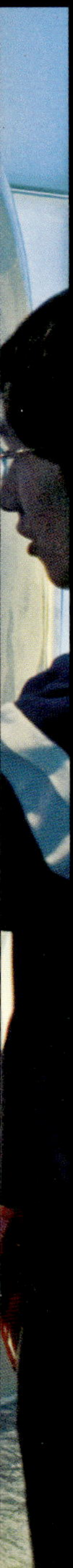

[178]

**›Aufbruch in die Vorstadt-Ghettos‹**
Die meisten Shanghaier verbringen mehr als drei Stunden pro Tag in öffentlichen Verkehrsmitteln

人民广场
PEOPLE'S SQUARE

[179]

**›Der gespiegelte Glanz des Fortschritts‹**
Unterführung an der belebten Nanjing Lu

争创全国文明城区 建设美好

NO
SMOKING

[181]

**›Und überall Konsumtempel‹**
Werbeplakate in unmittelbarer Nähe des Jingan-Heiligtums

*Kapitel 5*

# Die Stadt der Macher

*›Wer hier geschäftlich dabei ist,*
*kann verlieren.*
*Wer nicht dabei ist, hat schon verloren.‹*

**»THE KEY IS IN YOUR HANDS!«** Sie halten den Schlüssel in Ihren Händen: So lautet der Werbespruch der Firma Wibu Systems aus Karlsruhe, und der Schlüssel ist nun auch chinesisch. Nach seiner Zweigstelle im amerikanischen Seattle hat das mittelständische Unternehmen ein Büro in Shanghai eröffnet. Da sag noch mal einer, die Deutschen seien nicht mehr innovativ und hätten verlernt, mit ihren Produkten die Welt zu erobern! Sie schlagen die Chinesen sogar mit deren eigenen Mitteln. Beispielsweise, indem sie wie Wibu im Land der berüchtigten Raubkopierer Waren vertreiben, die das Abkupfern von Software so gut wie unmöglich machen. SecuriKey, CodeMeter und SmartShelter heißen die Produkte zum Schutz geistigen Eigentums und zur Lizenzierung digitaler Inhalte.

Es ist nicht immer einfach, für komplizierte Sachverhalte die richtigen Worte zu finden. Im 15. Stock des Liu-Lin-Tower Nr. 1 plagt sich HAILIANG LI, Shanghaier Repräsentant des deutschen Unternehmens, mit der Übersetzung so griffiger Texte wie folgendem: ›*HTML-basierende Dokumente können mit Wibu-Key SmartShelter entsprechend speziell eingerichteten Kunden-Schutzklassen freigegeben oder gesperrt und so gegen Missbrauch gesichert werden.*‹ Aber Herr LI, auf seinem Schreibtisch links die chinesische Flagge, rechts die deutsche, beklagt sich nicht, sondern strahlt: Er hat alles fest im Griff. Shanghai liegt ihm zu Füßen, und das darf man wörtlich wie übertragen nehmen. Wörtlich, weil der Blick aus seinem winzigen Büro über die eindrucksvolle Spargellandschaft der Innenstadt-Wolkenkratzer reicht, die sich an diesem frühen Morgen gerade erst aus dem Dunst erhebt; im übertragenen Sinn, weil internationale wie chinesische Unternehmen Wibu die Türe einrennen. Mindestens einen Neukunden pro Woche gewinnt die Firma, prestigeträchtige wie Bank of China und China Unicom eingeschlossen, und bei den großen ausländischen Firmen ist auch General Motors in Shanghai dabei.

Herr LI sagt: ›*Unser Produkt ist das beste auf dem Markt, weltweit sind wir schon die Nummer drei in unserer Branche.*‹ Keine Chance für chinesische Computerwunderkinder, den deutschen Schutzschild zu sprengen? ›*Wir veranstalten jedes Jahr in China einen Wettbewerb, bei dem wir Hacker einladen, unser Programm zu knacken – sie haben's noch nie geschafft.*‹ Keine Angst, mit den Kopierschutzprodukten selbst kopiert zu werden? ›*Das wollten manche wohl gerne, aber das ist praktisch unmöglich.*‹

Repräsentant LI wird das Fachenglisch aus dem Wibu-Katalog mit Hilfe eines großen Wörterbuchs in perfektes Hochmandarin übertragen. Er wird die chinesische Broschüre bald fertig haben, er arbeitet lange Tage und auch manche Nacht daran. Nebenbei weist er noch vier neue Mitarbeiter ein, Sachbearbeiter und Sekretärinnen, und verhandelt mit dem Eigentümer des Mietshauses darüber, dass die Firma zu den zwei winzigen Zimmern noch ein drittes dazubekommt. Auf den rührigen Computerspezialisten wurde der deutsche Firmengründer OLIVER WINZENRIED durch eine von der Deutschen Industrie- und Handelskammer Shanghai mitorganisierte Ausschreibung aufmerksam. Das war vor zwei Jahren, LI arbeitete noch bei einer Staatsfirma, wo er es immerhin schon zum Verkaufsleiter gebracht hatte. Aber er wollte sich Richtung Privatwirtschaft verändern. Damals war er 23 Jahre alt; jetzt ist der China-Repräsentant der Karlsruher Erfolgsfirma 25.

Noch ein halbes Dutzend Jahre etwa will er den Deutschen die Treue halten, die gegenwärtigen Umsätze in China bis dahin von vier Millionen Euro, über den Daumen gepeilt, mindestens verzehnfachen. Dann wird er sich wohl selbständig machen, ›*mit einer zündenden Geschäftsidee, die mir schon noch einfällt*‹. HAILIANG LI (die Karlsruher dürfen ihn der Einfachheit halber »HARRY« LI nennen) spart jeden Cent seines Gehalts. Er hat zum Büro einen 90-minütigen Anfahrtsweg mit dem Bus aus der Shanghaier Vorstadt, wo er noch zusammen mit seinen Eltern lebt. ›*Ich möchte mir eine Wohnung kaufen*‹, sagt der junge Mann mit dem braven Kurzhaarschnitt und der formlosen Brille, der immer schon ein Musterschüler war. Und setzt todernst hinzu: ›*Dann erst kann ich heiraten. Die attraktiven Mädchen von Shanghai nehmen keinen Mann ohne Apartment in bester Lage.*‹

**JEDER GESCHÄFTSMANN AUS DEM WESTEN** hat dieser Tage eine China-Statistik parat, die dem wirtschaftlichen Laien den Atem verschlägt. Kein Land der Erde produziert so viel Kohle, Stahl und Zement. Schon mehr als jede zweite Digitalkamera weltweit, jedes dritte Handy, jede vierte Waschmaschine werden inzwischen hier gefertigt, bei der Herstellung von Textilien, Schuhen und Spielzeug liegt die chinesische »Werkbank der Welt« sogar unangefochten an der Spitze. Das Reich der Mitte ist, berechnet nach Kaufkraftparität, bereits an Japan und Deutschland vorbeigezogen und sollte nach Berechnungen der Experten von der Investmentbank Goldman Sachs spätestens im Jahr 2040 auch die USA überholen und zur Nummer eins werden. Niemand lockt so viele Direktinvestitionen an wie die Volksrepublik China – zuletzt über 50 Milliarden Dollar pro Jahr – und nur Japan hat gegenwärtig höhere Devisenreserven. Hätte die Partei nicht Angst vor einer Überhitzung der Ökonomie und würde bei Staatsausgaben neuerdings deutlich auf die Bremse treten, läge das jährliche Wirtschaftswachstum noch höher als die acht bis elf Prozent der letzten Jahre.

Bei all dem, was in China schief läuft, etwa mit dem undurchsichtigen Bankensystem nebst seinen faulen Krediten (und was im schlimmsten Fall auch zu einer ungemütlich »harten Landung« der Wirtschaft führen könnte), sind und bleiben diese Zahlen überwältigend. ›*Wer im China-Handel dabei ist, kann verlieren; wer aber nicht dabei ist, der hat schon verloren*‹, formulierte es die »International Herald Tribune« in einem Leitartikel. ›*Was ist die Geldquelle, die Amerikas Wirtschaft flüssig hält? Die Lokomotive der Weltwirtschaft? Der Riesengorilla, der Jobs aus dem Westen absaugt?*‹ Auf diese zentralen Fragen gaben auf dem letzten Weltwirtschaftsforum in Davos die prominenten Teilnehmer nach Angaben der weltweit vertriebenen Zeitung immer nur eine Antwort: China, China, China. Kein Wunder, dass keiner fehlen will beim ganz großen Geschäft – die Deutschen voran. Und das trotz aller Gefahren und Warnzeichen.

Die Anziehungskräfte der Globalisierung wirken in alle Richtungen. Da wurde beispielsweise gerade eine Fabrik des Glasspezialisten Schott aus dem bayerischen Mitterteich vollständig abgebaut und nach Suzhou, anderthalb Stunden auf der Autobahn von Shanghai entfernt, verlagert: Siebzig Deutsche verloren ihren Arbeitsplatz. Fast zwei Drittel fürchten nach einer Meinungsumfrage des »Spiegel« vom Frühjahr 2004 hierzulande, dass Arbeitsplätze in den fernen Osten abwandern könnten. Andererseits hängt fast ein Viertel des zarten deutschen Pflänzchens Aufschwung von den dramatisch wachsenden Exporten Richtung China ab. Denn auch als Importeur entwickelt die Volksrepublik ungeheure Dynamik: Die Einfuhren ins Reich der Mitte wachsen jährlich um dreißig bis vierzig Prozent. Besonders die deutsche Volkswirtschaft profitiert davon: Sie lieferte im Jahr 2003 Waren im Wert von 18,2 Milliarden Euro in die Volksrepublik – fast siebzig Mal mehr als 1972, dem Jahr, in dem Bonn und Peking diplomatische Beziehungen aufnahmen. Selbst die Baden-Württemberg-T-Shirts (»Wir können alles außer Hochdeutsch«) ließ die Stuttgarter Landesregierung kostengünstig in China produzieren.

[182 & 183]

**›High-Tech made in Shanghai‹**
»Harry« Li von Wibu Systems und Arbeiterinnen des Siemens-Werks

Die Volksrepublik übt einen gewaltigen Sog auf deutsche Unternehmer aus, die hier für den Weltmarkt, aber immer mehr auch für den chinesischen Konsumenten produzieren. Jeder will mitmachen, wenn es ums große Geschäft geht. Mancher verbrennt sich dabei allerdings auch so schmerzhaft die Finger, dass unter Mittelständlern schon ein offener Streit über die schädlichen »Nebenwirkungen« der angeblich für alle wirksamen China-Medizin ausgebrochen ist. Es sei dringend an der Zeit, die vorherrschende undifferenzierte Euphorie zu bremsen, meint etwa die Rechtsanwältin Ulrike Glück von der Kanzlei CMS Hasche Sigle in Shanghai: ›*Es gibt Extremfälle, in denen es Firmen so eilig haben, nach China zu gehen, dass sie nur die englische Fassung von Verträgen prüfen lassen, nicht aber die rechtsverbindliche Version im chinesischen Wortlaut.*‹ Weitgehend unbestritten aber ist bei den Warnern wie bei den Euphorischen: Das ideale Einfallstor nach China ist – noch vor der Perlflussregion um Kanton und Shenzehn – die Metropole in der Nähe der Yangtze-Mündung, Shanghai.

Fast 1800 deutsche Unternehmen wirken im Amtsbereich des deutschen Generalkonsuls Wolfgang Röhr in Shanghai, zu dem auch Nachbarprovinzen wie das boomende Zhejiang gehören; fast 700 sind es allein im Stadtgebiet Shanghai. Der Diplomat mit langjährigen Erfahrungen in der Volksrepublik weist stolz auf den Wirtschaftsaustausch seines Zuständigkeitsgebiets mit Deutschland hin: ›*Der betrug 24,3 Milliarden Dollar im letzten Jahr, während etwa ganz Indien nur 6,2 Milliarden mit der Bundesrepublik umsetzte.*‹

[184]

**›Konkurrenz auf Schritt und Tritt‹**
An einer Kreuzung der belebten Huahai Lu

Wie rasend schnell sich die Dinge in der Boom-Region bewegen, weiß auch der langjährige Siemens-Chef Heinrich von Pierer, ein ausgesprochener Shanghai-Fan: ›*Dagegen sind die Veränderungen im Zuge der deutschen Wiedervereinigung beinahe ein Klacks.*‹ Und Volker Stöckel von der Bayerischen Landesbank erinnert sich noch an sein Aha-Erlebnis, als er vor einigen Jahren nach einem Gelände für ein German Centre der deutschen Industrie suchte. ›*Ich stand mitten im Sumpf, das Schilf wuchs zwei Meter hoch und weit und breit war nichts von einer Besiedlung zu sehen. Sollte ich so wahnsinnig sein und an dieses Brachland glauben?*‹

Er war so wahnsinnig – und ist heilfroh, zugegriffen zu haben. Denn heute liegt das Gelände zentral in der Pudong New Area, inmitten der neuen Industriezone der Shanghaier Neustadt auf der anderen Seite des Flusses. In der Nachbarschaft hat Metro einen Großmarkt eröffnet, auch Obi ist schon da. Und in Sichtweite hält der Transrapid, das Wunderwerk und Prestigeprojekt deutscher Ingenieurkunst, über deren Produktionsbedingungen die Chinesen so hart verhandelten, dass ›*nach der U-Bahn nun auch ein zweites Shanghaier Nahverkehrsobjekt weitgehend vom deutschen Steuerzahler finanziert wurde*‹, wie EU-Diplomaten spotten.

Stöckels neues German Center mit der schwarzrotgoldenen Borte an der weißen Fassade war im September 2004 bezugsfertig, bis zu 300 Firmen sollen in den Bürokomplex einziehen, in dem auch Freizeiteinrichtungen wie Schwimmbäder und Tennisplätze nicht fehlen. Stöckel macht sich um die Vermietung keine Sorgen, sein Gelände – eine gute halbe Autostunde vom Zentrum der Stadt entfernt, in Stoßzeiten allerdings eher zweieinhalb – liegt nun im Zhangjiang High-Tech-Park in einer besonders attraktiven Umgebung. ›*So dick ist die Liste der Interessenten*‹, sagt er und spreizt Daumen und Zeigefinger. Stolz präsentiert er Nachrichten aus den letzten Monaten von der Wirtschaftsfront: Die Hamburger Blockhaus-Kette eröffnet in Shanghai ein Steakhaus; die Deutsche Börse hat ihr elektronisches Xetra-System an den Shanghai Stock Exchange verkauft; Siemens beteiligt sich mit einem 33,5-Millionen-Dollar Anteil am Börsengang des Anlagenherstellers Shanghai Electric.

Die Vision vom schier unersättlichen Riesenmarkt hat seit Jahrzehnten Unternehmer in aller Welt fasziniert: Eine Fahrradklingel, ein Aspirin, eine Cola für jeden Chinesen, das war der Traum so mancher schlichter Kapitalisten, die von politischen

[185]

**›Fahrschein in die Zukunft‹**
Blankgeputzte Haltestelle des Transrapid

und logistischen Schwierigkeiten im Reich der Mitte wenig wussten: Deutsche Unternehmer gehörten dabei einerseits zu den Pionieren im Chinahandel, andererseits aber auch zu den Realisten. Mitte des 19. Jahrhunderts eröffneten die Chefs der großen Handelshäuser, Richard von Carlowitz und Georg Theodor Siemssen, erste Niederlassungen in Shanghai. Sie importierten Tee und Seide, Gänsefedern und Schweinedärme; im Opiumhandel machten sie sich kaum die Hände schmutzig, was zum dauerhaft guten Ruf der Deutschen im Reich der Mitte entscheidend beitrug. Und die Elektrofirma des Werner Siemens – in trefflicher chinesischer Übersetzung »Xi men zi«, der »Meister, der durch das Westtor kommt« – lieferte 1879 die erste elektrische Maschine Chinas, einen mit einer Zehn-PS-Dampfmaschine betriebenen Generator: Er erleuchtete den Hafen von Shanghai.

Um die »kapitalistische Stadt der Schande« (Mao-Jargon) umzuerziehen, veränderten die siegreichen Kommunisten nach 1949 die Wirtschaftsstruktur Shanghais. Sie verstaatlichten nicht nur alle Privatunternehmen, sondern schlossen fast alle Fabriken, die Konsumgüter produziert hatten. Stattdessen wurden die Schwerindustrien massiv gefördert; erwirtschaftete Gelder mussten Richtung »Zentrale« nach Peking umgeleitet werden. Diese Phase der Ausblutung reichte bis spät in die Achtzigerjahre hinein, als Shanghais Wirtschaftswachstum noch weit unter dem Landesschnitt lag. Erst mit der Gründung von Pudong und der Entscheidung, Shanghai wieder zu einem Finanzzentrum sowie zu einem Hochtechnologie-Hafen zu machen, schaffte die Metropole dann den Durchbruch. Heute trägt sie mit etwa einem Prozent der Gesamtbevölkerung über zehn Prozent des Bruttosozialprodukts der Volksrepublik bei. Privatbetriebe und Joint Ventures sind dabei derzeit nach Experten-Schätzungen wieder für gut die Hälfte der Wirtschaftsleistung Shanghais verantwortlich.

Dass die neuen Betriebe und prächtigen Wolkenkratzer, die gigantischen Hochstraßen und eindrucksvollen Brücken von einem Heer von drei, vielleicht sogar vier Millionen ausgebeuteter Wanderarbeiter hochgezogen werden – keinen der Ausländer in der Zukunftsstadt scheint es ernsthaft zu stören. Die deutschen Unternehmen sind zu Recht stolz auf die Arbeitsbedingungen in ihren Firmen; dass einige ihre Zulieferer möglicherweise in Sweatshops arbeiten lassen, ist kein Thema. Etwas anderes zählt: der Zukunftsglaube, die Entscheidungsfreude, die zügige Umsetzung als richtig erkannter Konzepte. ›*Das ist einzigartig in der Welt*‹, meint Siemens-Mann von Pierer. ›*Heute gehört China in vielen Bereichen zu den Weltmarktführern, Shanghai ist eine Hightech-Stadt mit enormen Zuwachsraten und einer blendenden Zukunft.*‹

Von den 18 wichtigsten Industriemessen, die das deutsche Magazin Wirtschaftswoche aufführt, finden fünf in Kanton und dem Perlfluss-Großraum statt, vier in Peking – und neun in Shanghai; darunter die Ispo zu Sport und Mode, die Electronica, die Cebit Asia, die Intertextile und die China-Pharm. Die größte Automobilmesse des Landes im Frühjahr, diesmal mit ›*1036 Ausstellern und allen Top-Herstellern der Welt*‹ (»Shanghai Daily«) blieb dabei noch unerwähnt. Natürlich auch Porsche, BMW, Daimler-Chrysler, VW. Politiker aus Berlin sind anwesend. Besonders häufig kommen auch Delegationen aus Hamburg an den Huangpu. Mit wem man in Shanghai auch immer spricht: Besonders stolz sind die Stadtväter und Privatunternehmer auf die engen Verbindungen zur Schwester-Stadt Hamburg, diesem anderen »Tor zur Welt« – die Partnerschaft feiert 2006 ihr zwanzigjähriges Bestehen.

Viele deutsche Unternehmen überlegen sich, ob sie angesichts dieser Dynamik nicht besser ihre asiatischen Zentren nach Shanghai verlegen. Bayer zieht es etwa von Hongkong hierher, die ThyssenKrupp Aufzug AG schlägt ihr neues Asienhauptquartier am Huangpu auf. Aber auch die größeren unter den Mittelständlern, wie etwa der Computerschrank-Hersteller Rittal aus Herborn, beschreiten neue Wege. Seit März 2004 beliefern die Hessen ihre asiatischen Vertriebsbüros nicht mehr aus Deutschland, sondern fertigen in einem südlichen Vorort von Shanghai. ›*Die Lieferzeit sinkt dadurch von sechs Wochen auf eine. Wir müssen nahe an unseren Kunden sein, von denen inzwischen die Mehrzahl aus der Volksrepublik kommt, deshalb sind wir ihnen gefolgt*‹, sagt die Geschäftsführerin Bettina Schön. Als studierte Sinologin mit langjähriger Business-Erfahrung ist sie eine Idealbesetzung für den Posten. Doch auch die China-Erfahrene war nicht gefeit vor unangenehmen Überraschungen. Bei einer Messe entdeckte sie einen Schrank, den sie auf Anhieb nicht von den Fabrikaten ihrer Firma unterscheiden konnte. Der Metallkasten war »feinste Handarbeit, aber eben auch eine dreiste Fälschung«, erzählt sie.

Produktpiraterie ist in China nicht nur bei Uhren, Textilien und DVDs weit verbreitet. Der Schutz vor Fälschungen ist eines der Hauptthemen, wenn sich deutsche »Expatriates« zu ihrem monatlichen Stammtisch im Shanghaier »Paulaner« an der Fenyang-Straße treffen, wo das original bayerische Weizenbier von Chinesinnen im Dirndl gereicht wird. Das Problem betrifft fast alle. Es macht hilflos, wie so manche auch andere Lücke im Rechtssystem, wie die gelegentliche Korruption, oder die bürokratischen Hemmnisse. ›*In China gibt es tausend Regeln, die keiner kennt*‹, seufzt der sonst so Shanghai-begeisterte Banker Stöckel, ›*und tausend Ausnahmen.*‹

Besonders Mittelständler erzählen von eklatanten Brüchen des – spätestens seit dem WTO-Beitritt der Volksrepublik Ende 2001 – auch hierzulande geltenden Patentrechts. Schon einige Firmen wurden Opfer von Mitarbeitern, die sich mit Kopien von wichtigen Firmenunterlagen aus dem Staub gemacht hatten – in solch einem Fall hilft auch ein Softwareschutz nicht, wie ihn die Karlsruher Wibu-Experten anbieten. Manche Geschädigten beauftragen teure Shanghaier Detekteien. Es gibt inzwischen mehrere Dutzend, die sich auf solche Fälle spezialisiert haben und – oft mit Hilfe pensionierter Polizisten sowie gelegentlich rüder Methoden – auf die Pirsch gehen. Als sich Schwan-Stabilo, der Markenhersteller von Stiften, Radiergummis und Heften geschädigt sah, beauftragte er die als seriös geltende Detektei Tiger Pan. Die Kundschafter fragten herum, legten sich auf die Lauer. Sie fanden auf einem einschlägigen Markt schließlich Tausende falscher Stabilo-Stifte und konnten die Fälscher auffliegen lassen. ›*Eine überzeugende Lösung ist es nicht, wenn man sein Recht so in die eigene Hände nehmen muss*‹, sagt einer von der deutschen Truppe.

Das schlimmste berufliche Problem für die Unternehmen aber ist der Engpass bei der Stromversorgung. Er plagt besonders energieintensive Firmen wie den Metallverarbeiter Heraeus, der in Shanghai Mess-Sensoren für die Stahlindustrie herstellt. Geschäftsführer Wayne Qian wurde in den Sommermonaten nur sehr kurzfristig darüber informiert, an welchen beiden Wochentagen es nur stundenweise Elektrizität geben würde – mit der lapidaren Aufforderung, im Ausgleich eben samstags und sonntags oder nachts produzieren zu lassen. Herr Qian musste sich fügen – was wollte er auch dagegen unternehmen. Und ärgerte sich: ›*Die können doch nicht Investoren anlocken und dann die Energiezufuhr kappen*‹, sagt der Heraeus-Mann empört. Er weiß jetzt, warum die Großen aus dem Ausland fast ausnahmslos mit eigenen Generatoren arbeiten.

Überhaupt »die Großen«: Sie gelten als die sicheren Gewinner im China-Poker. Thyssen, Bosch, Siemens, VW. Sie haben teilweise schon ihre Forschungszentren in die Volksrepublik verlegt, ihre anspruchsvollsten Tätigkeiten verlagert: eine neue, bedrohliche Dimension der Globalisierung. Denn die guten Jobs wandern den schlechten hinterher – der technologische Vorsprung der Deutschen schmilzt weit dramatischer und schneller als die chinesischen Lohnkosten steigen. Und nicht nur den Deutschen geht es so, auch den Briten und Franzosen. ›*Will Europa zum Vorort von Shanghai werden?*‹, fragte provozierend schon der ehemalige EU-Kommissar Mario Monti.

Die Branchenriesen haben in Shanghai zweifellos jahrelang satte Gewinne gemacht. Doch zumindest ein Konzern musste erfahren, dass solche Profite keine Zukunftsgarantie sind: Das Volkswagen-Werk, der Pionier am Huangpu, um dessen Fabrik in Anting herum eine vom deutschen Architekten Albert Speer entworfene ganze »deutsche Stadt« entsteht, ist im ersten Quartal 2005 ins Abseits gefahren. Nach vielen fetten Jahren nun etwas Unerhörtes für VW: Er läuft und läuft und läuft – ungebremst in die Verlustzone.

Das Lehrstück über deutsche Managementfehler und chinesische Verhandlungs-Chuzpe führt zurück ins Jahr 1984. Als die Volksrepublik für die meisten westlichen Wirtschaftsführer noch eine Art fremder Planet war, gründete der einstige VW-Chef Carl Hahn mit der Shanghai Automotive Industry Cooperation (SAIC) ein Gemeinschaftsunternehmen zum Bau von Personenkraftwagen. Es gab keine ernst zu nehmende Konkurrenz, die Gewinne aus der Produktion des Santana sprudelten für das Joint Venture sozusagen automatisch. Dennoch – oder vielleicht gerade deshalb – ›*war China im VW-Konzern eine Art Großparkplatz für ungeliebte Manager*‹ (»Spiegel«). Niemand warnte die Wolfsburger Konzernspitze vor Fehlentwicklungen.

Während sich VW und die Tochter Audi aber auf Erfolgen ausruhten, fand auf dem chinesischen Auto-Markt eine regelrechte Revolution statt. Je schneller die Verkaufszahlen wuchsen, desto

mehr Konkurrenten gründeten in China ihre eigenen Werke. Immer aggressiver wurden die Angriffe von Toyota und Honda, Hyundai und Ford, Nissan und vor allem General Motors, wie VW in Shanghai ansässig. Die Konkurrenten bauten moderne Limousinen ebenso wie attraktive Kleinwagen und starteten einen regelrechten Preiskrieg. Es geht schließlich um den – inzwischen vor Deutschland liegenden – drittgrößten Automarkt der Welt.

Volkswagen, das noch im Jahr 2003 ungefährdeter Marktführer war und sogar noch verkünden konnte, mehr Wagen in China als in Deutschland zu verkaufen, geriet ins Hintertreffen. Nur ein Jahr später wurde Volkswagen erstmals von General Motors als erfolgreichster chinesischer Autohersteller überholt. Nach einem anteiligen Gewinn von über 500 Millionen im Jahr 2003 und immerhin noch gut 200 Millionen im letzten, prognostiziert Goldman Sachs für 2005 einen Shanghaier VW-Verlust von 411 Millionen. Missmanagement ließ den deutschen Autobauer ins Abseits fahren: falsche Modelle, eine zu teure Produktion, ein schwacher Vertrieb. Für kommende Kopfschmerzen aber ist auch VWs Joint-Venture-Partner verantwortlich. Denn die Chinesen sind dabei, ihre deutschen Teilhaber nach allen Regeln der Kunst auszutricksen.

[186]

**›Roter Teppich für die Hochtechnologie‹**
CeBit-Ausstellung in Shanghai

[187]

**›Statussymbole I‹**
Luxus-Boutique im Nobelkaufhaus »Plaza 66«

**›Statussymbole II‹**
Foto-Handy als Entscheidungshilfe beim Shoppen

海大

SAIC hat sich nach jahrelanger Zwangsehe mit Volkswagen ausgerechnet noch mit dessen Hauptkonkurrenten General Motors in einer weiteren Holding verbandelt. Jetzt wollen die Chinesen, denen die Weltfirmen aus Deutschland und den USA ihre Bücher öffnen und mit denen sie ihr Know-how teilen müssen, vom Partner zum Konkurrenten werden – auf eigene Faust, und ganz legal.

Das Staatsunternehmen SAIC, dessen Mehrheit die Stadtväter Shanghais halten, positioniert sich gerade als eigener Autohersteller. In Südkorea hat sich SAIC bei Daewoo eingekauft und im Vorjahr die Aktien-Kontrollmehrheit des Pkw-Produzenten Ssangyong übernommen. Mit dieser Marke, die von Mercedes-Benz Lizenzen erworben hatte, sicherte sich SAIC wichtige Technologien zum Bau eines Geländewagens. Und im Frühjahr 2005 liebäugelten die Shanghaier mit einer Übernahme des maroden britischen Rover-Konzerns, entließen die Firma dann aber wohl aus Angst vor Abfindungs- und Pensionsforderungen lieber in die Pleite. Aus der Konkursmasse besorgte sich SAIC für einen Spottpreis von 98 Millionen Euro alle Rechte und Motorenlizenzen an den Rover-Modellen 25 und 75. Am Markennamen hatten die Chinesen kein Interesse – sie beabsichtigen, die Modelle mit ihrem eigenen Logo, einem geschwungenen S, auf den Markt zu bringen.

Bis 2007 wollen die Shanghaier 50 000 dieser Autos jährlich produzieren, aber das ist nur ein erster Schritt. SAIC hat sich vorgenommen, spätestens 2020 zu den sechs größten Autoherstellern der Welt zu gehören. Und dann erfolgreich auch die Märkte Europas aufzurollen, wie Firmenchef HU MAOYUAN verkündete, ›*mit unabhängigen Technologien und Weltklassemarken – ein unausweichlicher Trend*‹. Weitere Kooperationen mit Volkswagen und General Motors schlössen diese Pläne ja nicht aus. Ebenso wenig müsse das Ganze auf Kosten der Joint-Venture-Kollegen gehen, ergänzte der Mann an der SAIC-Spitze beim Fortune Global Forum im Mai des Jahres 2005 gönnerhaft.

Sowohl der Shanghaier GM-Chef RICHARD WAGONER (›*ungewöhnliche, aber vorstellbare Kooperationsmöglichkeiten*‹) als auch der VW-Asien-Boss Bernd Leißner (›*Verständnis für SAIC's Wunsch nach einer eigenen Marke*‹) reagierten leisetreterisch: Sie wissen, dass der chinesische Partner-Konkurrent am längeren Hebel sitzt. Die Deutschen liefern sich mit ihren brandneuen Shanghai-VW-Modellen Passat und Polo gerade eine Schlacht um Marktanteile mit den Buicks von GM – alles andere kommt später. HERRN HU kann es recht sein, wenn beide reüssieren, seine Milliardenkasse füllt sich auf jeden Fall. Eine Win-Win-Situation nennt man das wohl, was sich bei SAIC mit seinem Doppel-Joint-Venture abspielt: Wenn zwei sich streiten, freut sich das Reich der Mitte.

Der chinesische Boss des Unternehmens, gerade erst Anfang fünfzig, gilt in Shanghai als einer von der ganz harten Sorte, als einer, der einstecken, aber vor allem austeilen kann. Einen Mann mit seiner Lebenserfahrung, voller Ehrgeiz und an Entbehrung gewohnt, schreckt nicht viel. Inmitten der Kulturrevolution musste der Hochbegabte wegen seiner bourgeoisen Tendenzen verdächtigen Eltern die Mittelschule verlassen und als einfacher Arbeiter in einer Fabrikhalle schuften. Erst im Jahr 1983 konnte HU MAOYUAN, der sich zum Werksleiter emporgearbeitet hatte, seinen Ingenieurabschluss nachholen. Sein »offizieller« Lebenslauf hält sich nicht bei diesen Verwundungen auf, immer noch wird die Kulturrevolution weitgehend verdrängt; die Vita vermerkt nur noch, dass der SAIC-Chef ›*nie Urlaub gemacht*‹ habe, bescheiden lebe, gern Bowling und Golf spiele. Außerdem liebt er Schach, aber das versteht sich bei dem Shanghaier Meister-Strategen ja eigentlich von selbst.

[189]

**›Jagd auf die Prestigemarke VW‹**
Warten auf den Reifenwechsel auf der Rennstrecke von Anting

**SORGFÄLTIG GEPLANTE EROBERUNGEN** des Weltmarkts à la SAIC gehörten zu den großen Zielen der chinesischen Regierung. Im Außen- und Handelsministerium existiert sogar ein konkreter »Leitkatalog für Übersee-Investitionen«, aufgeteilt nach Ländern und Industrien. Demnach haben es die Chinesen in Großbritannien auf Biomedizinfirmen abgesehen, in Frankreich unter anderem auf Hersteller von Staubsaugern und Mikrowellen. Auch in Deutschland sind schon Kaufobjekte ausgemacht: Arzneimittelfirmen stehen ebenso auf dem Wunschzettel wie Handelsbetriebe und Speditionen. Erste Übernahmen sind schon perfekt, wenngleich noch nicht in weltbewegenden Formaten: zum Beispiel im brandenburgischen Rathenow. Dort produzieren die 45 Mitarbeiter der Welz Gas Cylinder GmbH Gasflaschen für Feuerlöscher und Zapfanlagen neuerdings für den chinesischen Arbeitgeber Huapeng Trading aus Shanghai.

Im Ausland zu investieren, wird als patriotische Tat gefeiert. »Zou chu qu«, lautet die Parole: »Schwärmt aus!« Wenn es nach den roten Kapitalisten geht, sollen chinesische Konzerne in weniger als einem Jahrzehnt Weltmarken sein, ähnlich klangvoll wie Microsoft, Siemens oder Sony. Dann sollen fünfzig der 500 größten Konzerne aus China kommen. Nicht nur die Automobilfirma SAIC hat den Sprung in die Erste Liga heute schon geschafft. Auch der Computerhersteller Lenovo drang mit der Übernahme der IBM-PC-Sparte (Kaufpreis: 1,3 Milliarden Euro) in diese Spitzengruppe vor. Ebenso die TCL Overseas Holding, die beim französischen Thomson-Konzern wie beim Allgäuer Gerätehersteller Schneider einstieg und zum Weltmarktführer bei Fernsehapparaten wurde. Oder Petrochina, das im Jahr 2004 für einen nicht spezifizierten Milliardenbetrag riesige Erdölfelder erwarb, unter anderem in Kasachstan. Aber das ist alles noch nichts gegen CNOOC. Der drittgrößte chinesische Ölkonzern verblüffte Ende Juni 2005 die Fachwelt mit einem 18,5 Milliarden Dollar umfassenden Übernahmeangebot für die kalifornische Unocal. Zum ersten Mal streckte die Volksrepublik China damit die Fühler nach einem Prestigeunternehmen der amerikanischen Energiewirtschaft aus.

Die Kommunistische Partei versucht in Shanghai – wie auch sonst überall in der Volksrepublik – alles, um in einer Gesellschaft, die sich in Lichtgeschwindigkeit Richtung Kapitalismus und Kommerz bewegt, die wichtigste Kraft im Lande zu bleiben. *›Sie will das neue China am liebsten nicht nur kontrollieren, sie will selbst zur China Inc. werden‹*, schreibt im Juni 2005 das US-Nachrichtenmagazin »Newsweek«. So hat die KP, die einst Großgrundbesitzer exekutieren ließ und erst seit vier Jahren Privatunternehmer als Mitglieder aufnimmt, in ihren eigenen Rängen Trainingskurse für den kapitalistischen Nachwuchs eingerichtet: Der »Sozialismus unter chinesischen Vorzeichen«, wie die offizielle Politik der Regierenden genannt wird, erfährt dabei ganz neue, ganz erstaunliche Inhalte.

Wer lernen will, wie die neue Welt funktioniert, kann das heutzutage am besten bei der Communist Youth League (CYL) tun. Die Jugendorganisation der Partei, 1922 gegründet, hat heute siebzig Millionen Mitglieder landesweit; auch Chinas jetziger Präsident Hu Jintao war einmal ihr Erster Sekretär. Im Juli 2003 schließlich geschah Verblüffendes. Die Liga gestand bei ihrem Kongress in Peking in einem internen Papier ein, den Kontakt zur Jugend weitgehend verloren zu haben. Sie lud einen Shanghaier Unternehmer zum Vortrag ein, um ihre neue Weltoffenheit zu zeigen. Und dieser Tianqiao Chen, damals gerade 29 Jahre alt, las den Funktionären ganz schön die Leviten. Man dürfe von KP-Seite nicht immer so tun, als kenne man alle Antworten und wisse, was die jungen Leute umtreibe und wie man sie erziehen müsse, donnerte der Mann, der ansonsten als extrem öffentlichkeitsscheu gilt. Vielmehr sollten die Bosse »von gleich zu gleich« mit den jungen Menschen über deren wahre Sorgen und Bedürfnisse diskutieren.

Rote Wangen waren laut Augenzeugen nach der Rede bei den Parteioberen im Kreis der CYL zu besichtigen, der Beifall blieb verhalten. Aber gegen den Selfmademan Tianqiao (»Timothy«) Chen ließ sich schlecht anargumentieren: Er galt damals schon als einer der fähigsten Unternehmer im Land, enorm erfolgreich in Sachen Videospiele und anderer Software-Unterhaltung; heute führt das Wirtschaftsmagazin Forbes den Shanghaier mit seiner Firma Shanda Interactive Entertainment Ltd. als Krösus der Huangpu-Metropole und drittreichsten Chinesen überhaupt. Sein geschätztes Privatvermögen im November 2004: eine Milliarde und 276 Millionen Dollar.

Die Jugendliga geht seit seinem denkwürdigen Auftritt neue Wege. Beispielsweise in Zusammenarbeit mit Ogilvy & Mather, der in New York ansässigen Werbeagentur – gemeinsam gründeten Kommunisten und Erzkapitalisten ein Joint Venture für Marketing und gaben ihm den sinnigen Namen »Red Force«. Experten aus den USA und Großbritannien bringen jungen Chinesen in mehrtägigen Seminaren bei, worauf es beim Verkaufen ankommt. Da wird in Lektionen wie »Kommunikation und Personality« gepredigt, sich möglichst selbstbewusst und kundig zu präsentieren. Und in anderen Lehrstunden demonstrieren Ogilvy-Big-Shots wie Jeffrey Wu den unbedingten Glauben an das Produkt, für den Verkauf ja so enorm wichtig. ›*Geben Sie immer alles*‹, hämmert der westliche Werbemann die »Ogilvy-Philosophie« unters Kommunisten-Jungvolk. ›*Und dann noch mehr!*‹ Zum Schluss der Sitzung rufen alle gemeinsam, als gelte es einen neuen Langen Marsch zu beschwören: ›*Gehen wir die Extra-Meile!*‹

Die CYL-Studenten erhalten von ihren eigenen Leuten sonst eher dröge Lektionen über moralisch vorbildliche Parteifunktionäre, die sich für die Öffentlichkeit geopfert haben. Bei den westlichen Vorträgen aber geht es um ihre konkreten beruflichen Chancen, um den Ego-Trip im realexistierenden Land der Geldanbeter, in dem sie leben. Worum es nie geht: den politischen Führungsanspruch der Partei auch nur im Ansatz in Zweifel zu ziehen. Ogilvy hat über 2000 eigene Angestellte in der Volksrepublik – die Firma würde einen Teufel tun, ihr Standing bei den Bossen in Peking zu gefährden.

Chinas junge Generation weiß, was es geschlagen hat. Die »Eiserne Reisschale«, der Anspruch auf einen Job in Staatsbetrieben, ist längst zerbrochen. Die meisten Jugendlichen müssen heute selbst aktiv werden und sich einen Job suchen. Die Konkurrenz ist groß, gerade unter Universitätsabsolventen: Fast drei Millionen Akademiker stoßen die chinesischen Hochschulen jetzt jedes Jahr aus. ›*Kein Wunder, dass die Jugendlichen bei den Ogilvy-Kursen alle begeistert mitschreiben*‹, sagt Ma Chun-lei, Vize-Chef der CYL in Shanghai. Dass die Westler bei ihren Vorträgen nicht einmal davor zurückschrecken, von »Promotion Girls« zu sprechen – attraktiven jungen Frauen, die man für Restaurants und Bars anheuert, um »mit dem Produkt zum Kunden zu gehen« – dazu gibt es vom Kommunisten-Funktionär keinen Kommentar.

[190 – 193]

›**Rollen Richtung Export**‹
Stahlwerk ThyssenKrupp

**›Auf dem Weg an die Spitze‹**
Shanghai hat an Frachtaufkommen nur noch die Häfen von Hongkong, Shenzen und Singapur zu fürchten

Nur hochgezogene Augenbrauen und ein paar Stirnfalten. Aber was soll er machen: Red Force ist ein Joint Venture, in PR-Lehrinhalte will er da nicht hineinpfuschen. Und »politisch Subversives« , das zu beanstanden wäre, findet nicht statt.

Am Ende jedes Kurses steht die praktische Nutzanwendung. Die Teilnehmer sollen sich für ein imaginäres Jugendprodukt eine PR-Kampagne ausdenken. Den Einsendern der besten Vorschläge (›*bitte nur per E-Mail*‹) winkt ein Job bei realen Red-Force-Unternehmungen. Schon mehr als 3500 Jung-Kommunisten sind laut »Wall Street Journal« von diesem erstaunlichen Joint Venture in Public Relations angelernt und bei der Gründung eigener Firmen beraten worden. Sie haben als gut bezahlte Teilzeitkräfte Bauern in chinesischen Provinzstädten neue Düngemittel westlicher Firmen nahe gebracht, Shanghais Hausfrauen über die Notwendigkeit neuer Fruchtsaft-Varianten aufgeklärt und Kindern im Perlflussdelta von den Abenteuern der Helden Micky, Minnie, Pluto und all den anderen erzählt. Red-Force-Mitarbeiter von der Kommunistischen Jugendliga lasen dabei in den Räumen ihrer KP-Jugendpaläste aus MARK TWAINS »Prinz und Bettler« wie aus den jüngsten Comic-Heften vor und richteten für potenzielle Kunden des neuen Hongkonger Disneylands Wettbewerbe im Micky-Maus-Zeichnen aus.

Was die Ausbildung junger PR-Fachleute und Kleinunternehmer anbelangt, zeigt sich die Partei also äußerst flexibel. Auch was die Ausbildung einer neuen Top-Funktionärsklasse betrifft, geht die Partei jetzt durchaus verblüffende Wege. Aber anders als bei der KP-Jugend und ihrem Joint Venture Red Force lässt sie sich da nicht von Ausländern hineinreden. Aktuellstes Beispiel für den Spagat zwischen revolutionär neuem Management und überkommenen Ideologie-Inhalten ist die im März 2005 eingeweihte hoch geheime, hoch bedeutende China Executive Leadership Academy (CELAP) – wo anders sollte sie stehen als im chinesischen »Kopf des Drachen«, in Shanghai, und daselbst natürlich im Zukunftsviertel Pudong.

Die neue KP-Kaderschmiede für Politik und Wirtschaft wirkt auf den ersten Blick wie der Campus einer amerikanischen Luxus-Business-School: großzügige, gepflegte Rasenflächen, moderne Architektur aus Chrom und Glas, grau-schwarz mit einigen Akzenten in rot. Chinas Präsident HU JINTAO soll die CELAP höchstpersönlich eingeweiht haben, in einer von den Medien nicht reportierten internen Feier mit Pep-Talk für die anwesenden Honoratioren. Um die neue Parteikampagne sei es dabei gegangen (›*Lasst uns vorne bleiben*‹), um die Notwendigkeit, die KP-Mitglieder wieder straffer zu führen, die Korruption unter den Funktionären anzuprangern, parteifeindliche Intellektuelle zu maßregeln, das Internet besser zu kontrollieren, aber eben auch die Partei neuen Wirtschaftstendenzen zu öffnen.

Das Durchschnittsalter der 128 CELAP-Lehrkräfte liegt bei 34 Jahren – nicht einmal ein Jahrzehnt höher als das der Studenten. Eher vorgestrig klingende Kurse über »MAO-TSE-TUNG-Gedanken« und »DENG-XIAOPING-Theorie« wechseln sich ab mit Vorträgen über die neuesten Trends von der Harvard Business School und die Handelsvorstellungen der EU; Professor ZHENG BIJIAN etwa bietet einen Kurs über die Reformen der Labour-Partei in Großbritannien an, er ist gerade von einer London-Reise zurückgekehrt; und der Chef der Pekinger Zentralbank soll bei einem Gastvortrag aus seiner Praxis berichten. Ein Drittel des Lehrplans ist »Feldstudien« vorbehalten, die sollen die Studenten als Trainees zu Firmen wie General Motors in Shanghai führen. ›*Wir wollen ihnen auch zeigen, wie Multis arbeiten*‹, wird CELAP-Vizechef XI JIEREN zitiert. ›*Die Zentralregierung möchte, dass wir uns nicht in Routine erschöpfen, dass wir kreativ sind. Deshalb setzen wir hauptsächlich auf junge Lehrer und nicht auf ältere Berühmtheiten, deren festgefahrene Gedankenwelt sich kaum mehr ändern lässt.*‹

Den Studenten steht eine eigene Bibliothek zur Verfügung, die in ihrer englischsprachigen Abteilung besser und aktueller bestückt ist als die der Shanghaier Traditions-Universitäten: Da gibt es Fachbücher des neoliberalen Wirtschaftsguru JACK

Welch, J.R.R. Tolkiens Fantasy-Klassiker und eine wissenschaftliche Abhandlung über den Untergang der Titanic. Alle Schüler der brandneuen Kaderschmiede müssen Kurse in Politikwissenschaft und Ökonomie belegen, können sich beim Abschluss dann aber auf einen der beiden Schwerpunkte konzentrieren: ›*Führungsqualitäten sind für alle Spitzenplätze der Gesellschaft wichtig*‹ (Xi Jieren).

Aber werden die Absolventen der CELAP tatsächlich die Führungskräfte sein, die sich die Partei erträumt? Die moralischen Vorbilder der Nation, die Helden einer immer-noch-kommunistischen Gesellschaft, die ›*selbstlose Beiträge zur sozialen Stabilisierung des Landes*‹ leisten, wie es in der Zielsetzung der Shanghaier Kaderschmiede heißt? Oder werden sie, ähnlich wie die Absolventen des Joint Venture Red Force ihre Kraft hauptsächlich egoistisch für die eigene Karriere, allenfalls noch zum Wohlergehen des Familienclans einsetzen?

Nicht alle, die der Partei beitreten, tun das, weil sie an die Partei glauben – das weiß auch die KP. Womöglich sind sogar die meisten der zwei Millionen Neuzugänge »Floater«. So nennt man auf Shanghainese-Englisch die Opportunisten, die sich von ihrem Parteibuch einfach bessere Aufstiegschancen versprechen und der offiziellen Ideologie eher desinteressiert oder zynisch gegenüberstehen. Die »Mit-dem-Strom-Schwimmer« wissen, dass man in der Volksrepublik China mit Parteibuch immer noch leichter an die entscheidenden Dinge des Lebens herankommt. Und dazu gehört heute auch die Top-Ausbildung, möglichst von früher Kindheit an.

Wer dabei nicht auf die Partei setzt, braucht das große Geld. Für Kindergärten, die den Kleinen mit Englisch-Drill und Golfkursen (in Shanghai ab vier Jahren) den Weg in die besseren Kreise ebnen. Für teure Privatschulen. Es ist dieser unbedingte Drang, den Kleinen die bestmögliche Ausbildung zu verschaffen, der Eltern in Shanghai von denen in westlichen Städten unterscheidet. Und die weitgehende Bereitschaft der Kinder, die finanziellen Opfer ihrer Väter und Mütter mit unbedingtem Fleiß und Karriere-Einsatz zu vergüten. Kaum sind die Jungs und Mädchen aus dem Volksschulalter heraus und zwölf Jahre alt geworden, beschäftigen

[196]

**›Alles für die Ausbildung des Kindes‹**
Ehepaar mit Bildern des deutschen Internats Salem – dort studiert der Sohn

sich wohlhabende Shanghai-Eltern mit der Suche nach weiterführenden Schulen für ihre Sprösslinge. Das Beste ist gerade gut genug. So genannte »Erziehungs-Ausstellungen« erleichtern die Auswahl. Dabei stellen sich prestigeträchtige und teure chinesische Privatschulen und ausländische Institute in Shanghai vor, preisen ihre Vorzüge an. Diese Zukunftsmessen sind stets überlaufen. Auch das Ehepaar YAN hat sich rechtzeitig nach einem optimalen Studienplatz für seinen Sohn GU YU umgesehen, hat sich Prospekte besorgt, kritische Fragen gestellt, gerechnet. Entschieden haben sie sich schließlich für das deutsche Elite-Internat Salem, das sich wie so viele andere auch jährlich in Shanghai präsentiert.

Warum vom Huangpu bis an den Bodensee? Und wie können sich die YANS die teure Ausbildung leisten, jährliche Gebühren von 10 000 Euro und etwa noch einmal dieselbe Summe für Kost und Logis? Frau YAN HANG MEI ist Unternehmerin; sie führt eine moderne T-Shirt-Fabrik und leitet, gemeinsam mit ihrem Bruder, zusätzlich noch eine Fabrik für Gabelstapler. Ihr Mann arbeitet als Internist an einem städtischen Krankenhaus und überlässt meistens seiner Gattin das Wort. ›*Sie ist sicher die Geschäftstüchtigere von uns beiden*‹, sagt der Familienvater mit einem verlegenen Lächeln, ganz so als müsse er sich entschuldigen, dass er mit seinem Beruf als Arzt noch nicht in den modernen chinesischen Zeiten des großen Geldmachens angekommen ist. Stolz führen die beiden durch die blitzsauberen Produktionshallen ihrer beiden Fabriken in Pudongs Außenbezirken, die so überhaupt nichts mit den westlichen Vorstellungen von chinesischen Sweatshops zu tun haben.

›*Mit Deutschland verbinden wir Disziplin, Tatkraft, Erfolg*‹, sagt Mutter YAN, nachdem sie ihre Gäste in ihrem nagelneuen Buick, den sie ihrem VW Santana als »moderner« vorzieht, wieder zurück in ihr properes Reihenhaus am Stadtrand gefahren hat. ›*Die Präsentation von Salem hat uns gleich zugesagt. Das Internat ist zwar für unsere Begriffe etwas teuer, aber wir sind überzeugt, es wird sich für unseren Kleinen lohnen.*‹

Der 17-jährige GU YU ist nun seit neun Monaten in Deutschland, lernt auf Vermittlung der Salem-Betreuer bei einer Gastfamilie die Sprache, von der er anfangs noch kein Wort verstand. Die Prüfungsergebnisse zeigen eine stetige Verbesserung – er wird wohl die Sprachprüfung schaffen, die Voraussetzung für einen Eintritt in Salem ist. Dort wird er nicht allein unter Europäern sein: In Salem büffeln schon ein Dutzend anderer Chinesen, sechs aus Shanghai, aufs Abitur. GU YU sendet begeisterte Briefe vom Bodensee, mitgeschickte Fotos zeigen ihn vor dem Internat und im Kreis seiner Gastfamilie mit zwei hübschen blonden Teenagern: ein verlegen lächelnder Shanghaier Jugendlicher, jetzt sehr weit weg von zu Hause. Wenn GU YU denn Heimweh empfindet, in den Briefen und in den wöchentlichen Telefongesprächen verliert er kein Wort darüber. ›*Er ist ein guter Junge und würde seinen Eltern nie Sorgen machen*‹, sagt FRAU YAN zärtlich: Sie greift zu den beiden Alben, in denen die Bilder aus der Fremde fein säuberlich eingeklebt sind.

Vor dem Einfamilienhaus in der Fertigbausiedlung mit dem manikürten Rasen bellt ein Schoßhund, bei der Shanghaier Oberklasse zur Zeit der letzte Schrei. Der Wohnzimmerboden ist blank poliert, die offensichtlich neu gekauften Stühle tragen an den Beinen weiche Aufsetzer, die wie Kondome aussehen: Nichts soll beschmutzt oder gar zerkratzt werden. Im Hintergrund läuft der Fernseher mit dem riesigen Plasma-Flachbildschirm; ein Aquarium und eine Schrankwand, auf der ein Sparschwein und eine Flasche XO-Cognac stehen, vervollständigen die Einrichtung aus dem chinesischen »Schöner-Wohnen«-Katalog für gesellschaftliche Aufsteiger.

Das Zimmer ihres Sohnes im Obergeschoss haben die Eltern so gelassen, wie er es verlassen hat, einschließlich Poster und Plüschtiere. Es wirkt wie das Museum einer verlorenen Kindheit. GU YU wird in den Ferien wiederkommen, davon sind Vater und Mutter überzeugt – mit guten Zeugnissen. Er wird der Familie in der Fremde keine Schande machen, sondern Tag und Nacht lernen, so wie er das schon auf der Shanghaier Mittelschule getan hat, um zu den Besten zu gehören. Das erwarten die Yans von ihrem Sprössling. Und mit einer guten Ausbildung kann er sich dann seinen Traum erfüllen, Software-Ingenieur bei einem renommierten Arbeitgeber zu werden. Oder Chef der Familienbetriebe, eventuell einer eigenen Firma.

Und dann wird GU YU anfangen, den Eltern zurückzuzahlen, was die sich seinetwegen vom Munde abgespart haben. Er wird sich verpflichtet fühlen, für ihr Wohlergehen im Alter zu sorgen, eine eigene Familie gründen, den Namen weitertragen. So, wie es in China schon immer war. Nur eben unter den heutigen leninistisch-kapitalistischen Bedingungen.

[197]

**›Mit Mao zählt man noch – zumindest auf den Geldscheinen‹**
Der Große Vorsitzende ist auf den Renminbi-Noten verewigt

POLICE

HYUNDAI

Kapitel 6

# SHANGHAI MORGEN | DIE ZUKUNFTSBESESSENE

*›Erst Olympia, dann die Weltausstellung 2010 und anschließend permanent an der Spitze‹*

· WARUM IM STADTPLANUNGSBÜRO EIN BAMBI FEHLT · EIN FUNKTIONÄR SIEHT ROT · DIE »DEUTSCHE STADT« DES ALBERT SPEER · GEGEN WESTEN WOHNEN, HEISST DEN TOD HERAUSFORDERN · ARCHITEKT GERKAN UND DIE NEUE METROPOLE · DER PROFESSOREN-BLUES · MAOS DOLMETSCHER FRAGT: »HABEN WIR DAS SO GEWOLLT?« · KEINE ZUKUNFT OHNE VERGANGENHEITSBEWÄLTIGUNG · ALTKOMMUNISTEN SINGEN »BLUE SKYS« ·

*China ändert sich mit atemberaubender Schnelligkeit, das ist unbestritten – aber in welche Art von Gesellschaft ändert es sich? Ist unser alles überragendes Ziel nur schlicht das: China reicher zu machen? Ist es eine höhere Wachstumsrate oder durchschlagendere Effizienz? Die beste Strategie, um demokratischen Wandel in China zu erreichen, liegt meiner Meinung nach darin, nachdrücklich die Einhaltung von Menschenrechten, besonders der Versammlungs- und Pressefreiheit, sowie soziale Gerechtigkeit zu fordern. Dafür sollten sich Chinas Intellektuelle Tag und Nacht einsetzen.*

Chaohua Wang
*(Aus:* »One China, Many Paths«, *2003)*

[199]

**›Beruhigungsmittel Aquarium‹**
Für viele Ältere ist die Haltung von Fischen ein liebgewordenes Hobby

[200]

**›Aufreger Hochtechnologie‹**
Hochspannungs-Kugel im Wissenschaftsmuseum

[201]

**›Futuristisches Ambiente‹**
Kugelarchitektur nahe der Börse von Pudong

[202]

**›Nostalgisches Ambiente‹**
Das Traditionshotel »Park« an der Kreuzung Nanjing und Huanghe

[203]

**›Fingerzeig in die Zukunft‹**
Stelen-Wald am Art Museum

[204 & 205]

**›Pferde, Pomp und Patriotismus‹**
Neubauviertel mit Reiter, Altbauviertel mit Fahnenschmuck
anlässlich des 1. Mai

5
HIYECHANG
Hfhkgdghfdnghckj,nbhc

[209]

**›Und immer droht der Abriss‹**
Alte Dame vor ihrer zerstörten Bleibe im Viertel beim Konfuzius-Tempel

沪D 31849

疏通下水道
13524579264
疏通下水道
13636593255

[211]

**›Das Fenster zur Zerstörung‹**
Abrisssviertel hinter dem Hotel »Pujiang«

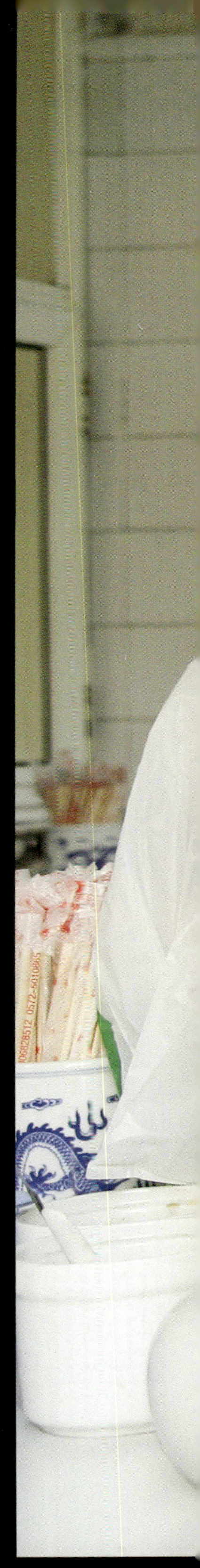

**›Sattwerden für ein paar Fen‹**
Essen in der Nachbarschafts-Garküche

福
6
7

**›Hütten und Hochhäuser‹**
Blick in das Stadtviertel Zhabei

**›Mit Campingstuhl und Thermoskanne‹**
Großvater mit seinem Enkel im Abrissviertel Hongkou

[216]

**›Rastplatz für die Gutbetuchten‹**
Dachterrasse des Shanghai Art Museum

JVC

[217]

**›Wo bitte geht's zur Zukunft?‹**
Vor einem Werbeplakat suchen Shanghaier nach Orientierung

*Kapitel 6*

# Die Zukunfts-besessene

*›Erst Olympia, dann die Weltausstellung 2010 und anschließend permanent an der Spitze‹*

**DAS SHANGHAIER STADTPLANUNGSZENTRUM** am Platz des Volkes mitten in der City Ecke Renmin Dadao und Xizang Lu lassen die meisten Touristen links liegen, dabei ist es eine der Hauptattraktionen der Metropole am Huangpu. Seine gelungene, geschwungene Architektur mit den Glasfassaden ist dabei aber ebenso nebensächlich wie die gigantischen Verzierungen am zeltartigen Dach, die nur aus der Luft zu sehen sind: die Blüte einer Magnolie, Shanghais Wappenblume. Nein, es geht um etwas anderes. Im Inneren dieses im Jahr 1999 eröffneten Museums wird, neben einem Rückblick auf die Geschichte, detailliert die Zukunft gezeigt, so wie sie sich die Väter dieser Weltstadt vorstellen. Eine Vision, die auch uns im Westen betrifft. Eine Utopie für die gesamte Menschheit – mal schrecklich, mal schön, häufig beides gemeinsam.

Höhepunkt des Stadtplanungszentrums ist das oberste Stockwerk mit dem begehbaren Riesenmodell von Shanghai. Im Zwölfmonatstakt wird das Monstrum der Wirklichkeit angepasst, um wenigstens in etwa Schritt zu halten mit den tatsächlichen Veränderungen. Von einer kleinen Brücke inmitten des Modells blickt man auf eine Stadtlandschaft, in der die Viertel mit alten, niedrigen Häusern herausstechen wie kleine Inseln. Der Rest ist Hochhaus-Territorium. Während es Ende 1980 erst 43 Hochhäuser in Shanghai gab (definiert als Gebäude über elf Stockwerke) und im Jahr 1990 gerade mal 541, schnellte die Zahl im nächsten Jahrzehnt rapide nach oben: auf 2993 im Jahr 2000, auf 4174 im Jahr 2002, auf weit über 6000 heute. Weltrekordverdächtig sind diese Zuwachsraten, wie so vieles in dieser Stadt.

Großflächige Schautafeln zeigen, wie es mit Shanghai weitergehen soll. Ein besonderer Raum ist dabei der Zukunft von Pudong gewidmet. Andere Räume stellen die geplanten elf Satellitenstädte vor, die sich nach dem Wunsch der Planer in einem Ring um das Zentrum schließen werden. Großen Wert legen die Zukunftsmacher auf Grünflächen, die auch die tristeste Hochhausvorstadt auflockern sollen. Eine dieser Siedlungen war noch im vorletzten Jahr als Modell abgebildet, inmitten der Wolkenkratzer stand damals, etwas verloren, aber durchaus eindrucksvoll, auf dem Kunstrasen ein Rehlein. Heute ist das Bambi weg, wie die gesamte plastische Kleinsiedlung. Stattdessen hat der Raum eine neue Attraktion: Bilder von der Formel-1-Rennstrecke, die im September 2004 eingeweiht wurde. In einem Simulator kann jetzt jeder Schumacher spielen, im Computer-Ferrari die Kurven anbremsen, auf den Geraden beschleunigen. Ein älterer Mann gibt seufzend auf, er hat nicht einmal die halbe Strecke in der vorgegebenen Zeit geschafft; anders sein etwa zehnjähriger Enkel, der – durch die Anfeuerung des Großvaters wie durch seine eigenen Begeisterungsschreie begleitet – nur knapp am Streckenrekord scheitert.

Aber, wo um alles in der Welt haben die Bosse der Stadtregierung Bambi gelassen? Professor Wu Jiang, Vize-Chef aller Shanghaier Stadtplaner, wirft einen nachdenklichen Blick aus seinem brandneuen Büro im brandneuen Verwaltungsturm über dem Volksplatz. Fast sieht es so aus, als wolle er da unten, in den Schluchten zwanzig Stockwerke tiefer, Bambi suchen. Dann zuckt er die Achseln. ›*Wir haben das Reh wohl aus technischen Gründen ausgetauscht*‹, sagt der Top-Funktionär. ›*Wir möchten ja immer up-to-date sein. Mit einer Verschiebung der Prioritäten hat es sicher nichts zu tun – mehr Grün für die Stadt ist nach wie vor eines unserer Hauptziele.*‹ Um dies zu untermauern, zeigt der Mittvierziger mit den aufgekrempelten Hemdsärmeln seine Pläne. ›*Noch 1994 galt Shanghai als die Großstadt im Land mit den wenigsten Grünflächen für die Einwohner, die Umweltverschmutzung drohte völlig außer Kontrolle zu geraten. Wir hatten damals falsche Prioritäten. Inzwischen haben wir das Steuer herumgerissen. Heute gehören wir, was Parkanlagen und Pro-Quadratmeter-Grün betrifft, zu der positiven Spitzengruppe unter Chinas Metropolen. Ganz nach dem Motto unserer Weltausstellung: Better City, Better Life.*‹

Professor Wu holt riesige Stadtpläne aus seinem Schrank und erläutert die Zukunft aus seiner Sicht. Die Innenstadt Shanghais sei hoffnungslos überfüllt und es müsse auf jeden Fall verhindert werden, dass noch mehr Leute ins Zentrum zögen. ›*Wir müssen die Innenstadt entlasten, und das heißt auch einwohnermäßig entschlacken. Und vor allem den Verkehr müssen wir im Rahmen halten.*‹ Deshalb werde die Anmeldegebühr für neue Autos ständig erhöht, belaufe sich jetzt auf 40 000 Yuan (3900 Euro). Dennoch steige die Zahl der PKWs viel zu schnell. Die einzige Lösung sei ein Ausbau des U-Bahn-Netzes und des übrigen Nahverkehrs. ›*Und dann bauen wir ja mindestens zehn neue Städte außerhalb, jede für eine halbe Million bis eine Million Menschen.*‹

Aber wer würde freiwillig in solche doch in der Regel wenig attraktiven Satellitenstädte ziehen? Oder wird da wieder nur zwangsumgesiedelt? Der Stadtplaner kennt die skeptischen Fragen zu diesem Shanghai-Konzept. Er glaubt aber, die Vorbehalte widerlegen zu können. ›*Das sollen ja eben keine toten Schlafstädte werden! Sie werden einen eigenen Kern haben, und Arbeitsplätze und Freizeiteinrichtungen. Das soll die Menschen dazu bewegen, vor Ort zu bleiben und nicht ständig ins Zentrum Shanghais zu drängen. Autarke Orte wollen wir schaffen und versuchen, diese neuen Städte deshalb um eine moderne Industrie herum zu strukturieren, wie beispielsweise in Anting, der von den Deutschen geprägten Autostadt.*‹

[218]

**›Nur der Horizont ist eine Grenze‹**
Der Blick aus dem Jinmao-Tower zeigt Shanghais fortdauernde Ausbreitung

Dann bliebe da noch das Problem der Mietspekulation im Shanghaier Zentrum. Der Stadtplaner will und kann es nicht wegdiskutieren. Im Frühjahr 2005 sind die Wohnpreise gegenüber dem Vorjahr um durchschnittlich 19 Prozent gestiegen, weit höher als in anderen Städten (wenngleich nicht ganz so dramatisch wie im Vorjahr, als es plus 28 Prozent waren). Die Stadt versucht, den überhitzten Markt zu regulieren; neuerdings muss jeder eine fünfeinhalbprozentige Sondersteuer auf Wohnraum bezahlen, den er im ersten Jahr nach dem Kauf weiterveräußert. Aber selbst der Vize-Chef der Stadtplaner scheint sich nicht ganz sicher zu sein, ob diese Antispekulations-Maßnahmen entscheidend greifen. Er weiß, die Dinge sind nur in bescheidenem Maße zu kontrollieren – offiziell gelten für ihn ja sogar noch die alten Fünfjahrespläne, aber die sind schon sechs Monate nach ihrer Verabschiedung Makulatur gewesen. Die Dinge sind im Fluss, oder – besser gesagt – inmitten eines reißenden Stroms. ›*Es heißt zu steuern, wo es geht, und im Übrigen, Nerven zu bewahren*‹, sagt der Stadtplaner. Dass in Pudong die Quadratmeterpreise für Büroflächen gerade fallen, weil da in manchen Außenbezirken ein Überangebot besteht, besorgt Professor Wu angeblich auch nicht. ›*Wenn manche schreiben, es gäbe in Schanghai eine Immobilienblase und die werde platzen, glauben Sie ihnen kein Wort. Diese Metropole ist stabil in ihrem Wachstum, stabil in ihrem Fortschritt.*‹

Und dass Shanghai jährlich Meter für Meter im Schlamm versinkt, fundamentslos und mit fast schon venedigscher Dramatik? Darüber und über andere mögliche Gefahren von der Energieknappheit bis hin zur Wirtschaftsüberhitzung spricht Wu nicht gern. Viel lieber erzählt er über die Anstrengungen der Stadt, ihrem Ruf als ›*most happening City on Earth*‹ (»Time«), als internationales Versuchslabor, zu genügen. Um das internationale Flair Shanghais zu betonen, laden die Shanghai-Verantwortlichen sogar regelmäßig prominente Ausländer ein, sich um die Zukunft der Metropole Gedanken zu machen. Hinter geschlossenen Türen wird jedes Jahr ohne jede inhaltliche Begrenzung und open end diskutiert. Aus Deutschland gehören dem zur Verschwiegenheit verpflichteten internationalen Club der Metro-Vorstandsvorsitzende Hans-Joachim Körber sowie Siemens-Aufsichtsratschef Heinrich von Pierer an. Wu freut sich immer, wenn auf diesen Sitzungen viel vom Denkmalschutz die Rede ist – die Bewahrung des Alten sei sein ›*wichtigstes Anliegen*‹, so der Stadt-Vize.

Und wie hält er es da aus, wenn er tagein, nachtaus die Bulldozer sieht, wie sie sich in die alten Viertel weiter und weiter hineinfressen? Die Abrissbirne, nicht die Magnolie, das eigentlich angemessene Wappenzeichen dieser Stadt? Noch einmal schließt Professor Wu seinen Geheimschrank auf. Diesmal sind es Karten mit farbigen Kreisen, die er hervorholt. ›*Rot steht für geschütztes Territorium, da darf nichts abgerissen werden; für alle in Orange eingefärbten Straßenzüge und Häuser kämpfen wir; nur Blaues ist freigegeben.*‹ Es sind ziemlich viele Rot-Töne auf der Karte zu sehen. Glaubt Herr Wu wirklich, er könne sich gegen die Baulöwen durchsetzen, wenn die mit dem großen Geld und den lukrativen Geschenken – auch für Stadtfunktionäre – winken? Dass er es schafft, eine entscheidende Wende im Bewusstsein der Partei herbeizuführen, die sich doch in den letzten beiden Jahrzehnten seelenruhig mit angesehen hat, wie über fünfzig Prozent der Shanghaier Bausubstanz zerstört wurden?

Der sonst so dynamisch und zukunftsoptimistisch wirkende Stadtdirektor wirkt plötzlich um Jahre gealtert. Sein Gesicht legt sich in Zornesfalten, vielleicht sind es auch Sorgenfalten, wer weiß das schon. ›*Ich hatte einen tollen Job an der Universität, ich war glücklich da*‹, sagt Professor Wu mit erhobener Stimme. ›*Es soll keiner glauben, ich wäre in diesen 18-Stunden-Tag bei der Stadtverwaltung gewechselt, wenn ich nicht ernsthaft die Dinge zum Besseren wenden wollte.*‹ Dann entschuldigt er sich, nimmt schnell Abschied, ein neuer, dringender Termin. Dass er vom Wollen gesprochen hat, nicht vom Können – es soll dem Gast wohl allenfalls nach dem Hinausgehen auffallen.

[219]

**›Mit dem Rotstift gegen Bulldozer‹**
Stadtplaner Professor Wu stellt sich dem Kampf mit den Baulöwen

**OB BEIM STADTPLANUNGS-VIZE WU JIANG**, ob im Amt des Bürgermeisters: Man spricht gut über die Deutschen in Shanghai. Ein Name, der immer wieder voller Respekt genannt wird, ist der des Generalkonsuls Wolfgang Röhr; ein anderer: Professor Albert Speer. Die Rede ist selbstverständlich nicht von Hitlers längst verstorbenem gigantomanischen Baumeister und verbrecherischem Rüstungsminister, sondern von dessen gleichnamigem Sohn. Er hat sich in den letzten Jahrzehnten weltweit einen Ruf als herausragender Stadtplaner gemacht.

[221]

›Ein deutscher Star für Shanghai I‹
Architekt Albert Speer aus Frankfurt

»Bevor Sie danach fragen: Mein Vater und dessen Arbeit haben bei den Diskussionen mit den Chinesen nie eine Rolle gespielt«, erzählt Speer. Der Frankfurter Architekt hatte zu Beginn des Anting-New-Town-Projekts mit einer ganzen Menge anderer Widrigkeiten zu kämpfen: Die Chinesen stellten sich unter der Deutschenstadt eine Mischung aus Rothenburg ob der Tauber und Dinkelsbühl vor, mit viel Fachwerk und all dem, was sie für »Gemütlichkeit« hielten. Behutsam brachte Speer den Chinesen bei, dass auch Bauhaus deutsche Architektur ist, und die Eins-zu-eins-Übertragung von Butzenscheiben nach China vielleicht doch keine so tolle Idee. ›*Aber mich hat immer gereizt, mit komplexen Dingen umzugehen und Menschen mit unterschiedlichen Interessen zusammenzubringen*‹, meint Speer, der durch den ungebrochenen Enthusiasmus für seinen Beruf und all seine Projekte viel jugendlicher wirkt als siebzig. ›*Als Stadtplaner sind Sie einerseits Dienstleister ihres Gastlandes, andererseits Berater der Politik, das liegt mir.*‹

Anting New Town bei Shanghai ein chinesisches Wolfsburg zu nennen, wäre in mancherlei Hinsicht untertrieben: Während die Stadt in Niedersachsen auf etwa zwanzig Quadratkilometer begrenzt ist, darf sich die neue chinesische Autometropole auf 58 Quadratkilometern ausbreiten. Bei ihrer Planung hatten Speer & Co., verglichen mit deutschen Projekten, viele Vorteile. ›*China schafft den Anschluss zur Weltspitze mit enormer Geschwindigkeit – und Shanghai will die ultimative Metropole Asiens werden. Der ungeheure Druck, der auf der Stadt lastet, wird als Chance begriffen, deswegen geht es hier schneller und innovativer zu als sonstwo. Das hat für uns, die wir im Dschungel von Vorschriften und Bürokratismus fast schon verlernt haben, etwas zügig zu verwirklichen, natürlich einen großen Reiz. Außerdem versuchten wir in unserer Modellstadt, besonders nachhaltig und energiesparend zu bauen.*‹

Speer nennt Shanghai eine Weltmetropole, neben der selbst Städte wie Peking und Moskau deutlich verblassten. Aber er ist kein blauäugiger China-Enthusiast, wie es sie unter deutschen Geschäftsleuten so häufig gibt. Er sieht auch Shanghais Nachteile, das andere konzeptionelle Denken, die mangelnde Endausführung mancher Projekte, die nach chinesischer Vorstellung offensichtlich nur im Rohbau perfekt sein müssen. Nicht immer stimmt die Zahlungsmoral; die Honorare ›*sind in den letzten beiden Jahren um rund vierzig Prozent gedrückt worden*‹. Nach SPEERS Meinung liegt das einerseits an den ›*knallharten Verhandlungsmethoden*‹ der ›*blendenden Shanghaier Kaufleute*‹, andererseits an der Anbiederung westlicher Architekten, die ihre ersten China-Projekte teilweise ganz ohne finanzielle Gegenleistung bauen, nur um auf dem Markt Fuß zu fassen. ›*Irgendwann rechnet sich das für uns vielleicht nicht mehr*‹, sagt der Stararchitekt. ›*Eines Tages könnten wir durchaus vor der Entscheidung stehen, ob wir unser China-Engagement nicht besser reduzieren oder gar beenden.*‹

Noch ist es längst nicht so weit. Im Shanghaier Speer-Büro an der Changan Lu herrscht eher Feierstimmung: Die ersten 20 000 Wohnungen in Anting sind bezugsfertig, die Stadt mit den zahlreichen öffentlichen Plätzen und den gemütlichen Parks – ›*mit der deutschen Anmutung*‹ eben – nimmt Gestalt an. Auch wenn manche Fehleinschätzungen zu Verzögerungen geführt haben. Speer gibt zu, dass weder ihm noch seinem Team bewusst war, wie tief verwurzelt die Vorstellungen vom »richtig ausge-

[222]

**›Brückenschlag‹**
Das von Speer entworfene
Zhangjiang-Administration Center

richteten Wohnen« in den Köpfen der Shanghaier verankert sind. ›*Nehmen Sie etwa den Westen. Der symbolisiert die untergehende Sonne, und darüber hinaus den Tod*‹, sagt der Frankfurter Stadtplanungs-Profi, dessen Projekte sich von Saudi-Arabien bis Dubai, von Nigeria bis Indonesien erstrecken. ›*So schnell die Häuser Richtung Süden weg waren, so zäh verlief ein Teil der übrigen Vermarktung. Es ist völlig irrational, aber eben auch ein Faktum.*‹

Stolz ist Speer vor allem auf die Wärmedämmung in den Anting-Gebäuden, auf die Doppelfassade des neuen Verwaltungshochhauses für den Hightech-Park Zhang Jiang in Pudong, wie die neue Fudan-Universität ebenfalls ein Projekt unter seiner Leitung. ›*Ich bin überzeugt, dass das Sparen von Energie, Wasser und anderen Ressourcen, die Reduzierung von Kohlendioxyd und das Müllrecycling in den nächsten Jahren eine gewaltige Rolle in Shanghai spielen werden.*‹

Umweltpioniere – ausgerechnet am verschmutzten Huangpu, in diesem Staat mit vier der fünf vergiftetsten Städten der Welt (zu denen Shanghai, alles andere als sauber an Luft und Wasser, längst nicht mehr gehört)? ›*Ja, die Chinesen sind hochintelligent und haben begriffen, wie wichtig das Thema ist*‹, meint Speer. ›*Und sie lernen schnell, auch in Sachen Architektur. Eines Tages werden sie uns nicht mehr benötigen, weil sie alles selber können. Dienstleistungen, wie wir Europäer sie heute erbringen, werden in Shanghai vielleicht noch fünf, höchstens zehn Jahre gebraucht. Aber es findet auch ein rasanter sozialer Umbruch statt, der von der KP nicht ganz zu steuern ist – beispielsweise im Verhältnis von Großvätern, Söhnen, Enkeln. Das traditionelle Zusammenleben mehrerer Generationen gibt es zwar noch auf dem Land, in Städten wie Shanghai nimmt es aber zusehends ab.*‹

[223]

**›Helle Räume, geschützte Umwelt‹**
Von Speer konzipiertes Treppenhaus mit Wärmeschutzverglasung

Albert Speer beschäftigt das Verhältnis der Familien untereinander – und es fällt schwer, darin nicht auch eine Komponente aus seinem eigenen Leben zu sehen. Zusammenhalt, Vertrauen zwischen den Generationen, offener Gedankenaustausch: Das ist etwas, nach dem er offensichtlich Sehnsucht empfindet. Nach der Verurteilung in Nürnberg blieb der Kriegsverbrecher-Vater ein Fremder. Bei den Spandau-Besuchen haben sie kaum mehr als ein paar belanglose Worte gewechselt. Speer senior hat den jungen Architekten-Sohn nach der Haftentlassung 1966 schließlich im Büro besucht und sich anerkennend über die Karriere des Filius geäußert. ›*Aber eigentlich hatte ich nicht das Gefühl, es interessierte ihn wirklich, was ich mache.*‹

Stadtplaner Speer, seit über dreißig Jahren in aller Welt aktiv, ist stets zuvorkommend, freundlich, beherrscht. Aber er hat auch gelernt, bei Interviewern immer auf der Hut zu sein. Oft liegt er mit seinem Misstrauen nicht falsch. ›*Wie baut es sich in Diktaturen? Wie sähe das ideale politische System für einen Stadtplaner aus?*‹ So fragte beispielsweise das Magazin Cicero für seine Juni-Ausgabe 2005 den ›*Sohn von Hitlers Architekten*‹. Da sagte Albert Speer, der in Ehren ergraute Demokrat und Städteplaner aus Frankfurt: »Ich habe etwas gegen ideale Systeme, genauso wie ich etwas gegen ideale Städte habe. Nur eines glaube ich zu wissen: Shanghai hat eine solche Strahlkraft – dieser Metropole geht in den nächsten zehn bis fünfzehn Jahren nicht die Puste aus.«

Auch Professor Meinhard von Gerkan, der zweite berühmte deutsche Shanghai-Architekt und ebenfalls gerade jugendliche Siebzig geworden, sieht die Mega-Stadt am Huangpu ambivalent. ›*Die Shanghaier Realität überwältigt mich immer wieder, es läuft zurzeit hervorragend für uns und das Potenzial ist noch immer gewaltig. Aber die Risiken sind es nicht minder*‹, sagt der Architekt aus Hamburg, der mit seinem Büro Gerkan, Marg und Partner (gmp) eine der begehrtesten Ausschreibungen der letzten Jahre gewonnen hat: den Bau von Luchao Harbour City, einer Zukunftsstadt für fast eine Million Menschen. Sie soll zwischen Shanghai und dem neuen Tiefseehaften Yangshan entstehen, vierzig Kilometer von der Innenstadt entfernt. Baubeginn: im Jahr 2005; geplante Fertigstellung der ersten Wohnungen: Mitte 2007; volle Kapazität: etwa 2015.

›*Shanghai ist für uns eine himmlische Hölle*‹, sagt der Stararchitekt. ›*Die geschäftlichen Bedingungen sind teuflisch, fast ruinös. Unser Urheberrecht wird permanent missachtet, die Zahlungsmoral ist schlecht, die Verhandlungstaktik der Chinesen gewöhnungsbedürftig. Auf der extrem positiven, auf der himmlischen Seite steht: Auch wenn uns die Beziehungsgeflechte fehlen – nirgendwo sonst gibt es solche ungeheuerlichen Möglichkeiten, solche Chancen, etwas ganz und gar Außergewöhnliches nicht nur zu planen, sondern auch zu bauen.*‹ Das gerade vor der Einweihung stehende Maritim-Museum in Shanghai beispielsweise. Oder eben Luchao, die neue Hafenstadt aus dem Nichts.

Noch stehen draußen am Gelben Meer keine bezugsfertigen Häuser, sondern nur die ersten Baubaracken. Deshalb zeigt Gerkan Gästen gern das Modell und die Pläne, sowie eine Video-Schau der Zukunft. Das Luchao-Projekt erinnert dabei mit dem Außenalster-ähnlichen See in der Mitte verblüffend an Hamburg. ›*Genau das ist beabsichtigt*‹, sagt der Hamburger. ›*Denn Luchao wird zwar eine Küstenstadt sein, aber ein zehn Meter hoher Schutzdamm gegen Taifune und Hochwasserfluten dürfte für viele den Blick aufs Meer verstellen. Das Stadtareal wird weitgehend durch Aufschüttung dem Meer abgerungen – bei dieser Landgewinnung entsteht der See mit einem Durchmesser von zweieinhalb Kilometern. Um*

[224]

**›Universität des 3. Jahrtausends‹**
Panoramablick über den Campus der Fudan-Universität

*ihn herum wird sich ringförmig das Zentrum des städtischen Lebens legen.‹* Warum, glaubt GERKAN, hat den Chinesen dieser Entwurf so imponiert, warum gewann er den international hart umkämpften Wettbewerb? ›*Der See ist ein exakter Kreis: Wir nutzen das Bild eines Tropfens, der ins Wasser fällt und konzentrische Kreise zieht. Eine Metapher offensichtlich im Sinne der Shanghaier.‹*

Einen nadelähnlichen Turm auf der Insel in der Luchao-Alster wird der Architektur-Visionär mit seiner gmp-Mannschaft selbst bauen, so sich denn ein privater Investor findet. Ansonsten ist die Ausführung der Bauten den Planern, wie so oft in China, weitgehend aus den Händen genommen. ›*Auf dem Feld der Bauqualität führen wir unsere schwersten Kämpfe, und das leider mit wenig Erfolg‹*, klagt PROFESSOR VON GERKAN. ›*Was nützt die beste Planung, wenn dann der Bauherr fast immer der Billiglösung den Vorzug gibt und die Firmen keine qualifizierten Handwerker schicken? Dass es nicht nur um große Form und Fassade geht, dass es keinen Sinn macht, einfach nur Spiegelglas über den Daumen gepeilt zusammenzukleistern – diese Erkenntnis greift in Shanghai erst langsam um sich, und hat in Rest-China noch Seltenheitswert. Vieles, was heute gebaut wird, ist morgen schon ein gigantisches Bauschaden-Museum. Etwas für die Ewigkeit anzulegen, macht ja auch wenig Sinn, wenn Gebäude in zwanzig oder dreißig Jahren ohnehin durch noch höhere ersetzt werden.‹*

Wie sein Kollege ALBERT SPEER sieht auch MEINHARD VON GERKAN die Chancen, die sich in China durch das allseitig einsetzbare Potenzial der Wanderarbeiter ergeben. Der Hamburger weiß, dass es nur durch deren Schuften – von den meisten als Chance zum sozialen Aufstieg gesehen oder zumindest als Möglichkeit, die Familien auf dem Land entscheidend zu unterstützen – in Shanghai so schnell aufwärts gehen kann. Das Phänomen fasziniert ihn, und es schreckt ihn ab. Auf den Baustellen ist er häufig damit konfrontiert: ›*Da werden teilweise Löcher für Pfähle ausgehoben, indem ein Mann sich samt Schaufel und Eimer an einem Seil nach und nach eingräbt, während die Ehefrau oben das Erdreich mit einer primitiven Seilwinde per Hand hochbaggert. Nachts schlafen die beiden in einem Pappkarton an der Baustelle. Nicht weit von dort gleitet der Transrapid dahin. Ich bezweifle, dass ein autoritäres System diese Diskrepanz so bald lösen kann.‹*

[225]

**›Ein deutscher Star für Shanghai II‹**
Architekt Meinhard von Gerkan aus Hamburg

**ODER KOMMT SHANGHAI ALS** »Drachenkopf« gerade deshalb so schnell voran, weil es seinen höchst eigenwilligen »Sozialismus unter besonderen chinesischen Vorzeichen« in mancher Beziehung auch autoritär durchsetzt? Der China-Kenner JONATHAN SPENCE von der amerikanischen Yale University glaubt, die Volksrepublik befinde sich zur Zeit in einer ›*glücklichen Übergangsphase*‹, wo die Wanderarbeiter eine wichtige volkswirtschaftliche Funktion erfüllen und mehr Vorteile als Nachteile in ihren harten Tagelöhner-Jobs sehen. Wo sie, zumindest in Shanghai, noch nicht aufbegehren. Aber Experten warnen auch vor kommenden Gefahren: Ein Bericht der Asian Development Bank belegt, dass die Volksrepublik eines der Länder mit der weltweit größten Kluft zwischen Arm und Reich geworden ist. Solch eine Entwicklung kann nur gut gehen, wenn die Wirtschaft weiter boomt – wie es in Shanghai auf absehbare Zeit noch der Fall zu sein scheint.

Allerdings fehlen auch in der wiedererwachten Weltmetropole am Huangpu einige Grundvoraussetzungen für eine störungsfreie Zukunftsentwicklung: Die Rechtssicherheit für die Firmen lässt trotz Verbesserungen zu wünschen übrig, das Bankenwesen ist marode, die Transparenz in der Politik steckt noch in den Kinderschuhen. Ein von zigtausenden Funktionären zensiertes und überwachtes Internet wirkt nicht gerade kosmopolitisch. Und trotz ihres weltläufigen Auftretens regieren die Stadt-Bosse manchmal noch im Stil von Hinterzimmer-Politikern. Als etwa der populäre Bürgermeister XU KUANGDI im Dezember 2001 seinen Job verlor und in Pekings Akademie der Ingenieurwissenschaften abgeschoben wurde, erhielten weder die Bürger der Stadt noch ausländische Geschäftsleute eine schlüssige Erklärung für den Nacht-und-Nebel-Vorgang. Der jetzige Bürgermeister HAN ZHENG und der politisch bedeutendere regionale KP-Generalsekretär CHEN LIANGYU verheißen zwar Kontinuität, gelten aber nicht gerade als politische Führer mit großer Zukunft.

Als große und positive Ausnahme darf da der Stadtteilbürgermeister SUN CHAO gelten – der Mann vom Distrikt Xuhui, noch keine fünfzig, sucht den Kontakt zu den Bürgern, beantwortet eigenhändig Beschwerde-E-Mails und stellt Entscheidungen, wie beispielsweise die über eine neue Mülldeponie, bei den Bürgern zur Diskussion. Der Jurist, der fließend Englisch spricht und in Yale schon Vorträge gehalten hat, sieht das nicht als ›*politische Öffnung*‹. ›*Wir müssen einfach auf die Menschen hören, gerade wenn uns ein wichtiges Amt anvertraut ist.*‹

Soziale Spannungen wie Streiks oder sonstige Großdemonstrationen hat es in der Boomtown im Gegensatz zu den Arbeitslosenmetropolen im Norden und Westen des Landes nicht gegeben, aber auch das so auf Geschäftserfolg, Konsum und Life-Style fixierte Shanghai ist nicht immun. Eine Demonstration gegen den japanischen Umgang mit der Kriegsschuld und gegen die als provozierend empfundenen Aussagen Tokioter Politiker drohte im April 2005 fast aus den Bahnen zu geraten. Nachdem die Partei erst die antijapanische Stimmung mit angeschürt und die Bevölkerung zu Protesten ermuntert hatte, konnte sie die Demo dann nicht

[226]

**›Reißbrettstadt für 800 000 Menschen‹**
Von Gerkan entworfene Großstadt vor den Toren Shanghais

wie gewünscht kanalisieren. Steine flogen gegen das Konsulat des Nachbarlandes, Toyotas und Hondas wurden beschädigt, Sushi-Restaurants mit Farbe besprüht.

Es war ein Warnsignal, dass der von der KP angefachte Nationalismus schnell außer Kontrolle geraten kann. Und Sachbeschädigungen oder gar Verletzte oder Tote will die Partei natürlich – bei allen Warnschüssen Richtung Tokio – in Shanghai nicht sehen: China braucht den ungeliebten asiatischen Rivalen auch wegen der riesigen Investitionen. Außerdem gilt Shanghai nach Los Angeles und New York (und weit vor Düsseldorf) als die Stadt außerhalb Japans, wo die meisten Japaner leben.

Nichts schätzt die Partei mehr als Disziplin, »luan«, das chinesische Wort für »Chaos«, umschreibt ihren großen Alptraum. Diskussionen über den richtigen politischen Weg sind allenfalls etwas für interne Diskussionen in gelenkter Umgebung. Shanghaier Intellektuelle drängeln sich nicht gerade in den Vordergrund des öffentlichen Lebens. Sowohl die Kinos wie die Theater und besonders die Fernsehkanäle werden eher durch leichte Unterhaltung wie Seifenopern und Kochsendungen denn durch politisch-philosophische Gedankentiefe geprägt – auch in dieser Hinsicht hat Shanghai Westniveau erreicht. Eine eher erfreuliche Ausnahme ist da noch JACK PAN, ›*Chinas Antwort auf Larry King*‹ (wie die »New York Times« schreibt, oder JOHANNES B. KERNER, auf deutsche Verhältnisse übertragen): Der Talkmaster, ein früherer Ingenieur und dann Tellerwäscher in New Yorks Chinatown, stellt den Gästen bei seiner Sendung 21@21 auf Dragon TV wenigstens noch halbwegs kritische Fragen. An Shanghaier Professoren wie ZHU XUEQIN, WANG XIAOMING oder XU XIAONIAN reicht er intellektuell nicht annähernd heran – nur kennt die drei kaum einer, weil sie selten ein großes Forum für ihre Ansichten bekommen.

PROFESSOR ZHU, Historiker an der Shanghai University, sagt: ›*25 Jahre Wirtschaftsreformen haben keine notwendigen politischen Gegengewichte, keine Kontrollorgane hervorgebracht. So wurden Probleme der sozialen Ungerechtigkeit schlimmer; sie können nur durch die Herrschaft des Rechts und eine konstitutionelle Demokratie gemildert werden – keinesfalls durch einen Rückgriff auf die Massenmobilisierungskampagnen der Mao-Zeiten.*‹ ZHU XUEQIN plädiert für einen »chinesischen Liberalismus«, den er von der pauschalen Kapitalismuskritik einer neuen Linken abgegrenzt sehen will. ›*Sie kritisieren nur die Kräfte der Marktwirtschaft, wir hingegen wollen diese Kräfte in ein soziales System der politischen Reformen einbetten.*‹

Radikaler als dieser Shanghaier LUDWIG ERHARD denkt und formuliert Professor WANG XIAOMING vom Kultur-Institut derselben Universität. Er sieht eine neue, in vier Teile zerfallende Klassengesellschaft: die Superreichen mit ihren Millionenvermögen und ihren Villen, den aufstrebenden Mittelstand in seinen Mini-Eigentumswohnungen, die in Zwangsrente Geschickten in den Massenquartieren am Rande der Gesellschaft, die ganz und gar rechtlosen Wanderarbeiter. Und er fragt: ›*Warum haben wir Intellektuellen zu Beginn der*

[228]

**›Verlierer des Booms‹**
Familie vor ihrem abgerissenen Haus, die Ersatzwohnung ist noch nicht bezugsfertig

*Wirtschaftsreformen diese veränderten Formen der Ausbeutung, der geistigen Leere und des kulturellen Niedergangs nicht vorausgesehen?‹* Professor Wang plädiert für eine spirituelle Erneuerung Chinas jenseits hohler Parteisprüche und reinen Kommerzdenkens. *›Es geht um eine Zivilgesellschaft, um Bürgerrechte – darum lohnt es sich im Shanghai von heute zu kämpfen.‹*

Professor Xu Xiaonian, der dritte aus der Shanghaier Reihe herausragender Intellektueller, fällt etwas aus dem Rahmen: Der Wirtschaftsdozent ist mit Anfang fünfzig in etwa zwei Jahrzehnte jünger als seine beiden Kollegen, und er ist ein Wanderer zwischen sozialistischen und kapitalistischen Welten. In den Achtzigern arbeitete er im Pekinger Staatszentrum für Entwicklungsforschung, später war er Berater der Weltbank in Washington. Glaubt er, dass die neuen Multimillionäre als Ansporn wirken, der soziale Neid – anders als in Russland – womöglich sogar als Katalysator?

*›Solange sich Familien mit niedrigen Einkommen satt essen, solange sie sich kleiden können und ein Dach über dem Kopf haben, scheint es sie zumindest nicht zu stören, wenn der Nachbar reicher ist als sie‹*, sagt Professor Xu nachdenklich. *›Ungleichheit wird in China erst dann ein Problem, wenn große Bevölkerungsschichten in die Armut zurückfallen sollten. Als Ökonom glaube ich, dass gleiche Chancen wichtiger sind als gleiche Einkommen. Wenn also Regierungskader und ihre Kinder superreich werden, wenn sie ihre Position ausnutzen, während einfachen Leuten der Weg zum Aufstieg verstellt bleibt – dann gerät die soziale Stabilität in Gefahr.‹* Er fürchtet in China eine zunehmende Militarisierung und einen aufgeputschten Nationalismus.

Und was soll die politische Führung tun, um nachhaltiges Wachstum durchzusetzen? *›Private Investoren müssten auch in den strategisch wichtigen und bis jetzt weitgehend dem Staat vorbehaltenen Bereichen wie Erdöl, Kommunikation und Bankwesen zugelassen werden. Wir brauchen seitens der Partei und aller gesellschaftlichen Kräfte vor allem eins: Unabhängige Kontrollorgane und Respekt vor der Herrschaft des Rechts. Die Marktwirtschaft in China ist nämlich so weit fortgeschritten, dass das übrige System nicht mehr passt.‹* Fordert er eine Demokratie nach Westminster-Vorbild? Der kluge Professor wird einen Teufel tun, sich in diese Richtung zu äußern. Er weiß, dass Staatschef Hu Jintao die westliche Demokratie als eine *›Sackgasse für China‹* bezeichnet und solche Diskussionen zu vermeiden versucht.

Die klugen Vor-Denker von Shanghai kommen aus historischen, kulturellen und wirtschaftlichen Ansätzen heraus zu ganz ähnlichen Schlussfolgerungen. Sie bekennen sich auch zu gemeinsamen Wurzeln. Sie verehren, bei all ihren ideologischen Differenzen, Lu Xun als den größten Dichter der Stadt. Der hat 1926 geschrieben: *›China steht am Vorabend einer gewaltigen Umwälzung, einer neuen Ära. Doch das heißt nicht unbedingt, dass dieses neue Zeitalter Aufbruch und Leben bringen muss.‹*

**DIESES JAHR 1926 IST** auch das Geburtsjahr von Zhou Chun – als Mao Tse-tungs und Tschou En-Lais Übersetzer hat er Chinas Revolution an exponierter Stelle miterlebt. Ein außergewöhnlicher Zeitzeuge, ein ganz besonderer Bürger von Shanghai, der da in die Vergangenheit blickt, um etwas über die Zukunft zu sagen. Prägte sein Schicksal eher Aufbruch und Befreiung? Oder doch mehr Niederlage und Demütigung?

*›Ach, was für ein Leben‹*, seufzt der lebhafte alte Mann mit den wachen Augen und dem markanten Ho-chi-Minh-Spitzbart. Er rückt seiner deutschen Frau Marianne mit einer liebevollen Geste den Stuhl zurecht, ein Gentleman der alten Schule, der wunderbar in einen Literarischen Salon passen würde. *›Der Große Vorsitzende, müssen Sie wissen, hat viel genuschelt, und sein Hunan-Dialekt war für mich als Übersetzer nicht immer leicht zu verstehen‹*, erzählt Zhou. *›Aber ich kann nicht sagen, dass er persönlich unfreundlich oder sonstwie schlecht zu mir gewesen wäre.‹* Vielleicht Mao nicht direkt. Aber das von Mao kontrollierte Zwangssystem mit seinen unmenschlichen Säuberungen hat den treuen Revolutionär fast gebrochen. Dass Zhou trotz aller Rückschläge nie ganz den Mut verloren hat, dass er sich nicht völlig verbittert zurückgezogen hat, dass er der KP sogar noch ihre historischen Leistungen hoch anrechnet – eine fast übermenschliche Haltung.

Zhou ist kaum älter als zehn Jahre, als seine politische Erziehung beginnt, sein ganz persönlicher Kampf gegen die Fremdherrschaft. *›Wieso lebten wir wie Sklaven in unserem eigenen Land, in unserer eigenen Stadt? Sie schleppten Chinesen auf britische und französische Polizeistationen, sperrten sie ein, verprügelten sie – rechtlose, wehrlose, hilflose Menschen, von*

*Sklaventreibern beherrscht. Jedes Mal, wenn ich einen solchen ausländischen Ausbeuter auf der Straße sah, nahm ich die Hand meiner Mutter. Kinder im Krieg werden frühreif.‹* In ZHOU CHUN wächst bald der Hass ›*gegen die japanischen Aggressoren, gegen die britischen und französischen Kolonialherren*‹: Das alte Shanghai ist für ihn eine Schule in Sachen Nationalstolz und chinesischem Bewusstsein. Die Eltern, beide Katholiken, fördern den Hochbegabten, der bald begreift, dass Veränderung auch und vor allem über Bildung kommt. ZHOU lernt fließend Englisch und Deutsch, studiert nach dem Schulabschluss Medizin. Er knüpft heimlich Kontakte zu den Kommunisten, geht wie seine Schwester in den Untergrund und schließt sich in den »befreiten Gebieten« auf dem Land MAOS Truppen an. ›*Wir leisteten einen kleinen Beitrag zum Sieg*‹, sagt ZHOU CHUN, der seinen damaligen KP-Decknamen »Reinheit«, so gut zum Familiennamen »Wahrheit« passend, für immer beibehält. Zurück in Shanghai, träumt der idealistische KP-Jünger von einem sorgenfreien Leben in einem gerechten China.

Zunächst läuft alles nach Plan. Er kann sein Medizinstudium fortsetzen. Doch dann der erste Rückschlag: ZHOUS Antrag auf Parteimitgliedschaft wird abgelehnt. Er gilt als »Sohn eines Kapitalisten«, weil sein Vater einen kleinen Holzmaschinenbetrieb mit einem Dutzend Angestellten aufgebaut hat. Der junge Mann ist empört, hält das alles für ein Missverständnis, will weiter der Revolution dienen. Auf Umwegen wird er als Englisch-Ansager der Zentralen Pekinger Rundfunkstation eingeteilt – die Partei brauche ihn da nötiger als im erträumten medizinischen Beruf, sagen die Funktionäre. ZHOU übt ganz selbstverständlich die Funktion aus, die ihm zugeteilt wird. ›*Ich war überzeugt, wir alle müssten für die große Sache Opfer bringen.*‹

Plötzlich sind ZHOUS Deutschkenntnisse genauso gefragt wie seine Fähigkeiten im Englischen. Für das Außenministerium übersetzt er beim Besuch des DDR-Staatschefs ERICH HONECKER. Er dolmetscht für den Ministerpräsidenten TSCHOU EN-LAI und schließlich auch für den Großen Vorsitzenden MAO TSE-TUNG. Das Foto, das ihn zwischen den beiden Politgrößen am Tisch zeigt, hütet er heute noch wie einen Schatz. ›*Später mussten die Dolmetscher hinter den Staatsmännern sitzen, in den ersten Jahren war alles egalitär*‹, sagt ZHOU im Rückblick auf die für ihn immer noch »reinen« ersten Jahre der Volksrepublik von 1949 bis 1955. ›*Oft habe ich mich gefragt, wo Chinas Irrweg begonnen hat. Es ist der Partei und Mao zu verdanken, dass Chinesen in meiner Heimatstadt Shanghai nicht mehr von Ausländern gedemütigt werden können, dass China wieder ein wichtiges und geachtetes Land der Weltgemeinschaft geworden ist. Noch 1956 hat der Große Vorsitzende Stalins Personenkult offen und scharf kritisiert. Und dann…*‹ ZHOU CHUN stockt. Es fällt ihm schwer, das Folgende zu sagen. ›*Aber Macht verdirbt wohl den Menschen. Auch der Große Vorsitzende blieb von dieser Entwicklung nicht verschont, so dass der spätere Mao begann, den früheren Mao zu vernichten. Er wurde immer überheblicher, hitzköpfiger, despotischer.*‹

Schon 1955 beginnt auf Anweisung MAO TSE-TUNGS die Suche nach »versteckten Konterrevolutionären« – nach allen, die den ersten, schon sehr umfassenden und brutalen Säuberungen entgangen sind, nach allen möglichen neuen Konkurrenten seiner Politik. ›*Über Nacht wurden Netze am Himmel gespannt, Fallstricke auf Erden ausgelegt. Doch ich sah sie nicht*‹, sagt ZHOU kopfschüttelnd über diese Zeit. Er verheddert sich in ihnen, wird vom Außenministerium entlassen, zum Lektor eines Literaturverlags herabgestuft. Und immer noch glaubt er den Parolen, den Versprechungen der Partei – er kann nicht anders.

»Lasst hundert Blumen blühen«, lautet 1956 eine Parteilosung, verbunden mit der Aufforderung, offen Kritik an allem zu üben. Viele sehen diese angebliche neue Offenheit der KP mit Misstrauen, halten sich zurück. Nicht aber ein so aufrechter Kämpfer für die kommunistische Sache wie ZHOU. Er kritisiert »Auswüchse« der KP-Kampagnen, die auch Unschuldige getroffen hätten. Er wird als »Rechtsabweichler« gebrandmarkt, vom Verlag entlassen. Weil seine Selbstkritik nicht als ehrlich eingeschätzt wird, stuft ihn die Partei auf ein Lehrlingsgehalt zurück. Es trifft ihn hart, doch ist das erst der Anfang seines Abstiegs. Der Shanghaier Stadtmensch soll zwangsweise körperliche Arbeit leisten, und zwar unter »Aufsicht der revolutionären Massen«. Was folgt, ist eine einzige Höllenfahrt, eine 22 Jahre währende Odyssee voller Niederlagen, Krankheiten und Demütigungen, ein im Auftrag einer unmenschlichen Politik verpfuschtes, sinnlos vergeudetes Leben.

Er muss in einem Dorf am Ende der Welt 18 Stunden Latrinen und Spucknäpfe säubern. ›*Mach schneller, Rechtsabweichler*‹, rufen ihm die Bauern zu – er hat keinen Namen mehr. Er gibt mit anderen zusammen jeden alten Kessel, Pfannen und Nägel ab, weil die Partei befohlen hat, alles zu Stahl zu schmelzen. Er erkrankt an Elefantiasis, das linke Bein ist ballonartig angeschwollen. Er darf vorübergehend zurück in den Pekinger Verlag, aber nur als Hilfsarbeiter. Kaum ist er einigermaßen gesundet, kommt es noch schlimmer: Er wird verhaftet und ist nun endgültig nur noch eine Nummer: ›*145 vortre-*

*ten, 145 ausziehen, 145 entlausen!‹* Sein Gefängniswärter sagt vor den anderen: *›Dieser Mann ist ein bis zum Tode unheilbarer Klassenfeind, völlig unfähig zur Buße.‹* ZHOU CHUN wird zu fünf Jahren Haft verurteilt.

ZHOU arbeitet in Jauchegruben und isst klaglos mit seinen schmutzverkrusteten Händen das trockene Gefängnisbrot. Das wird ihm als *›richtiger Schritt vom Intellektuellen zum Werktätigen‹* angerechnet. Er scheut im letzten Moment voller Selbstachtung davor zurück, wie die anderen Gefangenen *›für diese Chance‹* MAO zu danken. Trotzdem sieht es so aus, als stünde ZHOUS frühzeitige Entlassung kurz bevor. Dann kommt die Kulturrevolution mit ihren neuen, verschärften Angriffen gegen Konterrevolutionäre. Er muss jeden Tag Haft absitzen – bis auf die letzten beiden, die man ihm rätselhafterweise erlässt. Am 28. Dezember 1969 wird er in die Freiheit entlassen. *›Ich bin der Regierung zu Dank verpflichtet‹*, sagt er beim Gefängnisabschied mechanisch, ein für ihn ganz unüblicher Kotau, der ihn heute noch ärgert.

Als Ex-Häftling hat er keine Chance auf einen Intellektuellen-Job. Auf einer zugewiesenen Arbeitsstelle in einer Kommune sammelt er Tierexkremente zum Düngen, drei Jahre lang. Er wird sogar noch einmal in ein Lager eingewiesen. Erst der Tod MAOS und die Verhaftung der Viererbande bringen die Wende. ZHOU darf nach Shanghai, seine Verwandten besuchen – nach zwanzig langen, verlorenen Jahren. Er ist jetzt 52 Jahre alt. Schließlich wird von einem Richter öffentlich seine Rehabilitierung verlesen. *›Ich fühlte, dass ich nichts fühlte‹*, sagt er heute über diesen Moment, der doch eigentlich Glück, Freude oder wenigstens Entspannung hätte bringen sollen.

[230]

**›Vom Mao-Vertrauten zum verstoßenen Rebell‹**
Zhou Chun mit einem Bild aus seiner Zeit als Übersetzer des Großen Vorsitzenden

Jemanden zu verbannen, meint er, sei wesentlich leichter, als ihn in die Gesellschaft zurückzuführen. ›*Die Zeit heilt die Wunden*‹: Das deutsche Sprichwort, das er kennt und schätzt – es trifft für ihn leider nicht zu. Er träumt immer wieder, immer weiter von den Demütigungen im Gefängnis und im Zwangsarbeiterlager. Er hat Schwierigkeiten, sich nach all den Jahren als ›*giftiges Unkraut*‹ nun wieder als die ›*duftende Blüte*‹ zu sehen. Und doch geht er in seine Heimatstadt Shanghai zurück, wird Sprachlehrer und später Professor an der Universität. Eine Antriebskraft sind die alten Kollegen, die ihn liebevoll wieder in ihren Kreis aufnehmen. Viele haben Karriere gemacht, fast alle sind Väter, manche schon Großväter geworden; er muss die Scherben seines Lebens wieder zu kitten versuchen. ZHOU CHUN ist ein spätes Glück beschieden: Er wird zum Professor befördert – und findet während eines seiner Gastsemester in Berlin mit der deutschen Lektorin MARIANNE die Liebe seines Lebens. Sie ist nach Shanghai gezogen, teilt mit ihm die bescheidene Wohnung, ohne ihr Berliner Domizil ganz aufzugeben.

Empfindet er gar keinen Hass gegenüber MAO und der Partei? ›*Für mich bedeutet Hass nur die Fortsetzung eines Personenkults. So wie man dem Großen Vorsitzenden früher alle Verdienste zugeschrieben hat, darf man ihm jetzt nicht allein alle Fehler anlasten*‹, sagt ZHOU. Er legt sich an der Universität mit Kollegen an, von denen er glaubt, sie machten zu viele Kompromisse. Er fühlt sich manchmal intellektuell nicht genug geschätzt, oder nur wegen seiner Opfer geachtet. Er weiß, dass seine Umwelt es bis heute nicht immer einfach mit ihm hat. Dass er es mit seiner Konsequenz und seiner Unerbittlichkeit allen schwer macht, einschließlich sich selbst.

Ginge es gerecht zu auf der Welt, müsste auf ZHOU CHUNS Grabstein eines Tages stehen: Er war ein vorbildlicher Patriot. Und es müsste die Kommunistische Partei Chinas sein, die ihm diese Gravur – nebst anderen Ehren – widmet. Dass es so kommt, ist allerdings wenig wahrscheinlich. Niemand würdigt sein Engagement, seine Opfer für das Land – ZHOU ist einer der vielen Vergessenen. Dabei treibt ihn die Sorge um die Zukunft Shanghais, die Zukunft der Volksrepublik China bis heute um.

›*Ich bummle in diesen Tagen viel durch die Straßen*‹, sagt ZHOU CHUN beim Dim-Sum-Essen in einem der neonhellen Restaurants am Rande Shanghais und fischt sich gedankenverloren eine vom Teig zartumhüllte Garnele aus der Schüssel. ›*Ich sehe wirtschaftlichen Fortschritt, unbeschwerte junge Leute, Leuchtreklamen, Stretchlimousinen. Ich wäre der Letzte, verbesserte Lebensbedingungen gering zu schätzen. Aber ich finde in dieser Stadt nichts wieder von meinen kommunistischen Träumen. Statt Idealen der Gleichheit und Solidarität Konsumgier und Konkurrenzkampf – ist es das, was ich gewollt habe, wofür ich kämpfte, wofür ich litt?*‹

China heute: Das ist ein Land der schroffen Gegensätze, und auch Shanghai, »der Kopf des Drachen«, zieht häufig in mehrere Richtungen gleichzeitig. Noch immer gibt es in der Volksrepublik willkürliche Verhaftungen, Folter und Todesurteile in großer Zahl – aber eben auch weitgehend unabhängige Nichtregierungsorganisationen (NGOs), die sich gegen die Willkür auflehnen, auf Gesetze pochen, gelegentlich sogar Umweltsünden verhindern können. Noch immer werden Menschen ausgegrenzt, aber sie lassen sich nicht mehr daran hindern, in Shanghais Kathedrale für ihren verstorbenen Papst zu beten oder seine Bilder aufzustellen. Noch immer werden politische Dissidenten, die offen die Parteiführung angreifen oder sich wie die Falun-Gong-Sekte zu organisierten Massenversammlungen treffen, verhaftet – aber viele kämpfen um ihre Rechte und protestieren gegen Parteiwillkür; im Jahr 2004 wurden 58 000 Protestveranstaltungen registriert. Auf der Haben-Seite: Noch nie in der Geschichte wurden so viele Menschen in so kurzer Zeit aus der Armut befreit. Auf der Soll-Seite: die riesige Kluft zwischen Arm und Reich.

Seine Lebenserinnerungen hat der MAO-Übersetzer ZHOU in Deutschland veröffentlicht, Kommentare spricht er eher bei der Deutschen Welle als im Shanghaier Rundfunk. Seine Erfahrungen, fürchtet er, störten in Shanghai die Menschen nur. Die Menschen verdrängen seiner Meinung nach beim Blick nach vorn die Geschichte. ›*Dabei gibt es doch keine Zukunft ohne Vergangenheitsbewältigung*‹, sagt der rehabilitierte, emeritierte, durch leidvolle Erfahrung geprägte PROFESSOR ZHOU CHUNG.

**MANCHMAL HAT AUCH DER MUSIKER** ZHANG JUNHAO, ein Mittsiebziger mit sehr präzisem Erinnerungsvermögen, dieses Déjà-vu-Gefühl in Shanghai: Prostituierte stellen sich ungeniert zur Schau, alles ist möglich und nur eine Preisfrage; Bettler drücken sich verschämt an Häuserwände und gehen Fremde um ein paar Cent an; Amerikaner und Europäer feiern mit einheimischen Neureichen in sündhaft teuren Bars, in die ein Türsteher einfaches Volk nicht einlässt. Bei ihrem großen Sprung nach vorn ist die Stadt in mancher Beziehung wieder da angekommen, wo sie zu Zeiten der kolonialen Herrschaft schon einmal war.

Dennoch ist dieses Shanghai mit der »Hure des Ostens« aus den Dreißigerjahren nach ZHANG JUNHAOS Überzeugung überhaupt nicht zu vergleichen. Die Bevölkerung hat sich – nach MAOS Tod – in ihrer überwältigenden Mehrheit ein menschenwürdiges Dasein gesichert. Und die Menschen werden sich ihre kleinen persönlichen Freiheiten nicht mehr nehmen lassen. Sie genießen es, dass sich die Partei in die meisten Dinge des Alltags nicht mehr einmischt. Sie fühlen sich durch die Ausländer nicht mehr fremdbestimmt. Sie glauben unverdrossen – und hart arbeitend, ständig an die Ausbildung der Kinder denkend – an ein besseres Morgen.

»PETER« ZHANG ist, anders als Professor ZHOU CHUN, keiner, der sich störrisch und konsequent bis an den Rand der Selbstzerstörung gegen das System aufgelehnt hat. Wie die allermeisten Nicht-Helden in Diktaturen ging er einen anderen Weg. Er lernte Englisch, und weil er das an seiner Jesuitenschule von Shanghai bald erstaunlich gut konnte, erhielt er seinen Spitznamen, der ihm bis heute blieb. »PETER« glaubte erst an MAOS Revolution, wurde dann mit ihren schlimmen Exzessen konfrontiert. Als Musiker schätzte er BEETHOVEN, MOZART und GRIEG; in der Kulturrevolution musste er sich auf Revolutionsopern beschränken, reiste als Sänger im Ensemble der MAO-Gattin TSCHIANG TSCHING durch die Lande. Wie das ganze Land verurteilt zur »Eintönigkeit«.

Heute genießt er sein Pensionärsdasein und seine kleinen Freiheiten. Beim Gespräch im Hotel am Bund schaut er hinüber auf die Skyline von Pudong, auf die große rote Coca-Cola-Reklame, den futuristischen Fernsehturm. Und hinunter auf den Bund, wo am Huangpu-Park einmal das Schild gestanden haben soll: »Für Hunde und Chinesen verboten«. PETER ZHANG sagt: ›*Shanghai war immer dieser west-östliche Mischling, immer ein Ort voller Widersprüche, doch noch nie war es eine solche relativ harmonische, von uns selbstbestimmte Großstadt, eine Weltmetropole.*‹ Er weiß, es war eine lange und schmerzliche Reise, bis sein Shanghai an diesem Punkt der Geschichte angekommen ist – und eine mit vielen Umwegen.

Jeden Samstag trifft sich der alte Musiker zur Chorprobe mit anderen Hobby-Musikern. Dann üben sie in der Volksuniversität, unweit der früheren »Blood Alley«, wo 1927 aufrechte kommunistische Demonstranten niedergemetzelt wurden und wo 1967 fanatisierte Vertreter einer Kommunistenregierung ihre zutiefst menschenverachtende Kulturrevolution austobten. In einem schlichten Saal nahe der Gehörlosen-Akademie versammeln sich etwa siebzig Musikbegeisterte, die meisten pensionierte Ärzte, Professoren, Lehrerinnen. PETER ZHANG gibt als Dirigent den Ton an.

Keiner redet den Hobby-Musikern heute mehr bei der Auswahl der Lieder hinein; selbst das politisch eher unkorrekte »America, the beautiful« haben sie auch schon mal geprobt, dann aber wegen der »musikalischen Unschärfe« des Songs nicht in ihr Programm aufgenommen. Die begabten Sänger üben mit großem Ernst. Zunächst lässt PETER an diesem Dienstag ein altes chinesisches Volkslied spielen, anschließend kommt eine russische Volksweise. Und als Höhepunkt: BING CROSBYS »Blue Skys«. Immer wieder fordert PETER den Chor auf, die erste Sequenz anzusingen. Unterbricht. Redet beschwörend auf seine musikalischen Mitstreiter ein. Ihm fehlen der Schwung des Originals, die Leichtigkeit, die Lebenslust. ›*Nein, nein, ihr müsst das erst verstehen, sonst könnt ihr es nicht intonieren: Es geht hier um jemanden, der völlig sorgenfrei ist und das musikalisch zum Ausdruck bringen will. Also noch einmal: Blue skys, nothing but blue skys …*‹ PETER ZHANG legt selber los, unbeschwert beswingt, locker beschwingt.

Endlich, seine Sänger scheinen es begriffen zu haben. Wie musikalische Himmelsstürmer kommen sie plötzlich federleicht daher. PETER nickt. Er wird den amerikanischen Song wohl in das Repertoire aufnehmen, mit dem sie in Shanghaier Schulen und bei öffentlichen Veranstaltungen der Stadt auftreten. Vielleicht sind sie ja bald professionell genug für einen musikalischen Gastauftritt im Ausland, da macht sich BING CROSBY dann auch nicht schlecht. Mit einem Anflug von Lächeln blickt der alte Mann nach der Probe zum Fenster hinaus. Kein trübendes Wölkchen am Himmel. PETER ZHANG JUNHAO seufzt, mit sich, der Welt und seinem Laienchor zufrieden.

Es ist einer dieser Tage, eine dieser Stunden an denen man denken kann – ja denken muss: Dieses Shanghai hat es geschafft.

[231]

**›Die Nacht gehört Shanghai‹**
Auf dem Huangpu tanzen die bunten
Lichter der Leuchtreklamen

AURORA

KPMG
KPMG

# ANHANG

*Anhang*

# Literaturliste

*›Die wichtigsten Bücher über Shanghai mit Kurzkommentaren‹*


GEORG ARMBRÜSTER/MICHAEL KOHLSTRUCK/SONJA MÜHLBERGER:
**EXIL SHANGHAI 1938–1947.**
Jüdisches Leben in der Emigration.
*Verlag Hentrich & Hentrich, Teetz 2001.*
Faszinierende Beiträge zum Schicksal der Juden, die vor den Nazis nach Shanghai geflohen sind und dort überlebt haben.

VICKI BAUM:
**HOTEL SHANGHAI.**
*Kiepenheuer & Witsch, Köln 1997 (Originalausgabe in Deutschland 1939).*
Der Nachfolgeroman zum Welterfolg »Menschen im Hotel«, der im Berliner Adlon spielt; diese ähnlich gestrickte Geschichte beschreibt den Lebens- und Leidensweg einiger Protagonisten im Cathay Hotel, dem späteren Peace – es geht um das Schicksalsjahr 1937. Liest sich auch heute noch höchst spannend.

NIEN CHENG:
**LEBEN UND TOD IN SCHANGHAI.**
*Ullstein; Berlin 1988.*
Die erschütternde Autobiografie der Frau des Shanghaier Shell-Managers, die in der Kulturrevolution als Staatsfeindin ins Gefängnis geworfen wird und unter tragischen Umständen ihre Tochter verliert. Schon heute ein Klassiker und ein Muss-Buch für jeden China-Interessierten.

ZHOU CHUN:
**ACH, WAS FÜR EIN LEBEN!**
Schicksal eines chinesischen Intellektuellen.
*Abera Verlag, Hamburg 2001.*
Die anrührende, einfach erzählte Lebensgeschichte eines überzeugten Shanghaier Kommunisten, der es in Jugendjahren zu Maos Dolmetscher brachte und dann als »Rechtsabweichler« verbannt wurde.

STELLA DONG:
**SHANGHAI. THE RISE AND FALL OF A DECADENT CITY 1842-1949.**
*HarperCollins Publishers, New York 2000.*
Das grundlegende amerikanische Buch über Shanghais frühere Geschichte, farbig und mit viel Sinn fürs Anekdotische, geschrieben von der renommierten New Yorker-Autorin.

MAO DUN:
**SCHANGHAI IM ZWIELICHT.**
*Oberbaumverlag, Berlin 1977 (Originalausgabe 1933).*
Das literarische Werk zum Shanghai der Dreißiger, geschrieben von dem berühmten chinesischen Schriftsteller. Wirkt auch heute noch nicht verstaubt.

ROBERT ELEGANT:
**STURM ÜBER SCHANGHAI.**
*Rowohlt Verlag (TB), Reinbek 1989.*
Ein spannender Roman, eine tragische Liebesgeschichte und gleichzeitig eine gute Einführung in die Geschichte der Stadt. Geschrieben vom Asien-kundigen amerikanischen Bestsellerautor.

JOHNNY EHRLING:
**CHINA – DER GROßE SPRUNG INS UNGEWISSE.**
*Herder, Freiburg 2002.*
Der langjährige China-Korrespondent der Welt beschreibt den schwierigen Reformprozess der Volksrepublik kenntnisreich und mit vielen Details. Eine empfehlenswerte Übersicht.

ERICH FOLLATH:
**HIMMELBETT UND HÖLLENANGST.**
Dreizehn Hotels, die Geschichte machten.
*Fischer TB, Frankfurt am Main 2005 (Originalausgabe 2003).*
Eine Reportage-Lesereise von Haiti bis Havanna, St. Petersburg bis Saigon – mit dem ausführlichen Porträt des Peace-Hotels in Shanghai.

OLIVER FÜLLING:
**SHANGHAI.**
*DuMont Reiseverlag, Köln, 2. Auflage 2004.*
Von den erfreulichen deutschen Reiseführern der bei weitem erfreulichste: Der Sinologe führt kenntnisreich durch die Stadt und gibt zahlreiche nützliche Tipps. Gute Karten ergänzen die Texte.

PETRA HÄRING-KUAN:
**MEINE CHINESISCHE FAMILIE.**
Dreißig Jahre Wandel in China.
*Scherz Verlag, Frankfurt 2004.*
Eine Norddeutsche verliebt sich in einen Shanghai-Chinesen, studiert Sinologie und schildert ihre Erfahrungen mit der neuen Verwandtschaft vor Ort. Ein gelungenes Porträt mit witzigen und aufschlussreichen Begegnungen zwischen Hansestadt und Huangpu. Geschrieben von Professors Kuans Ehefrau, liest sich dieses Buch höchst interessant, denn es ergänzt die aufregenden Lebenserinnerungen ihres Gatten ideal.

PETER HESSLER:
**RIVER TOWN.**
*John Murray, London 2002.*
Von Shanghai den Fluss hinunter: Der einfühlsame Bericht eines amerikanischen Autors über das Leben in einer Provinzstadt am mittleren Yangtze.

WEI HUI:
**SHANGHAI BABY.**
*Ullstein Verlag, Berlin 1999.*
Der Skandalroman der jungen Shanghaier Autorin über Promiskuität, westliche Männer und Lebenslust.

TESS JOHNSTON/DEKE ERH:
**A LAST LOOK.**
Western Architecture in Old Shanghai.
*Old China Hand Press, Hongkong 1998.*
Ein besonders gelungenes, kompetentes Buch über die alte Shanghaier Architektur – von zwei Kennern der Stadt. Deke Erh ist Inhaber eines schönen Buchladens im ehemaligen Französischen Viertel und einer Galerie.

Y. C. KUAN:
**MEIN LEBEN UNTER ZWEI HIMMELN.**
Eine Lebensgeschichte zwischen Shanghai und Hamburg.
*Knaur TB 2003 (Originalausgabe 2001).*
Wenn Sie nur ein Buch zur Vorbereitung auf eine Shanghai-Reise lesen können oder wollen, dann greifen Sie zu diesem: Die Autobiografie eines Shanghaiers, der trotz seiner Sympathie für Mao und die Revolution bei der Partei in Ungnade fällt, auf dramatische Weise aus der Volksrepublik flieht und in Deutschland als Professor eine zweite Karriere macht. Einfach und ergreifend aufgeschrieben. Eine spannende Ich-Erzählung ebenso wie eine gelungene Geschichtsstunde.

BRADLEY MAYHEW:
**SHANGHAI.**
*Lonely Planet Publications, Melbourne 2004.*
Aus der bewährten Reihe der Reiseführer (nicht nur) für Rucksacktouristen einer der besten. Sehr informativ, mit einem knappen, aber präzisen historischen Teil.

HARALD MAAS/LI WEI:
**KINDER DES HIMMLISCHEN FRIEDENS.**
*Frederking & Thaler, München 2002.*
Interessante Porträts junger Chinesen jenseits der Prominenz und aller gängigen Klischees.

FRANK MEINSHAUSEN (Hrsg.):
**DAS LEBEN IST JETZT.**
Neue Erzählungen aus China.
*Suhrkamp Verlag, Frankfurt am Main 2003.*
Eine Entdeckung: Sehr gut übersetzte Kurzgeschichten noch weitgehend unbekannter chinesischer Autoren. Qualitativ zwar recht unterschiedlich, geben die Storys dennoch einen guten Einblick in die Probleme vor allem der Jüngeren in der Volksrepublik.

MIAN MIAN:
**DEINE NACHT, MEIN TAG.**
*Verlag Kiepenheuer & Witsch, Köln 2004.*
Die Chronistin des Shanghaier Nachtlebens führt in sieben Erzählungen durch ihre halb autobiografische, halb fiktive Welt. Neben einigen gelungenen Passagen klingt vieles nur pseudoliterarisch.

MIAN MIAN:
**LA LA LA.**
*Verlag Kiepenheuer & Witsch, Köln 2000.*
Das Debütwerk der Shanghaier Untergrundkünstlerin, das damals noch frisch und frech wirkte – so etwas war man aus China nicht gewohnt. Beim heutigen Lesen fällt es allerdings gelegentlich schwer, die Aufregung von damals nachzuvollziehen.

ANCHEE MIN:
**ROTE AZALEE.**
Ein Frauenleben in China.
*Verlag Kiepenheuer & Witsch, Köln 1994.*
Eine wunderbare Autobiografie, geschrieben von der in die USA geflüchteten Künstlerin, die einst eine fanatische Rotgardistin war und dann in einem Film die Mao-Gattin darstellen sollte. Die Autorin lebt heute überwiegend in Kalifornien.

PETER NOLAN:
**CHINA AT THE CROSSROADS.**
*Polity Press, Cambridge 2004.*
Der Cambridge-Professor über den (angeblichen) »Dritten Weg« in China und den bleibenden Einfluss von Konfuzius. Ein umstrittenes, intellektuell höchst anregendes Buch zur Zukunft des Riesenreichs.

BETTINA RHEIMS:
**SHANGHAI.**
*Steidl Verlag, Göttingen 2004.*
Die bekannte französische Fotografin hat mit ihrem Mann, dem Schriftsteller Serge Bramly ein Buch gemacht, das höchst zwiespältige Gefühle weckt. Einige ihrer Porträts aus Shanghai (fast nur Frauen) faszinieren durch die Selbstentblößung, andere hinterlassen den Betrachter ob der unmotivierten Nacktheit rätselnd bis ärgerlich. Ähnlich der Text: Wunderbare, sehr knappe Beobachtungen wechseln mit belanglosen Füllsätzen. Für 75 Euro ein teures Vergnügen. Einige Feuilletonisten waren allerdings begeistert.

STERLING SEAGRAVE:
**DIE SOONG DYNASTIE.**
Eine Familie beherrscht China.
*Fischer TB, Frankfurt am Main 1988.*
Auch schon ein Klassiker: Die präzise rekonstruierte, faszinierende Lebensgeschichte der drei Soong-Töchter, die auf unterschiedliche Weise – und in feindlichen Lagern – Karriere machten. Ein historischer Krimi, den das Leben schrieb.

Frank Sieren:
**DER CHINA CODE.**
Wie das boomende Reich der Mitte Deutschland verändert.
*Econ Verlag, Berlin 2005.*
Der Korrespondent der Wirtschaftswoche, seit 1994 in Peking, beschreibt in seinem höchst aktuellen Buch das ökonomische Wunder in der Volksrepublik, vergisst aber nicht die Schattenseiten. Sehr aufschlussreich und auch für wirtschaftliche Laien spannend zu lesen. Der Bestseller enthält ein auf die Autoindustrie konzentriertes Shanghai-Kapitel.

Steffi Schmitt:
**SHANGHAI-PROMENADE.**
Spaziergänge zwischen den Zeiten.
*Old China Hand Press, Hongkong 2003.*
Schlechtes Papier, merkwürdiges Layout, hoher Preis – und trotzdem ist das auf den ersten Blick so dröge daherkommende Sachbuch eine wahre Fundgrube. Für Shanghai-Interessierte, denen ein »normaler« Reiseführer nicht reicht. Die Sinologin und China-Kennerin Schmitt ist seit 2000 bei der Bundesagentur für Außenwirtschaft in Shanghai tätig und führt den Reisenden mit präzisen Sachinformationen in alle interessanten Straßen der Stadt.

Brunhild Staiger (Hrsg.):
**SHANGHAI – HAMBURGS PARTNERSTADT IN CHINA.**
*Institut für Asienkunde, Hamburg 2002.*
Eine sehr anschauliche, wissenschaftlich fundierte Zusammenfassung, vor allem zu Shanghais Wirtschaftsproblemen und seiner politischen Stellung innerhalb der Volksrepublik China. Verfasst von den China-Profis an Deutschlands bestem Asieninstitut.

Brunhild Staiger/Stefan Freiedrich/Hans-Wilm Schütte:
**DAS GROSSE CHINA-LEXIKON.**
*Wissenschaftliche Buchgesellschaft, Darmstadt 2003.*
Das Nonplusultra für wissenschaftlich interessierte China-Fans. Das Standard-Handbuch ist kompiliert von 261 führenden Wissenschaftlern, 974 Seiten stark, kostet 148 Euro – und ist jeden Cent davon wert.

Kai Strittmaier:
**ATMEN EINSTELLEN, BITTE!**
Pekinger Himmelsstürze.
*Picus Verlag, Wien 2001.*
Ders.: Vorwärts, Genossen! Chinesische Menschenfischer. *Picus Verlag, Wien 2003.*
Zwei liebevoll gemachte Büchlein des Pekinger Korrespondenten der Süddeutschen Zeitung, mit Reportagen und Alltagsbeobachtungen. Strittmacher beobachtet genau und schreibt brillant – man möchte gerne auch etwas Längeres von ihm lesen.

Ann-Helen und Walter Unger:
**DER YANGTZE.**
Chinas Lebensader.
*Hirmer Verlag, München 2004.*
Ein großartiger Bildband mit sehr informativen Texten des Ehepaars Unger, das sich mit seinen Asien-Büchern von Laos bis Vietnam und Yunnan einen Namen gemacht hat. Recherchiert auch jenseits der gängigen Wege.

Chaohua Wang (ed.):
**ONE CHINA, MANY PATHS.**
*Verso, London/New York 2003.*
Eine bemerkenswerte Aufsatzsammlung zur sozialen, politischen und wirtschaftlichen Zukunft Chinas. Zu den Beitragenden zählen Professoren aus der Volksrepublik, die sich erstaunlich freimütig äußern ebenso wie Auslandschinesen. Der Herausgeber lehrt in Los Angeles chinesische Literatur und Kulturgeschichte.

Erwin Wickert:
**CHINA VON INNEN GESEHEN,**
*DVA, Frankfurt 1982.*
Die klugen Beobachtungen und Betrachtungen des besonders chinakundigen Diplomaten, der von 1976 bis 1980 Botschafter der Bundesrepublik in Peking war und dort auch heute noch einen legendären Ruf genießt.

Simon Winchester:
**THE RIVER AT THE CENTER OF THE WORLD.**
A Journey up the Yangtze, and back in Chinese Time.
*Picador, New York 2004 (Originalausgabe 1996).*
Sehr schön geschrieben, leider in einigen Teilen schon etwas überholt: eine Reise entlang des großen chinesischen Flusses bis nach Shanghai.

Lu Xun: **WERKE IN SECHS BÄNDEN.**
*Unionsverlag, Zürich 2003.*
Der große chinesische Denker und Dichter aus Shanghai (1881-1936), der seine Stadt so wesentlich beeinflusst hat, mit seinen fast vollständigen Arbeiten.

Qiu Xiaolong:
**DIE FRAU MIT DEM ROTEN HERZEN.**
Ein Fall für Oberinspektor Chen.
*Paul Zsolnay Verlag, Wien 2004 (Originalausgabe 2002).*
Ein ziemlich spannender Krimi mit dem Haupt-Schauplatz Shanghai und einigen interessanten Einblicken – geschrieben von einem in Shanghai geborenen Literaten, der 1988 in die USA ging und jetzt in St. Louis als Sprachprofessor lehrt.

Pamela Yatsko:
**NEW SHANGHAI.**
The Rocky Rebirth of China's Legendary City. *John Wiley & Sons, Inc., Singapore 2001.*
Ein sachkundiges, oft leider etwas oberflächliches Buch der Far Eastern Review-Autorin über das »neue« Shanghai.

# Die Autoren

**ERICH FOLLATH**

war vor 28 Jahren zum ersten Mal in Shanghai. Der Politologe und Historiker promovierte nach dem Besuch der Deutschen Journalistenschule über Massenmedien in China, Russland und Indien. Als Korrespondent des STERN ging er 1980 nach Hongkong und machte in den nächsten Jahren zahlreiche Reisen in die Volksrepublik. Nach weiteren Korrespondentenjahren in New York und der Leitung des Auslandsressorts im STERN wechselte FOLLATH 1995 als Auslandschef zum SPIEGEL. Seit sieben Jahren arbeitet er für das Hamburger Nachrichtenmagazin als Autor und schreibt dort zahlreiche Titelgeschichten, unter anderem über China.

Buchveröffentlichungen: »Das Auge Davids. Die geheimen Kommandounternehmen der Israelis« (1979); »Nippon – Der Superstaat Japan« (1982); »Die letzten Diktatoren« (1991); »Bill Clinton – Vom Vorbild zum Verlierer?« (1994); »Himmelbett und Höllenangst« (2003). Im Jahr 2000 erschien FOLLATHS erster Roman »Wer erschoss Jesus Christus?«, ein Thriller zu den Passionsspielen von Oberammergau.

**MARIEANNE WOLNY-FOLLATH**

war vor 23 Jahren zum ersten Mal in Shanghai. Sie lebte von 1980 bis 1985 in Hongkong, arbeitete Anfang der Achtzigerjahre für die UNO-Flüchtlingshilfe in den dortigen vietnamesischen Lagern und schrieb als freie Autorin über ihre Erfahrungen Artikel für GEO, MERIAN und BRIGITTE.

MARIEANNE WOLNY-FOLLATH, die sich besonders für chinesische Kultur interessiert, lernte in Hongkong bei einheimischen Ärzten Akupressur und besuchte bei Tai Chi-Meistern Fortgeschrittenenkurse. 1990 erschien ihr mit dem Suchttherapeuten JOSH VAN SOER verfasstes Buch »H wie Heroin«, das Protokolle von Drogensüchtigen und Gespräche mit deren Eltern enthält.

Gemeinsam mit ihrem Mann ERICH FOLLATH und dem Fotografen KARL JOHAENTGES veröffentlichte sie 1996 das Buch »Bilder aus Hongkong«. Für den vorliegenden Band »Mythos Shanghai«, für dessen Redaktion und Koordination sie verantwortlich zeichnet, unternahm sie mehrere Recherche-Reisen in die Stadt am Huangpu.

# Der Fotograf

**KARL JOHAENTGES**

war vor 27 Jahren zum ersten Mal in Shanghai. Damals noch Tourist, wählte er die chinesische Metropole als Ziel seines Jahresurlaubs. 1981 wechselte er nach einer mehrjährigen Weltreise vom erlernten Architektenberuf in die professionelle Fotografie. Er gründete den KaJo-Verlag, den er 1996 wieder verkaufte, um sich verstärkt der eigenen Fotografie zuzuwenden. JOHAENTGES veröffentlichte über zwanzig Bildbände und erhielt dafür mehrere Kodak-Fotobuchpreise. Schwerpunkte seiner Arbeit sind heute Reise-Features, Architekturfotografie und Reportagen. Seine Arbeiten wurden in verschiedenen renommierten internationalen Magazinen gedruckt sowie in zahlreichen Einzelausstellungen gezeigt.

In den vergangenen zwei Jahren fotografierte KARL JOHAENTGES über acht Monate in der Volksrepublik. Im Frühjahr 2005 erschien sein Bildband »Chinas heilige Berge«. Das jetzt vorliegende Shanghai-Buch wurde fast vollständig mit einer digitalen Spiegelreflexkamera erarbeitet (11 bzw. 17 Millionen Pixel). Details zur JOHAENTGES' Arbeit sind auch auf seiner Website *www.kajofoto.de* zu finden.

# Danksagung

**AM ANFANG STEHT DAS WORT** – von wegen. Auch nicht das Bild. Am Anfang eines Buches steht jemand mit einer Idee, und er ist aufgeschmissen ohne einen Verleger, der sich für diese Idee begeistern kann und alle Hebel in Bewegung setzt, damit sie in die Tat umgesetzt wird. Wir hatten gegenüber Anja Heyne kaum die vage Vorstellung von einem Band mit dem Titel »Mythos Shanghai« geäußert, da hatten wir schon eine engagierte und enthusiastische Verlegerin gefunden. Sie gab uns bei diesem Projekt in jeder Beziehung freie Hand – vom ersten Wort bis zum letzten Bild. Dafür unseren herzlichen Dank, der ebenso an Frau Heynes Münchner Team geht: vor allem an ihren Stellvertreter Jürgen Welte und die Lektorin Heike Gronemeier.

In Berlin hat sich die langjährige Goethe-Mitarbeiterin und China-Kennerin Silke von Schönfeld besondere Verdienste um dieses Buch erworben; der Lehrer und Shanghai-Reisende des Internats Salem, Karsten Schlüter, vermittelte uns wertvolle Kontakte zu den wissbegierigsten und deutschfreundlichsten Familien am Huangpu. In Shanghai selbst hat sich Generalkonsul Wolfgang Röhr viel Zeit für uns genommen und uns mit seinen Verbindungen wie Informationen weitergeholfen; auch Bernd Reitmeier von der stets gestressten deutschen Industrie- und Handelskammer versorgte uns mit guten Ratschlägen. Andreas Schiekofer, der Leiter des (de-facto-) Goethe-Instituts in Shanghai ermöglichte uns ebenso wie sein Kollege Marcus Hernig interessante Gespräche mit chinesischen Schriftstellern. Sieglinde Simbuerger öffnete uns Türen in die Künstlerwelt, die uns sonst garantiert verschlossen geblieben wären. Und der beste und erfahrenste der in Shanghai tätigen Galeristen, der Schweizer Lorenz Helbling, gab sich große Mühe, uns die etablierten Maler der Stadt und das neue Atelier- und Ausstellungszentrum Moganshan vorzustellen.

Von den chinesischen Gesprächspartnern möchten wir besonders erwähnen: die Sun Yat-sen-Enkelin Nora Sun, die uns in alte Familiengeheimnisse und neue Shanghai-Connections einweihte; den Stadtplanungs-Vize Professor Wu Xiang, der sich in die (Zukunfts-) Karten blicken ließ; die – in jeder Beziehung einmalige – Choreographin und Primaballerina Jin Xing; den ganz besonderen Professoren – und Menschen – Y. C. Kuan und seine Frau Petra, nebst Sohn Michael und Schwiegertochter Diana, die uns an ihrer faszinierenden Lebensgeschichte teilhaben ließen (und in ihre Wohnungen einluden); den Musikprofessor Zhu Jian und seinen Chorleiter-Freund Peter Zhang; den früheren Mao-Dolmetscher Zhou Chun und seine Frau Marianne; Johannes Dell, den China Representative des Architekturbüros Albert Speer & Partner GmbH; ferner Wang Faliang, Yang Zhiying, Hu Xiang Cheng, Hailiang Li und einge Shanghaier, die namentlich nicht genannt werden wollen.

Nicht zuletzt Dank auch an Patrick Chen vom Shanghai-Touristikbüro. Und auch den »Spiegel«-Kollegen Alexander Jung, Andreas Lorenz, Stefan Simons und Wieland Wagner sind wir verpflichtet. Mit ihnen zusammen entstand im Herbst 2004 ein »Spiegel-Spezial« mit dem Titel »China – Aufstieg zur Weltmacht«, das in der deutschsprachigen Shanghai-Gemeinde immer wieder als Türöffner wirkte. Verdient gemacht haben sich auch unsere Dolmetscher, Jiang Yiwen und Gu Jing – manches hätte nicht geklappt ohne ihre Hilfe.

Wir möchten auch gern die Manager und Angestellten der Shanghaier Hotels hervorheben, die uns für das Buch Rede und Antwort gestanden haben. Also, Dank an Hotels der Superlative in der Preiskategorie von 30 bis 300 Euro: An das billigste und atmosphärischste (das »Pujiang«, jetzt wieder »Astor« genannt, und da besonders an General Manager Wen Rong Qing); an das berühmteste (das »Peace«, Manager Ma Yong Zhang); an das schönst gelegene (das »Ruijin Guesthouse«); an das deutscheste (und traditionsreichste neue Luxushotel vor Ort, das »Hilton«, PR-Managerin Judith A. Los Banos); an das höchste (das »Grand Hyatt Pudong«, PR-Managerin Wendy Hu); an das beste (das »Four Seasons«, GM Peter Weber und PR-Managerin Hilda Looi). Wir haben uns in allen diesen Hotels gut aufgehoben gefühlt – kaum eine andere Weltstadt bietet so interessante und vielfältige »Absteigen«.

Und dann gibt es gelegentlich Menschen, die sind auf überraschende Weise präsent – sie springen geradezu in ein Buch, ob man das will oder nicht. So »Mister Double Lee«, der Verkaufschef des Shanghaier Paramount Tanzpalastes, der unseren Besuch besonders effizient und freundlich arrangierte – und dann sagte: *›Ich bin sicher, Sie kennen mich oder viel mehr meinen Zwillingsbruder. Der spielte im deutschen Fernsehen den ›Konfuzius‹, den Mann, der die fernöstlichen Weisheiten in der Harald-Schmidt-Show zum Besten gab.‹*

Double Lee verriet uns dann noch, dass er nach Deutschland wolle, um an der Seite seines Bruders Karriere im Showbiz zu machen. Oder ihn nach Shanghai holen, um die chinesischen Medien *›mit einer Zwillingsnummer‹* aufzurollen. Zu all den Shanghaier Karrieren, die es sich zu verfolgen lohnt, nun auch noch diese: Danke für den Tipp! Wir werden die Double Lees im Auge behalten – für die hoffentlich folgenden nächsten Auflagen vom Mythos Shanghai.

# Bildkatalog

[001]
**›Die neue Einkaufsmeile der Welt‹**
Nanjing-Straße in der Shanghaier Innenstadt

[002]
**›Glitzermetropole und Verkehrsknotenpunkt‹**
Yan'an-Straße mit achtspuriger Stadtautobahn

[008 – 010]
**›Wo sich die Zukunft spiegelt‹**
Shanghais Geschäftsviertel Pudong

[016]
**›Grell erleuchtet in die Zukunft‹**
Die Zickzack-Brücke im Yu-Garten von Chinatown

[018]
**›People of Shanghai I‹**
Momentaufnahmen

[019]
**›People of Shanghai II‹**
Eine Stadt mit vielen Gesichtern

[020]
**›Maßnehmen für ein besseres Leben‹**
Alte Schneiderei im traditionellen Chinesenviertel

[021]
**›Ein bisschen Glamour, selbst zwischen den Gleisen‹**
Der neue Hauptbahnhof von Shanghai

[022]
**›Refugium für gestresste Shanghaier‹**
Das Wuxingte-Teehaus im Yu-Garten

[027]
**›Kleine Freuden und Freiheiten‹**
Ein Nickerchen am Straßenrand, ein Spiel zwischen Pensionären

[036]
**›Produktwerbung statt politischer Indoktrination‹**
Die Nanjing-Straße mit volkschinesischen Fahnen

[045]
**›Zwischen Wolkenkratzern lässt Pisa grüßen‹**
Der geborgte schiefe Turm als Gag einer Ausstellung in Pudong (verfremdet)

[078]
**›Ein Denkmal für die erfolgreichsten Kaufleute‹**
Die alten renovierten Prachtbauten am Bund (verfremdet)

[079]
**›Wahrzeichen einer Weltstadt‹**
Blick auf den Fernsehturm von Pudong, den Huangpu und den Bund

[080]
**›Futuristisches für die Zukunftsgläubigen‹**
Atemberaubende Kurven – Shanghais Planer haben alle Freiheiten

[093]
**›Rote Fahnen und die Bar Rouge für die neue Elite‹**
Blick von der Terrasse des Peace-Hotels auf den Bund

[094]
**›Das Paradies der Schattenboxer‹**
Freizeitsportler zelebrieren früh am Morgen ihre Tai-Chi-Übungen

[099]
**›Und ewig grüßt der Große Steuermann‹**
Mao und Soldaten der Volksbefreiungsarmee als Spielzeugfiguren auf dem Antik-Markt

[113]
**›Heiliger, Lehrer, Vorbild – und Hoffnung auf ein besseres Morgen‹**
Konfuzius-Statue und an Zweigen befestigte »Wunschzettel« der Gläubigen

[118]
**›Arena der Gladiatoren‹**
Futuristischer Stadionbau bei Nacht (verfremdet)

[122]
**›Die Insel der Heiligen‹**
Buddhistisches Kloster und Pilger-Ziel auf dem vorgelagerten Eiland Putuoshan

[128]
**›Was der Bund alles bündelt‹**
Uferpromenade, Bankenzentrum, Hauptverkehrsader

[129]
**›Ein Vermögen für den schönsten Tag des Lebens‹**
Hochzeitsfest mit hunderten Gästen im Ballsaal des Peace-Hotels

[130]
**›Die Einsamkeit der Radler‹**
Klostermauern auf der Ausflugsinsel Putuoshan

[136]
**›Rüschen und Rosen für die Dame‹**
Haute-Couture-Atelier in einem alten Lagerhaus am Suzhou-Creek

[138]
**›Schiefer Bambus, bitterer Reis‹**
In Shanghai wird auch nachts abgerissen und aufgebaut

[142]
**›Lotusblüte in Hightech‹**
Blick auf das Opernhaus von Shanghai (verfremdet)

[143]
**›Zierfische als Glücksbringer‹**
Von einem Designer gestaltete Unterführung in einer U-Bahnstation

[149]
**›Ganz im Stil der alten Meister‹**
Opferstätte im Jadebuddha-Tempel an der Anyuan Lu

[157]
**›Gnadenlose Chronistin der Großstadt‹**
Shanghais bekannteste und umstrittenste Autorin Mian Mian vor dem Fährhafen

[160]
**›Die Nackten und die Roten‹**
Kunstwerke in einem restaurierten Gebäude am Suzhou-Creek

[165]
**›Eine Heimstatt für gewagte Motive**
Kunstsammlerin und Mäzenin Sieglinde Simbuerger in ihrem Haus in der Altstadt von Shanghai

[168]
**›Häuserschluchten am Horizont‹**
Verloren wirkender Radfahrer vor den Manifestationen der Bauwut (verfremdet)

[169]
**›Die Zukunft fest im Blick‹**
Eingangshalle zum Stadtplanungsmuseum am Platz des Volkes

[174]
**›Auf der Plattform zur guten Aussicht‹**
Im Jinmao-Tower von Pudong, fast 420 Meter über der Stadt

[180]
**›Platzhirsche und Röhrengeschäfte‹**
Manager von ThyssenKrupp in ihrem riesigen Werk in Shanghai

[195]
**›Ohne Disziplin geht gar nichts‹**
Morgenappell an einer Schule in der ehemaligen Französischen Konzession

[198]
**›Die Polizei ist immer dabei‹**
Absperrung am Platz des Volkes wegen eines Staatsbesuchs

[206]
**›Das Treppenhaus zum Glück‹**
Aufgang zum Kinderpalast, gestiftet von der Familie Kadoorie

[207]
**›Freizeit mit Fotos und Fähnchen‹**
Wochenendstimmung am Springbrunnen auf dem Platz des Volkes

[208]
**›Wohnwaben für die Mittelklasse‹**
Schnell hochgezogenes Neubauviertel in Bahnhofsnähe

[210]
**›Ein Idyll nur auf den ersten Blick‹**
Hinterhof-Romantik verdeckt oft Probleme – in alten Häusern gibt es keine Bäder und Toiletten

[215]
**›Letzte Wäsche in Ruinen‹**
In Hongkou kümmert sich eine Frau am Tag ihres Zwangsumzugs um ihre Kleider

[220]
**›Alles im Griff – theoretisch‹**
Das Modell der Zukunft im Stadtplanungsmuseum

[227]
**›Unerschütterlicher Optimismus‹**
Ausflugsboot vor der Kulisse Pudongs

[229]
**›Neues Leben, neues Spielzeug‹**
Eine zurückgelassene Puppe als Zeichen dafür, dass hier am Konfuzius-Tempel einst ein lebendiges Wohnviertel war

[232]
**›Kehraus für einen neuen Tag‹**
Eine Putzfrau säubert das Foyer eines Shopping Centers

## Bildnachweis

Alle Bilder, mit Ausnahme der im Folgenden aufgeführten, stammen von Karl Johaentges.
Die angegebenen Ziffern entsprechen den Bildnummern.

Albert Speer & Partner, Hamburg: 221

Archiv für Kunst und Geschichte, Berlin: 038, 039, 040, 051, 053, 056, 058, 066, 067, 069, 074

Dr. Erich Follath, Hamburg: 109, 111, 131, 156, 182, 219

Gerkan, Marg und Partner, Hamburg: 225

Kirgis, Werner D., Shanghai: 222

Palmer, Frank P., Shanghai: 223, 224

Ullstein Bilderdienst, Berlin: 047, 048, 050, 052, 057, 059, 068, 070, 071, 072, 073, 076

Shanghai History Museum: 046, 049, 054, 055, 077

Zeng Nian/Gamma/Studio X, Paris: 104

## Informationen zur Umschrift

Das Pinyin hat sich als Latein-Umschrift chinesischer Zeichen weitgehend durchgesetzt und wird auch in diesem Buch angewandt – mit einigen wenigen Ausnahmen. So haben wir etwa bei der Nennung politischer Persönlichkeiten auf die jeweils bekanntere Schreibweise zurückgegriffen (also etwa Mao Tse-Tung statt Mao Zedong). Das gilt ebenso für einige Orte, die in der gängigeren Schreibung aufgeführt sind, beispielsweise Kanton statt Guangzhou.

## Impressum

www.collection-rolf-heyne.de



**BUCHGESTALTUNG & LAYOUT:**
Wolfgang Seidl, Seidldesign
**UMSCSHLAG:** Wolfgang Seidl, Seidldesign unter Verwendung eines verfremdeten Fotos von Karl Johaentges
**LITHOGRAFIE:** Lorenz und Zeller, Inning
**DRUCK & BINDUNG:** L.E.G.O. S.p.A., Vicenza
**PRINTED IN:** Italy
**ISBN:** 3-89910-264-9